学术规范与学科方法论研究和教育丛书

主编　叶继元

本书受教育部人文社会科学专项任务项目（科研诚信和学风建设）重大课题"学术规范和学科方法论研究"（项目号：11JDXF001）资助

法学学术规范与方法论研究

李　可　著
陈金钊　主审

东南大学出版社
·南京·

内容简介

本书在对法学学术规范的内容、目的和作用等进行概述的基础上，系统阐述了法学学科的基本研究规范、研究程序规范、写作规范、引文规范、学术交流与学术批评规范、研究方法论，以及法学学科研究规范与知识创新之间的关系等重要问题，既具实用性，又不乏创新性和理论性。

本书适合于高等院校法学学科等相关专业的师生使用，也可供法学研究人员、法律从业人员，以及对法学学术规范与方法论感兴趣的人士参考使用。

图书在版编目（CIP）数据

法学学术规范与方法论研究 / 李可著. — 南京：东南大学出版社，2016.12
ISBN 978-7-5641-6211-5

Ⅰ. ①法… Ⅱ. ①李… Ⅲ. ①法学—研究方法 Ⅳ. ①D90-3

中国版本图书馆 CIP 数据核字（2015）第 306262 号

法学学术规范与方法论研究

出版发行：	东南大学出版社
社　　址：	南京市四牌楼 2 号　邮编：210096
出 版 人：	江建中
责任编辑：	史建农　戴坚敏
网　　址：	http://www.seupress.com
电子邮箱：	press@seupress.com
经　　销：	全国各地新华书店
印　　刷：	大丰市科星印刷有限责任公司
开　　本：	787mm×1092mm　1/16
印　　张：	15
字　　数：	365 千字
版　　次：	2016 年 12 月第 1 版
印　　次：	2016 年 12 月第 1 次印刷
书　　号：	ISBN 978-7-5641-6211-5
定　　价：	38.00 元

本社图书若有印装质量问题，请直接与营销部联系。电话：025-83791830

学术规范与学科方法论研究和教育丛书

名誉顾问 张岂之　张异宾

学术顾问 （按姓氏笔画顺序）
　　　　　　王月清　风笑天　朱庆葆　朱　剑
　　　　　　许　钧　刘志彪　孙　平　孙建军
　　　　　　杨　忠　张新建　金鑫荣　徐　雁
　　　　　　秦惠民

主　　编 叶继元

编　　委 袁培国　李　刚　成　颖　郑德俊
　　　　　　袁曦临

编　　辑 陈　铭　王雅戈　徐美凤　郭春侠
　　　　　　谢　欢　杨　柳　臧莉娟　施　敏
　　　　　　史建农

《学术规范与学科方法论研究和教育丛书》总序

叶继元

"学术规范是什么"是每个从事学术研究和即将从事学术研究的学人都希望了解的问题,如同从事任何工作一样,要做好一件事情,首先必须要掌握"应知应会",何况是学术研究这项人类高级、复杂的脑力劳动和精神活动,更需要有扎实的学术训练和基本功。学术规范,通俗地讲,就是治学的"应知应会",就是学术的基本功。了解和遵守学术规范,所进行的学术研究才有价值,才能与国内外同行进行有效的交流,才能体现出学者对学术的贡献,才能促进学术创新和知识增长。

一、学术规范研究背景及其内容

"学术规范是什么,如何构建"是近20多年来中国学术界讨论时间较久、内容涉及较深、讨论者来源较广、影响面较大的一个论题。从讨论内容看,探讨的问题涉及多个方面,从规范的界定,规范与规则、规范与范式的关系,规范化与本土化、规范化与专业化的关系,"思想"与"学术"的关系,规范化与"文化霸权",规范的张力与限度,学术规则中传统的自律到他律,建立规则与超越规则等,既有学术自由、学术道德、学术共同体自主性和自律性等所有学科均面临的共性的宏观规范问题,亦有文献引注、学术注释、参考文献著录格式、编排方式规范等形式化、技术性、底线性的微观规范问题;既有学术管理体制、机制,"知识生产"、知识增长方式、社会科学研究的质量评价、程序正义与评审制度、学术批评等"外部"规范问题,亦有研究选题的选择、研究综述的撰写、知识产权的尊重、理论和方法的应用、研究结果、结论的说明等"内部"规范问题。从讨论者所属学科看,既有法学、经济学等社会科学,亦有文学、史学、哲学等人文学科。从发表的文章类型看,既有研究性文章,亦有商榷性的批评文章,还有综述各家观点的综述性文章。从发表文章的期刊看,既有正式连续出版物号的期刊,亦有正式书号但无正式CN的"学术集刊"。尽管在讨论前期,学界对"学术规范"的定义、包含的内容尚未达成共识,对采用何种引文注释规范等有争议,但对学术规范达到的目的、所起的作用或功能、所包含的最基本内容等的认识还是大同小异。许多观点虽然已有学人提出,尚不够系统,但却具有重要的启发意义。例如,有的论者明确指出,学术规范最基本的四条:"第一,为探索知识而为。第二,承上启下,将过去的知识同未来的知识联系起来。第三,人己有别……需将人之贡献与己之贡献分开,一一引注说明。第四,研究程序虽不必拘同,但报告出来至少需包括要解决的问题;所针对的理论;所使用的方法;资料来源;解析过程;已所发现;结论。"(张静.规范化与专业化. 中国书评，1995(4)) 可见，尽管所论未必全面，但文中已涉及规范的目的、引文规范、研究程序规范等一些内容，这些内容与笔者和笔者团队以后概括出的学术基本规范、研究综述规范、引文规范和研究程序规范等有许多相通之处。又如，有的学者认为："在中国国情下，学术规范可先有学界进行理论性探讨，最后恐怕还得由权力机构予以颁布实施，方能有效。这些由权力机构颁布的规范，还要在实践中继续接受学界的批评，逐步改进与完善。这个过程愈快愈好，因为它不仅关系到目前学术界能否健康动作，而且关系到新一代学人的成长。"(鲁品越. 利益驱动与科学规范. 中国书评. 1995(5)) 尽管作者在这里没有阐述学术界与权力机构的区别及学术共同体具有自主性、自律性、专业性等特点，但强调"在中国国情下（高校等学术机构正在进行但尚未完成去行政化的改革），为了学术新人的成长，主张探讨学界与管理部门良性互动的可能性，是值得深入思考的。

二、《规范（试行）》的颁布及其反响

2004年8月26日，《高等学校哲学社会科学研究学术规范（试行）》（以下简称《规范》）的正式发布，应该说是具有重要意义的事件。《规范》从起草到颁布，历时3年，是由多个学者起草、多家高校反复讨论修改、教育部学术机构——社会科学委员会讨论通过、教育部颁布的。《规范》共有七部分二十五条款，这七部分为总则、基本规范、学术引文规范、学术成果规范、学术评价规范、学术批评规范和附则。《规范》全文文字虽不长，仅2000余字，但蕴涵的内容丰富，象征意义显著，它不仅为学者及准学者们的自律提供了"准则"，而且为他律提供了依据，创造了拓展的条件。《规范》甫一发布，就引起了学界、教育界及舆论界的广泛注意，尽管亦有一些学者对管理部门的介入抱有疑虑，对权力部门是否能对造成学术失范、学术不端和学术腐败的制度性原因进行实质性反思和有所作为持保留意见，但绝大多数学者对《规范》的发布及其象征性意义给予了充分肯定。在笔者看来，《规范》及时吸收了论者各种意见中的合理成分，总结了众多学者的研究成果，明确了一些重要的学术理念和广大学者公认的一些规范。比如《规范》明确提出了学术规范的目的是保障"学术自由"、"学术积累与学术创新"，这就很好地解释了学术规范与学术创新的关系。学术规范的目的之一是倡导做真学问，真学问的精髓是创新，创新又必须有规矩或规则或规范，必须建立在前人和他人成果的基础上。当需要突破原有规范才能创新时，新的规范就应运而生了，因此科学、合理的学术规范不仅不会阻碍学术创新，而且某种意义上能更好地促进创新。显然，《规范》中的这种归纳不仅是对西方学术界推崇的R. K. 默顿提出的普遍性、公有性、无私利性、独创性、有条理怀疑性等学术基本规范的吸取，而且是对中国学术研究中"求真"、百花齐放、百家争鸣、自由之思想、独立之精神的传承和整合。又如，《规范》概括的学术引文规范、学术成果规范、学术评价规范、学术批评规范是大家公认的最重要、最基本的一些规范，但有关这些规范的内容散见于各种文献之中，尚未集中系统阐述。《规范》不仅是自律的准则，为学者在研究中自觉遵守提供了帮助，而且提供了他律的依据，为制定具体实施办法和惩处规定创造了条件。因为一旦一个学人知道了哪些做法是规范的,哪些是不规范的,那么他就能有章可循,也可据此规范为识别他人的失范或不端的学术行为提供助益,从而形成舆论压力,达到他律的一些效果。《规范》还特别强调"各高校可根据本规范,结合具体情况,制订相应的学术规范及其实施办法,并对侵犯知识产权或违反学术道德的学术不端行为加以监督和惩处。"这就为他律创造了良好的条件。如果说自律对于大多数所知不多或根本不知学术规范为何物的学人有作用的话,那么值得注意的是,"广大专家学者广泛讨论、共同参与制订"的"游戏规则",就为学者自己遵守规则、规范奠定了良好的基础。《规范》起草、修改和正式出台的过程从一个侧面反映出,为了促进学术健康发展的共同目的,学术界与管理部门应该建立一种良性的互动关系,在解决学术问题时,应以学术共同体为主体,管理部门遵从学术发展规律进行引导管理,学术就能够繁荣发展起来。

《规范》是面向人文社会科学所属各个学科而制定的,特别注明是"试行",并强调"将根据哲学社会科学研究事业发展的需要不断修订和完善",这就表明《规范》的出台只是一个起点,今后将在更大的范围内吸取更多学者的合理建议。人文社会科学所属各个学科、不同领域的有关规范都应由学者逐步研究和制定。

三、学术规范论著、译本的出版及其意义与深化

在《规范》出台的前后,一批建设性成果问世,诸如《学术规范读本》《中国学术规范化讨论文选》《学术规范与学风建设论坛》《学术规范导论》《学术规范通论》等。同时一批翻译国外的有关科学伦理、学术责任的图书出版,诸如《科研伦理入门》《学会引用》《诚实做学问》《科研道德:倡导负责行为》《规则与潜规则:学术界的生存智慧》等。2009年6月,教育部社会科学委员会学风建设委员会组织编写了《高校人文社会科学学术规范指南》(以下简称《指南》)一书,在《规范》的基础上详加解说。《指南》正文共八节,第一节说明与学术研究相关的基本概念;第二节阐述学术伦理;第三节至第七节以学术研究的环节为纲,介绍和解释相关的学术规范,即选题与资料规范,引用于注释规范,成果呈现规范,学术批评规范,学术评价规范;第八节着重介绍了学术资源获得与权益自我保护的知识。正文之后附有教育部颁发的相关文件。《指南》既是高校教学和研究人员关于学术规范的共同约定,也是进行学术规范教育的指导性用书,适合于教师和学生。同年11月,科技部科研诚信建设办公室组织专家、学者编写了《科研活动诚信指南》和《科研诚信知识读本》两本书。2010年6月,教育部科学技术委员会学风建设委员会组织编写了《高等学校科学技术学术规范指南》一书。

纵观以上这些著述,可以看出有关学术规范的研究取得了显著进展。例如,学术规范有了明确的、较为公认的定义;学术规范的作用或功能、目的的观点渐趋一致,一些核心术语、概念渐渐清晰,有关规范或规则或要求日益被认同,其内容体系框架已初步形成。然而,也应清醒看到,当下对于学术规范的研究仍处在引进、吸收、消化阶段,且对国外学术规范建设的机制、状况的研究还不大深入、系统;现有成果有待于进一步系统化和增强公信力,对抄袭、剽窃、引用及其格式等核心概念及其应用仍需进一步扩大共识;尚未对中国本土有关学术规范建设的实际情况加以系统概括和总结,反抄袭查重系统仅从技术角度监测学术不端绝非杜绝学术不端之根本途径,尤其缺乏特定学科指向的、更具有操作性、系列性的学术规范研究指南或培训教材。因为《学术规范通论》所论述的内容涵盖人文社科和自然科学,是所有学科共性规范的"通论"。《学术规范导论》《高校人文社会科学学术规范指南》的学科范围是人文社科,而《高等学校科学技术学术规范指南》《科研活动诚信指南》和《科研诚信知识读本》则面对自然科学。对于人文社科而言,在人文社会科学共性规范下,概括出文史哲、政经法等各个学科个性规范,并用通俗、简明的语言撰写出系列性研究和教育丛书,应是当务之急。

教育部有关科研管理部门及时顺应学界这一要求,于2011年3月首次设立人文社科研究科研诚信和学风建设专项任务重大课题"学术规范和学科方法论研究",明确要求精选和翻译研究主要国家相关资料,系统介绍国外学术规范建设的机制、状况。结合中国科研及其管理实际,总结符合国情的文科学术规范和方法论体系,编写面向青年研究人员及未有基础学术训练学者的包括哲学、经济学、文学等16个学科在内的《学术规范与学科方法论研究和教育丛书》(以下简称《丛书》)。

四、《丛书》编写的思路、内容与希望

编写文科各学科学术规范与方法论研究和教育方面的系列丛书,在我国还是首次。尽管近期笔者已见到几本有关中国古代史、文艺学研究的规范和方法的单独著作,其内容主要讲述学者自己治学、研究的经验及其总结,也包括"学界已经约定俗成的一些必须遵守的规则",或学术研究的"通理常则""公例",对学术新人自然有很大的助益,但这些书毕竟涵盖仅一二个学科或领域,且未形成较有共识的、大体统一的内容框架和叙述方式,因此,如何系统集成国内外有关学术规范和学科方法论研究成果,整体呈现阶段性知识积累,全面转化成果为系列教育培训资料,如何与各高校学者密切合作,力邀学术造诣深且对学术规范和方法论有兴趣、有成果的学者,根据统一大纲分工合作编写各分册,以便发挥规模效应和整体效应,就显得十分必要。

由于现代学术产生于国外,其研究历史较长,因此总体看来,国外有关学术规范和学科方法论的研究水平也高于国内,尤其是各种技术性规范文本的编写,很具特色。例如,美国既有适用于文理各科、已有110年历史的《芝加哥文体手册:作者、编者和出版者必备指南》(第16版)(The Chicago Manual of Style: The Essential Guide for Writers, Editors, and Publishers. 16 ed.),亦有专门用于单一学科的《美国现代语言学会(MLA)文体手册和学术出版指南》(第3版)(MLA Style Manual and Guide to Scholarly Publishing. 3rd ed.)、《美国心理学会出版物手册》(第6版)(Publication Manual of American Psychological Association. 6th ed.)、哈佛法律学会编著的《蓝皮书:引文统一标注体系》(第18版)(The Bluebook: A Uniform System of Citation. 18th ed.)、《音乐写作:文体样式表》(第2版)(Writing about Music: A Style Sheet. 2nd ed.)、《政治学文体手册》(修订版)(Style Manual for Political Science. Rev. ed.)等,当然也有物理学、化学、微生物等

自然学科写作文体规范。不过,国外这些各学科规范主要是写作、用词、引文等技术性规范,其规定详细而具体。同时,为了大学生、研究生等初学者或特定者的需求,还专门出版简洁本。这是值得借鉴的,但切不可盲目全盘照搬国外的成果。西方有悠久的文化历史、道德精神,中华文化亦如此,其中有很多关于优良的道德精神,如"富贵不能淫,贫贱不能移,威武不能屈","究天人之际,通古今之变,成一家之言"的史识和"实录"精神等,这些与默顿提出的学术四大规范等一样,能直接导引出学术研究的基本规范和写作规范。有鉴于此,一方面我们应该继续学习发达国家的研究成果,另一方面应当更加注意回归本土化的探索,许多有价值的传统、惯例值得我们挖掘、整理和发扬。当然,我国现代学术研究历史不长,人文社会科学在发展中更是屡经曲折,相当多的学人的学术规范意识不强,这方面的系统教育缺失,学术失范、学术不端和学术腐败现象较之于国外为多,这有着深刻的社会原因、历史原因和研究者个体心理原因。从他律和自律两大方面看,他律方面的原因包括学术评价体系、学术批评制度的不完善,科研管理的简单化、片面化以及失范处理的软化等,这些外部环境确实在有意无意"逼"人不严谨。但为什么同处一个环境,有人失范,有人却有抵抗力呢?显然还有自律的原因。有人确实是明知故犯,即学术不端,但的确有更多的人,尤其是中青年学人确实不大清楚有关规范,或规范本身不明确而造成学术失范。因此,在吸收国外有益的经验和做法的同时,必须紧密结合中国本土学术规范化的实际情况,进行针对性研究,从自律与他律两个方面提出相应的对策。正如习近平同志最近指出:"要大力弘扬优良学风,把软约束和硬措施结合起来,推动形成崇尚精品、严谨治学、注重诚信、讲求责任的优良学风,营造风清气正、互学互鉴、积极向上的学术生态。"可见,研究学术规范,普及学术规范知识,遵守学术规范,树立良好学术道德,对于治学创新、为国利民、实现自我价值具有重大意义。

近日教育部正式颁布《高等学校预防和处理学术不端行为办法》(以下简称《办法》)。《办法》对预防与处理学术不端行为的工作机制、工作原则、预防措施、学术不端行为的类型、学术不端案件的受理、调查、认定、处理、救济与监督等内容做了全面规定,提出了许多重要的制度举措。诸如明确了预防与处理的主体是各高校,高校应当建立集教育、预防、监督、惩治于一体的学术诚信体系;突出了预防为主、教育与惩戒相结合的原则。《办法》单列"教育与预防"一章,突出预防为主的要求;明确了学术不端的类型。学术不端是不遵守学术规范的行为,或曰"失范",且是"失范"中故意为之的一些行为,包括:剽窃、抄袭、侵占他人学术成果,篡改他人研究成果,伪造数据或捏造事实,不当署名,提供虚假学术信息,买卖或代写论文等。《办法》侧重于对学术不端行为的处理,这与学术规范及其教育相辅相成,是一个问题的两个方面,"教育"与"处理"就是一软一硬,也就是习近平同志所讲的"软约束和硬措施",只有两手都要硬,才能收到良好效果。

《丛书》题名中的"学术规范"是一个核心概念。笔者在《学术规范通论》中曾对学术规范下过定义:"学术规范是指学术共同体根据学术发展规律参与制定的有关各方共同遵守的有利于学术积累和创新的各种准则和要求,是整个学术共同体在长期学术活动中的经验总结和概括。"(叶继元.学术规范通论.上海:华东师范大学出版社,2005:5.)2009年出版的《科研诚信知识读本》直接引用了该定义。《高校人文社会科学学术规范指南》所给出的定义也与该定义接近。现在看来,为了突出学术共同体的主体地位,精简文字,该定义可以被适当修改为:"学术规范是指学术共同体根据学术发展规律制定的有利于学术积累和创新的各种准则和要求,是学术活动中的经验总结和概括。"

从上述定义可以看出,一个学科的发展,依赖于该学科学术共同体的努力,只有通过共同体的讨论和认可,才能形成规范。规范不是哪个人、哪个机构单独"制定"的,而是源于和发展于学术共同体,并且这种规范是有利于学科发展的,是"经验总结和概括",这种总结和概括又是动态的,是随着研究经验的不断积累而变化的。当已有的规范"不利于学术积累与创新"时,新的规范就将取而代之。这里的研究"规范",与库恩的研究"范式",含义有些许相似、交叉,但亦有不同。范式是指某学科共同体认可的一套解释系统,诸如术语、理论等,而规范不仅指术语、理论等的认同,而且涉及研究活动的全过程,包含丰富的内容。规范既不同于法律,也不同于道德,但又与它们有些许交叉。没有规范是万万不行的,但一切依赖于规范也是不明智的,规范再细,也不能杜绝失范、不端等现象,必须要有"法"和"道德"的补充。从目前研究看,学术规范中的研究规范,其内容大体包括基本规范、研究程序规范、研究方法规范、学术成果呈现规范、引文规范、署名及著作方式标注规范、学术评价和批评规范等。这里既包含研究形式的技术规范,又包括内容的技术规范,也包括科研的基本价值观或科学精神,还包括研究工作中的应知应会的要求,应贯穿学术活动的全过程。

《丛书》题名中的"学科方法论",既指某一学科一般方法及方法论(各学科共有的方法论),也指某一学科具体的方法及方法论。方法不是方法论,方法论是有关方法的理论,这与学术规范中"研究方法的规范",即有关方法的使用原则、原理、规则、要求等有密切联系,从这个角度看,学术规范可以涵盖学科方法论。它们都要对如何开展学术研究的底线要求(构成性规范)、对如何进行好的研究的准则(范导性规范)提供帮助。由于方法论对提高研究的质量具有重要作用,因此将它从规范中抽出并与规范并列,加以强调,也是完全可以理解和可行的。如果说这里的"学术规范"主要是讲如何进行"真的""好的"科研要求的话,那么"学科方法论"则是如何提高科研质量的高要求。总之,在内容布局上,研究方法论应在总体上服务于学术规范,学术规范是大前提和大目标。

中国文科学术规范和学科方法论具有"特殊性与本土性"。政经法、文史哲等学科不同的研究对象、不同的研究目的、不同的研究视角、不同的术语系统和言说方式使不同的学科各具特点,从而使不同学科在发展过程中形成了自己的有别于其他学科的规范和方法论。

《丛书》题名中之所以有"教育"二字,是因为《丛书》主要是为人文社会科学各学科大学生、研究生、青年教师及未接受过系统学术训练的各级研究人员、编辑、出版者、信息管理学者、科研管理工作者等而撰写的,力求由浅入深、深入浅出地系统介绍文史哲、政经法等各学科研究的基本规范知识和最新进展,试图达到"普及读物""教辅书"的发行量和影响力。

学术规范和学科方法论是伴随着现代科学的发展而形成的关于学术研究应该遵循的价值观、规章制度和技术方法。《丛书》的着重点是为刚入行的各学科的新人及未接受学术规范系统训练的研究人员提供一个简洁、科学和实用的研究规则指南。具体说来,各分册内容大体包括:

1. 概述本学科的术语规范、主要理论、学科基本建制等。包括本学科的基本概念、基本命题与定律、核心内容、学科性质、学科体系、学科边界、主要学派、代表性学者、经典著作、相关院系、专业期刊、学会协会、学科基本价值与研究操守等。

2. 阐述学术研究规范。按照学术研究和不同学科的学术研究过程和特点,从研究计划的设计、实施、评价等各个环节,重点阐述本学科独特研究规范。包括学术研究基本规范、研究程序规范、研究方法规范、学术成果呈现规范、引文规范、署名及著作方式标注规范、学术评价和批评规范。着重厘清规范与创新的关系。

3. 探讨学科方法论。从本学科一般方法再到本学科具体方法,从研究方法到方法论的顺序展开。

4. 结合学科自身研究领域的经典案例,介绍本学科的规范和研究方法、伦理、规则与政策要求。

在《丛书》编写期间,课题组在国内外学术期刊及《中国社会科学报》等媒体上发表了20多篇论文和文章,撰写咨询报告5篇,翻译了英文、德文、日文等有关学术规范研究资料一百余万字,建立了专门的学术规范网站。课题组主要成员应邀参加有关的学术会议,并作专题报告。课题组还组织了三次专题研讨会,邀请国内著名专家针对所遇到的难题进行研讨,诸如如何充分吸收国外学界先进的有关成果,如何发掘继承中国固有的学术规范传统,如何平衡文科通用规范和各学科独特规范,如何平衡学术规范与研究方法及方法论的关系,如何将深奥的学术问题进行深入浅出的阐释等,专家们的合理建议给了课题组许多实质性的支持与帮助。课题组在充分吸收国内外先进知识的基础上,结合国内实际,规范有关术语,抽象相关命题和原理,拟定了"丛书"各分册统一的编写大纲,与来自于清华大学、中央民族大学、武汉大学、陕西师范大学、东南大学、南京艺术学院和南京大学等相关学科学者签署了科研合同,南京大学出版社和东南大学出版社同时将《丛书》申报到江苏省"十二五"重点出版规划项目。

经过各位作者和编者的努力,现在《丛书》开始出版了,我作为主编,看到多年的策划,与作者反复的交谈、研讨,多次的审稿终于有了成果,心情非常愉悦,希望本套丛书的出版,能对我国人文社科研究的发展,对培养学术新人起到一些作用,为学术规范和学科建设做出一点贡献。

《丛书》在编写之初,曾希望在内容上既能有理论深度及丰富的内涵,同时在形式上也能活泼多样;在保证质量的情况下加快撰写及出版;力争做到丛书各分册"三个统一"

(统一编写提纲、统一文字语言风格、统一出版)。但现在看来,由于时间和水平所限,各位作者的行文特点不一,只能部分达到这些要求了。书中差错难免,热诚希望广大读者不吝赐教,以匡不逮。

感谢"教育部人文社会科学研究专项任务项目(科研诚信和学风建设)重大课题"学术规范和学科方法论研究"的资助(项目号"11JDXF001"),感谢南京大学校领导张异宾、朱庆葆、杨忠,社科处王月清和文科各院系的支持和帮助,感谢《学术规范与学科方法论研究》开题专家组专家张岂之、秦惠民、魏恒、孙平等提出的宝贵意见,感谢课题组专家许钧、刘志彪、风笑天、朱剑、孙建军、徐雁、袁培国、郑德俊、袁曦临、李刚、成颖等提出的建议,感谢我的研究生陈铭、王雅戈、徐美凤、郭春侠、谢欢、杨柳、睢颖、臧莉娟、刘利等在书后索引、编务、会务等方面所做的工作,感谢本书引用文献的作者,感谢南京大学出版社社长、总编辑金鑫荣、施敏以及东南大学出版社总编辑张新建、史建农等编辑们的辛勤劳动。

2016 年 7 月 31 日

序

学者撰写著作,习惯于写"序",以明确写作的目的、动机和方法,从而方便编辑、读者审阅全书。以大小或位置看,序可以依次分为"总序""章序"和"节序"。如果作者撰写的是系列丛书或多卷本,那么总序应当置于丛书和多卷本的第一部书或各书之首;如果作者只撰写一部著作,那么总序自然也应冠于该书之首。章序置于每章之首,也是说明本章的写作目的和动机、本章与前章之间的关系、本章内各节之间的关系的。节序同样也是置于每节之首,说明本节的相应事项。本书属于《学术规范和学科方法论研究》丛书的一部,故无总序一说,只在书前置"序",各章及节前不置"序"。

写作本书,是为了在借鉴国外有关法学学科的学术规范与研究方法及方法论的相关资料,分析国内外有关法学学科的学术规范与研究方法及方法论的相关经验之基础上,总结、归纳和提炼法学学科的学术规范与研究方法及方法论成果,将略显零散的有关法学学科的学术规范与研究方法及方法论方面的知识理论化、系统化和体系化。很显然,本书尽管必然涉及较多有关法学学科的学术规范与研究方法,尤其是方法"论"方面的理论问题,但是侧重于搜集、整理和提炼国内外有关法学学科的学术规范与研究方法,侧重于将国内外法学学科已有的学术规范与研究方法介绍给国内同行,尤其是刚入法学门径的青年学者和广大法学家群体。因此,读者将会发现,本书对国内外已有法学学科的学术规范与研究方法及方法论之继承多于创新,其目的还是在于试图统一已有法学学科的学术规范及研究方法,将其共性的一面展示、推介给广大法学家群体,希望他们遵守本书提炼的学术规范与研究方法去从事法学研究,开展学术交流与学术批评活动。

当然,本书无意也没有这个权能来强求法学同仁遵守这个规范,只是从方便学术交流和批评的角度提出一些具有建设性的意见。因为在当下中国的法学界,不仅缺乏一个统一的、公认的法学学科的学术规范与研究方法体系,而且法学家群体对于已有的学术规范与研究方法也缺乏足够的尊重和遵行,学术失范甚或学术造假的事件时有发生,这严重损害了法学家群体的声誉和法学学科的健康发展。从教育学的角度看,要使法学家群体养成遵守法律强行规定和学界约定俗成的学术规范与研究方法之习惯,就必须从其初次接触法学开始。用一句通俗的话讲:"得从娃娃抓起,别弄坏了胚子。"当然,一位法学家习不习惯于遵守通行的学术规范与研究方法,与其内在的规则意识、文化基因和家庭教育等因素关系深切,但是我们也不能由此放开教育的羁绊,推卸法学教育者的责任。正是考虑到这一点,我们在本书中总结和提炼了一套符合中国国情的法学学科的学术规范与研究方法,将之推介给广大青年法学家,尤其是法学本科生和研究生,希望他们根据本书的规范与方法开展法学研究和学术交流。同时,广大法学教育者也可以依据本书的规范与方法开展法学教育工作,训练法学本科生和研究生从事法学研究和学术交流。

在法学教育实践中,我们及同行也常常因没有一本比较统一的、科学的法学学科的学术规范与研究方法教科书而感到非常苦恼。没有这么一本手册式的规范与方法教科书,我们就难以成系统地、成体系地给法学本科生和研究生开展法学研究方面的教学工作。在实践中,法学教师和导师们也是根据各自的一点点有关学术规范与研究方法的知识或经验给学生开设方法论课程,开展相关教学工作,他们的知识、经验和做法不一,且常常产生这样或那样的矛盾,也令学生们无所适从。因此,现实也呼唤我们要尽快编写一本面对法学教师和法学本科生、研究生的学术规范与研究方法手册。

笔者早在21世纪初即从事法学方法论方面的专业研究,对于法学学科的学术规范也常有涉猎,更经常慨叹许多法学家,尤其是一些法学大腕在学术规范方面的不严谨甚或失范现象。为此,本人在2002年独力撰写了《法学方法论》一书,专门介绍法学学科的研究方法及方法论,并对该学科的学术规范问题有所关注。[1] 入职本单位以来,我有了更多的时间和精力来思考法学学科的学术规范与研究方法的问题,并于2010年撰写了《法学方法论原理》一书,对相关问题进行了更加深入的研究。[2] 及至2013年,我又撰写了《法学方法与现代司法》一书,对法学方法与司法裁判之间的关系问题进行了专门研究,将法学学科的研究方法具体化到司法实务当中。[3] 不过,以上3本著作主要是着眼于法学学科的研究方法及方法论问题,对于法学学科的学术规范问题则较少涉及,因而给本人及同行留下了一点小小的遗憾。更何况,在对法学方法论的深层研究中,笔者发现了法学学科的学术规范与研究方法及方法论之间的密切联系,感觉到它们之间的难以分割性。因此,对法学方法论的继续深入研究也在催促着我们要撰写一本有关法学学科的学术规范方面的著作。

在美国,早已有一本用以指导学者开展学术研究的"芝加哥文体手册"问世。这本手册在促进美国学术规范与研究方法之统一,加强学术共同体内部的交流和沟通等方面发挥了重要作用。美国成功的经验激励着我们也要编写一本类似的手册,用于指导学者和学生开展研究、写作和编辑学术论文。同时,这本研究手册也能够告诉他们什么是规范的、真正的学术研究,什么是不规范的、难以得到认同的学术研究。

从教育学的角度看,对于学术规范与研究方法的接受需要形成一种比较深厚和悠久的文化传统,生成学者遵守学术规范与研究方法的文化基因,才能从根本上形成或扭转一个国家、地区和社会的学术研究风气。不可否认,我国的法学家群体大多数是接受过

---

[1] 参见:李可.法学方法论.贵州人民出版社,2003.
[2] 参见:李可.法学方法论原理.法律出版社,2011.
[3] 参见:李可.法学方法与现代司法.知识产权出版社,2014.

正规的法学学科的学术规范与研究方法的系统训练的,但是同时也不能不看到,这种所谓的"系统训练"是以缺失一个统一的、科学的学术规范与研究方法为背景的,因此就存在许多知识的"系统漏洞",例如规则意识缺乏、功利意识过于旺盛、政治意识太强。无论是对于本学科的学术规范与研究方法之培育与教育,还是对于其他学科(例如哲学、经济学、政治学、社会学)的学术规范与研究方法之培育与教育,法学教育者的责任都十分重大。

在本书中,我们力图清楚、透彻地阐述法学学科的学科本质、学科基本问题,详尽地、全面地梳理该学科的学术发展史和学术争鸣史,因为这样有助于法学本科生和研究生更好地理解、把握法学学科的学术规范与研究方法所依托的学科基础、基本原理和基本技术,有助于他们更加清晰地掌握法学学科的学术规范与方法论生成的历史及现状。只有在这个基础上,我们才能比较完整、系统和科学地阐明法学学科的学术规范与研究方法及方法论,才能对其中国家强行性的规定和学术共同体约定俗成的规则之来龙去脉及规范意旨有一个比较清晰的了解。事实上,在法学史上,围绕法学学科的学术规范与研究方法及方法论,不同的学派基于各自的价值预设和方法论假定,都提出了不同于其他学派的学术规范蓝本与研究方法体系。但是,在这些不同主张的背后,也存在许多比较相似的规范要求与方法论要点。将它们比较全面地、系统地、成体系地整理、归纳和提炼出来,呈现给广大法学家群体尤其是初入法学门径的青年学者,是本书的主要任务之一。同时,读者在阅读本书的学术规范与研究方法成果时,务必注意其背后潜在的价值预设和方法论假定的重要影响。

在上述基础上,本书在遵循学术研究规律和路径的前提下,从法学学科的共同价值观出发,对法学研究的基本规律、程序和方法进行了详细的介绍、讲解。其中许多问题既是非常基础的,又是与其他学科(主要是社会科学,例如经济学、政治学、社会学、民族学、教育学、管理学)具有共性的。对此,我们只能在遵循社会科学的共性之基础上,结合法学学科的个性(例如生命、人权和自由的至上地位,权利、义务和责任的核心地位,秩序、安全和发展的基础地位),对法学学科的学术规范与研究及方法论进行充分的、全面的阐述。因此本书的阐释既要照顾共性的一面,也要顾及个性的一面,前者如法学学科之学术规范的概念、内容、目的和作用,法学学科选题的基本要求、文献调研与资料收集的基本要求、研究设计的基本要求,法学学科标题的一般要求、摘要的撰写标准、关键词的选用、责任者署名的要求、鸣谢的注意要点、文献综述的写法要点、学术观点表达的要求、论证的基本要求、结语的写法要点、章节的安排及格式要求、文字表达的基本要求,法学学科引文的使用规则、引文书目的著录及格式要求、引文及参考文献的标注与排序,法学期刊投稿的注意事项、法律出版社投稿的注意事项、法学学科网络发表的注意事项、学术交流与合作的注意事项、学术批评的原则与方式,法学学科研究的一般方法,法学学科规范与创新的关系、法学学科创新的基本要求、法学学科学术质量与创新之评价;后者如法学学科的基本概念、法学学科的基本命题与定律、法学学科的基本与核心内容、法学学科的基本建制、法学学科的基本价值与研究操守，法学方法与法学方法论的关系、法学方法论的含义与作用、法学研究专门方法的使用要求，有关法学学科研究规范与创新之内在关系的经典案例分析。

在上述内容中，我们对与其他学科具有共性的内容只做比较简单的介绍，而对关乎法学学科之个性的内容则做比较详细的阐述。因为法学学科之价值预设与方法论假定确实不同于其他学科，法学学科的研究视角和研究方法确实也有其特殊之处，作为一门非常古老的科学，法学学科在其漫长的历史发展过程中形成了自己独特的研究传统和风格。例如注释、评注和解释的研究传统，规范实证、价值实证和社会实证的研究传统，对权利义务的强调和分析的研究风格，对生命、自由、秩序和正义的强调和排序的研究风格。正是在这些研究传统和风格的影响下，法学学科形成了自己独特的研究方法及方法使用规则和要求，形成了自己独特的研究规范及程序、学术交流规范及程序、学术评价标准及机制。因此，重点阐述法学学科的基本概念、基本命题与定律、基本与核心内容、基本建制、基本价值与研究操守，法学方法与法学方法论的关系、法学方法论的含义与作用、法学研究专门方法的使用要求，就成为本书的重中之重。

基于上述考虑，本书第 1 章只对法学学科之学术规范的概念，法学研究规范的内容、目的和作用做一个比较简单的介绍。第 2 章则着重叙述法学学科（或简称"法学"）的基本概念、基本命题与定律、核心内容、基本建制、基本价值与研究操守，因为涉及法学学科的个性问题，故论述较多较深。第 3 章则对法学研究的选题、文献调研与资料收集及研究设计等三个方面的基本要求做一个比较简单的介绍。第 4 章是对法学学科写作的基本规范，比如标题的选择、摘要的撰写标准、关键词的选用、责任署名的注意事项、鸣谢的写法、文献综述的写作技巧、学术观点的表达技巧、论证的基本要求、结语的写法、章节的安排、格式和文字表达的基本要求。第 5 章是对法学学科的引文规范进行介绍，比如引文、引用、参考文献和注释等概念的异同，引文的使用规则，引文书目的著录和格式要求，引文和参考文献的标注与排序。第 6 章对法学学科期刊投稿、出版社投稿、网络发表、学术交流与合作、学术批评的注意事项进行了叙述，其中重点从学科发展史的角度论述学术批评的原则与方式问题，所花笔墨较多，论述也比较深入。第 7 章重点论述了法学学科的研究方法问题，比如法学研究方法与方法论之间的关系、法学研究方法论的含义与作用、法学研究一般方法的使用要求、法学研究专门方法的使用要求，也因为涉及法学学科的个性问题，叙述也较多较深。第 8 章对法学学科的学术规范与创新之间的关系、创新的基本要求、学科经典案例、学术质量与创新评价之间的关系进行了论述。

本书的写作提纲和章节安排由叶继元教授主持的"教育部人文社会科学专项任务项目重大课题'学术规范和学科方法论研究'课题组"提供，笔者在每章后加上"思考与案例"。具体设计是，根据该章内容加 2~4 个思考题，同时加 1~3 个典型案例。为了方便学生阅读，每个案例的字数通常控制在 20 字左右，个别也最多不超过 50 字；仅限事实描述,不作评价。当然,本书的具体内容和中心思想由本人拟定和撰写,文责自负。值得指出的是,本书第 7 章"法学学科研究方法论"对拙著《法学方法论》及《法学方法论原理》两书颇多借鉴,承其骨髓,变其形式,并且融入了笔者近来对相关问题的思索。如果读者对于该章内容非常感兴趣,可以参阅上述两书做进一步的了解。本书的具体内容对已有的研究成果借鉴较少,主要是联系法学学科之学术规范与研究方法发展之实际,结合本人 15 年来在该领域的连续性思索而形成。

本书既然是为法学本科生、研究生和青年法学家群体所撰,自然努力突出法学学科的个性特征,增设一些法学学科独有的学术规范、研究方法和案例故事,以充分利用法言法语言简意赅地将法学学科的学术规范与研究方法及方法论介绍给该群体。笔者希望他们在认真阅读和领会本书后,能够从对法学学科之学术规范与研究方法及方法论的一知半解进阶至了然于胸乃至驾轻就熟。当然,本书的雄心尚不止于此,我们还希望通过品读本书,青年法学学子们能够在心中树立起对法学学术之神圣崇高的责任感和使命感,能够珍惜当前来之不易的法学昌盛和崇尚法治的大好局面。笔者深知,要改变当下中国法学学科之学术失范的乱局,只有从改变和塑造人入手,从养成青年法学学子规范的学术研究习惯入手。只有在规范化的研究风气之下,当下中国法学学科之创新或超越才有可能,才有资格谈论学术创新与知识增量之问题。当然,我们也清醒地认识到,要彻底改变此种乱局,非一朝一夕之功或一人一书之力,需要笔者及同行们坚持不懈地长期努力。我们预计,在 20 年或 30 年之后,中国法学学科之规范化研究将成为法学家群体效法的主流,而学术失范之现象将成稀罕甚或绝迹。

在法学学科之学术市场中,我们近乎失望地看到,众多不规范、不严谨甚或抄袭剽窃的学术作品充斥其间,极大扰乱了正常的学术阅读、交流和批评活动,也在极大地蛊惑着青年法学家群体的心智。同时,泥沙俱下的法学学科之学术市场也给法律图书馆的从业人员整理、筛选有价值的法学作品制造了障碍,极大地浪费了他们的时间和精力。事实证明,只有在规范化的研究风气之下出产的学术作品,才能给科学公正的学术评价机制提供生长的机会和平台,才能反过来促进高质量的学术作品之产生。

对于法学学科之研究方法及方法论领域,诸如张文显教授、吕世伦教授、文正邦教授、程燎原教授等法学前辈已经耕耘了 30 余年,但是对于法学学科之学术规范的问题,则是进入本世纪以后才引起诸如杨玉圣教授、贺卫方教授、张保生教授等法学同行的关注,笔者也是在承接本书的撰写任务后才将之列入主要写作日程加以对待,因此本书的许多观点或论述不能说已经非常成熟,原创之处很多,但错讹之处想必也很多。不过,既然就法学学科之学术规范方面,本书乃是在从事一种近乎原创性的研究,那么雄心与信心也就一并交集,甚至不惮于在学术规范之原理方面提出所谓的"个人创见"。

笔者得以写作此书,得益于教育部人文社会科学专项任务项目重大课题"学术规范和学科方法论研究"(项目号 11JDXF001)的资助,得益于东南大学社会科学处和法学院领导及同事的关心和帮助,得益于本校图书馆程宏副馆长的引荐和袁曦临教授的悉心指导。在本书成稿之后,我们又参加了 2014 年 11 月 28 日在南京大学鼓楼校区南苑宾馆召开的"学术规范和学科方法论研究"课题研讨会,从叶继元教授、张岂之教授、孙建军教授、吴贵生教授、王建民教授、张宝辉教授、孙平研究员、苗成林同志、华心祝教授、金鑫荣编审、张新建编审等众多专家那里得到了许多宝贵的修改意见。同时,在参加国内各大高校和科研院所举行的法学学科的学术会议时,我跟诸多同仁就本书的中心思想和写作提纲进行了深入和坦诚的交流,他们给我提出了许多宝贵的批评和建议,并且诚挚地请求将本书作为所在院(所)开设的"法学学科学术规范与方法论"课程的教材。在理论法学普遍超冷的大背景下,同仁们的上述义举令我感动不已。当然,最后不能不感谢的是自己坚忍不拔的毅力和东南大学出版社史建农编辑经常性的问候和催促。

李 可

东南大学法学院

2015 年 11 月

目录 Contents

第1章　法学研究学术规范概述 ⋯⋯⋯⋯⋯⋯⋯⋯⋯⋯⋯⋯⋯⋯⋯⋯⋯⋯⋯⋯⋯ 1
  1.1　法学研究学术规范的界定 ⋯⋯⋯⋯⋯⋯⋯⋯⋯⋯⋯⋯⋯⋯⋯⋯⋯⋯⋯⋯ 1
    1.1.1　法学研究学术规范的含义 ⋯⋯⋯⋯⋯⋯⋯⋯⋯⋯⋯⋯⋯⋯⋯⋯⋯⋯ 1
    1.1.2　法学研究学术规范的发展 ⋯⋯⋯⋯⋯⋯⋯⋯⋯⋯⋯⋯⋯⋯⋯⋯⋯⋯ 2
  1.2　法学研究学术规范的内容 ⋯⋯⋯⋯⋯⋯⋯⋯⋯⋯⋯⋯⋯⋯⋯⋯⋯⋯⋯⋯ 2
    1.2.1　法学研究的前提规范 ⋯⋯⋯⋯⋯⋯⋯⋯⋯⋯⋯⋯⋯⋯⋯⋯⋯⋯⋯⋯ 3
    1.2.2　法学研究的内容规范 ⋯⋯⋯⋯⋯⋯⋯⋯⋯⋯⋯⋯⋯⋯⋯⋯⋯⋯⋯⋯ 3
    1.2.3　法学研究的形式规范 ⋯⋯⋯⋯⋯⋯⋯⋯⋯⋯⋯⋯⋯⋯⋯⋯⋯⋯⋯⋯ 4
    1.2.4　法学作品的引文规范 ⋯⋯⋯⋯⋯⋯⋯⋯⋯⋯⋯⋯⋯⋯⋯⋯⋯⋯⋯⋯ 5
    1.2.5　法学作品的发表规范 ⋯⋯⋯⋯⋯⋯⋯⋯⋯⋯⋯⋯⋯⋯⋯⋯⋯⋯⋯⋯ 5
  1.3　法学研究学术规范的目的 ⋯⋯⋯⋯⋯⋯⋯⋯⋯⋯⋯⋯⋯⋯⋯⋯⋯⋯⋯⋯ 6
    1.3.1　规范法学知识生产秩序，形成法学家群体 ⋯⋯⋯⋯⋯⋯⋯⋯⋯⋯ 6
    1.3.2　传播、积累法学知识，创新法学理论，提高法学家的理论素养 ⋯ 7
    1.3.3　充分利用有限的学术资源，识别真假法学知识增量 ⋯⋯⋯⋯⋯ 8
    1.3.4　与国外法学对话，努力汇入世界法学之林 ⋯⋯⋯⋯⋯⋯⋯⋯⋯⋯ 8
  1.4　法学研究学术规范的作用 ⋯⋯⋯⋯⋯⋯⋯⋯⋯⋯⋯⋯⋯⋯⋯⋯⋯⋯⋯⋯ 9
    1.4.1　规范、促进和繁荣法学研究 ⋯⋯⋯⋯⋯⋯⋯⋯⋯⋯⋯⋯⋯⋯⋯⋯ 9
    1.4.2　帮助人们识别真假法学知识增量 ⋯⋯⋯⋯⋯⋯⋯⋯⋯⋯⋯⋯⋯⋯ 10
    1.4.3　制止盲目攀比"学术GDP"现象 ⋯⋯⋯⋯⋯⋯⋯⋯⋯⋯⋯⋯⋯⋯⋯ 10
    1.4.4　树立法学家群体的正面形象 ⋯⋯⋯⋯⋯⋯⋯⋯⋯⋯⋯⋯⋯⋯⋯⋯ 11
  附录 ⋯⋯⋯⋯⋯⋯⋯⋯⋯⋯⋯⋯⋯⋯⋯⋯⋯⋯⋯⋯⋯⋯⋯⋯⋯⋯⋯⋯⋯⋯⋯⋯ 13
    附录1-1　中国法学研究的学术规范与注释规则 ⋯⋯⋯⋯⋯⋯⋯⋯⋯⋯ 13
    附录1-2　高等学校哲学社会科学研究学术规范（试行）⋯⋯⋯⋯⋯⋯⋯ 19
    附录1-3　出版管理条例 ⋯⋯⋯⋯⋯⋯⋯⋯⋯⋯⋯⋯⋯⋯⋯⋯⋯⋯⋯⋯⋯ 21

附录1-4　中华人民共和国著作权法 ··· 32
　　　附录1-5　中华人民共和国著作权法实施条例 ································ 42

第2章　法学学科基本研究规范 ·· 46
2.1　法学学科基本概念 ·· 46
2.1.1　法学学科的含义 ··· 46
2.1.2　法学学科的外延 ··· 46
2.2　法学学科基本命题与定律 ··· 46
2.2.1　学科基本命题 ·· 46
2.2.2　学科基本定律 ·· 48
2.3　法学学科基本与核心内容 ··· 49
2.3.1　学科性质 ··· 49
2.3.2　学科体系 ··· 49
2.3.3　学科边界 ··· 49
2.4　法学学科基本建制 ··· 50
2.4.1　古代法学 ··· 50
2.4.2　近代法学 ··· 50
2.4.3　现代法学 ··· 52
2.4.4　西方法学 ··· 54
2.5　法学学科基本价值与研究操守 ··· 55
2.5.1　法学学科的地位和作用 ·· 55
2.5.2　法学研究者的精神 ·· 55
2.5.3　法学研究者的操守 ·· 56
2.5.4　学术积累 ··· 56
2.5.5　学术创新 ··· 56

附录 ··· 58
　　　附录2-1　教育部关于树立社会主义荣辱观进一步加强学术道德建设的
　　　　　　　意见 ··· 58

第3章　法学学科研究程序规范 ·· 61
3.1　选题的基本要求 ·· 61
3.1.1　选题的四项基本要求 ··· 61
3.1.2　主要问题 ··· 62
3.1.3　原因分析 ··· 63
3.1.4　基本对策 ··· 63

3.2 文献调研与资料收集的基本要求 …………………………………… 63
3.3 研究设计的基本要求 …………………………………………………… 64
　　3.3.1 项目申请书的撰写 ……………………………………………… 64
　　3.3.2 项目开题 ………………………………………………………… 66
　　3.3.3 项目实施 ………………………………………………………… 67
　　3.3.4 项目验收 ………………………………………………………… 67
附录 ………………………………………………………………………………… 68
　　附录3-1 学位论文作假行为处理办法 ……………………………… 68

第4章 法学学科写作规范

4.1 标题的一般要求 ………………………………………………………… 70
　　4.1.1 一般作品标题的要求 …………………………………………… 70
　　4.1.2 法学作品标题的特殊要求 ……………………………………… 71
4.2 摘要的撰写标准 ………………………………………………………… 71
　　4.2.1 撰写摘要的标准 ………………………………………………… 72
　　4.2.2 法学作品摘要的撰写标准 ……………………………………… 73
4.3 关键词的选用 …………………………………………………………… 73
　　4.3.1 一般作品关键词的选用 ………………………………………… 73
　　4.3.2 法学作品关键词的选用 ………………………………………… 74
4.4 责任者署名的要求 ……………………………………………………… 74
　　4.4.1 责任者署名的原则 ……………………………………………… 74
　　4.4.2 责任者署名中出现的问题 ……………………………………… 75
4.5 鸣谢的注意要点 ………………………………………………………… 76
　　4.5.1 鸣谢撰写的要求 ………………………………………………… 76
　　4.5.2 鸣谢撰写中出现的问题 ………………………………………… 77
4.6 文献综述的写法要点 …………………………………………………… 79
　　4.6.1 文献综述的基本要求 …………………………………………… 79
　　4.6.2 文献综述的基本技术 …………………………………………… 80
4.7 学术观点表达的要求 …………………………………………………… 81
　　4.7.1 表达学术观点的方式 …………………………………………… 81
　　4.7.2 表达学术观点的原则 …………………………………………… 82
4.8 论证的基本要求 ………………………………………………………… 83
　　4.8.1 论证的含义 ……………………………………………………… 83
　　4.8.2 论证的要求 ……………………………………………………… 83

4.9 结语的写法要点 ·· 84
4.9.1 结语的含义和作用 ··· 84
4.9.2 书写结语的注意事项 ·· 85
4.10 章节的安排、格式要求 ··· 85
4.10.1 章节的安排要求 ·· 85
4.10.2 章节的格式要求 ·· 86
4.11 文字表达的基本要求 ··· 87
4.11.1 文字表达的修改 ·· 87
4.11.2 法学作品文字表达的要求 ··· 88
附录 ·· 90
附录4-1 文摘编写规则(GB/T 6447—1986) ·· 90

第5章 法学学科引文规范 ·· 93
5.1 引文、引用、参考文献、注释概念异同 ··· 93
5.1.1 引文 ··· 93
5.1.2 引用 ··· 93
5.1.3 参考文献 ·· 94
5.1.4 注释 ··· 94
5.2 引文使用规则 ·· 95
5.2.1 引文使用的历史 ·· 95
5.2.2 引文使用的规则 ·· 96
5.3 引文书目的著录、格式要求 ·· 97
5.3.1 引文书目的著录原则 ·· 97
5.3.2 引文书目著录、格式要求 ··· 98
5.4 引文、参考文献的标注与排序 ··· 99
附录 ·· 101
附录5-1 文后参考文献著录规则(GB/T 7714—2005) ··························· 101
附录5-2 信息与文献 参考文献著录规则(GB/T7714—2015)略 ·········· 119

第6章 法学学科学术交流与学术批评规范 ·· 120
6.1 期刊投稿注意事项 ··· 120
6.1.1 期刊编辑关注的事项 ·· 120
6.1.2 期刊投稿的注意事项 ·· 122
6.2 出版社投稿注意事项 ·· 123
6.2.1 出版社投稿的优点 ··· 123

目　录

6.2.2	出版社投稿的注意事项	124

6.3　网络发表注意事项 … 125
6.3.1　网络发表的优点 … 125
6.3.2　网络发表的注意事项 … 125

6.4　学术交流与合作注意事项 … 126
6.4.1　学术交流与合作的作用 … 126
6.4.2　学术交流与合作的注意事项 … 127

6.5　学术批评的原则与方式 … 128
6.5.1　学术批评的本质 … 129
6.5.2　学术批评的原则 … 130
6.5.3　学术批评的方式 … 133
6.5.4　总结 … 135

附录 … 138
附录 6-1　关于进一步加强学术著作出版规范的通知 … 138
附录 6-2　教育部科技发展中心关于执行《在线发表科技论文的学术道德和行为规范》的通知 … 139
附录 6-3　在线发表科技论文的学术道德和行为规范 … 140
附录 6-4　国务院办公厅关于优化学术环境的指导意见 … 141

第7章　法学学科研究方法论　146

7.1　方法与方法论之关系 … 146
7.1.1　方法的含义、特征、性质、功能、种类及选择 … 146
7.1.2　方法论的含义、特征、性质、功能、种类及选择 … 150
7.1.3　方法与方法论的关系 … 152

7.2　法学方法论的含义与作用 … 154
7.2.1　法学方法论的含义、特征、性质、意义、种类及选择 … 154
7.2.2　法学方法论的功能与作用 … 157

7.3　法学研究一般方法的使用要求 … 158
7.3.1　法学研究一般方法的含义、特征、性质、功能、种类 … 158
7.3.2　法学研究一般方法的使用要求 … 162

7.4　法学研究专门方法的使用要求 … 163
7.4.1　法学研究专门方法的含义、特征、性质、功能、种类 … 163
7.4.2　法学研究专门方法的使用要求 … 165

第8章 法学研究学术规范与知识创新 ········· 167
8.1 规范与创新的关系 ········· 167
8.1.1 法学研究学术规范的含义、特征、性质、功能 ········· 167
8.1.2 法学学科知识创新的含义、特征、性质、功能 ········· 170
8.1.3 法学学科研究规范与知识创新之间的关系 ········· 172
8.2 创新的基本要求 ········· 173
8.2.1 法学学科知识创新的主体要求 ········· 173
8.2.2 法学学科知识创新的环境要求 ········· 174
8.2.3 法学学科知识创新的本体要求 ········· 175
8.3 学科经典案例分析 ········· 176
8.3.1 借用语言学的方法实现法学研究的重大突破 ········· 176
8.3.2 深刻洞察市场本质实现经济法学研究的重大突破 ········· 176
8.3.3 精准把握人的本质实现法理学研究的重大突破 ········· 177
8.3.4 严格遵守假说的程序规则实现犯罪学研究的重大突破 ········· 178
8.3.5 引入功能主义的方法实现行政法学研究范式的更新 ········· 179
8.3.6 引入实质考察的方法实现刑法学研究范式的更新 ········· 179
8.4 学术质量与创新评价 ········· 180
8.4.1 学术质量的含义、特征、性质及衡量标准 ········· 180
8.4.2 法学学科学术质量的含义、特征、性质及衡量标准 ········· 182
8.4.3 创新评价的含义、特征和性质 ········· 183
8.4.4 法学学科创新评价的含义、特征和性质 ········· 185
8.4.5 法学学科学术质量与创新评价的关系 ········· 186

附录 ········· 188
附录 8-1 教育部关于进一步改进高等学校哲学社会科学研究评价的意见 ········· 188
附录 8-2 教育部关于严肃处理高等学校学术不端行为的通知 ········· 191
附录 8-3 教育部关于印发《关于加强学术道德建设的若干意见》的通知 ········· 192
附录 8-4 高等学校学术委员会规程 ········· 196

索引 ········· 201
参考文献 ········· 208
后记 ········· 211

第 1 章
法学研究学术规范概述

学术规范是科学研究发展到一定阶段或程度时必然产生的事物,也是学者从事学术研究时应当遵循的行为规范,更是学术共同体开展学术交流与批评不可或缺的判准或依据。学术规范之订立要遵循学术生成与运行之规律,也要体现学者从事学术研究的内在激励或主观能动性,更要服从于学术积累与创新之总体目的。当然,学术规范之形成不是政治"指挥刀"强势命令的产物,也不是学术共同体内部无序表达的结果,而是在科学研究活动中自发生成,并得到学术共同体成员自觉遵守、能动改造的准则。就其来源而言,学术规范可能是对国家方针政策、法律法规的顺应或参照,也可能是对学术共同体约定俗成的行为规范的直接吸纳,还有可能是对外部团体内在规约的借鉴或汲取。

学术研究本来是"戴着镣铐跳舞"的活动,它内在地需要遵循特定的学术生成与行为之规律及交流与批评之规范,否则学术就很有可能变成人们难以看懂的"巫术"而丧失其指导社会实践的功能。但是在长期的学术发展过程中,学术共同体又需要对旧有的学术规范进行超越或刷新,有时是适当松动它,更多的时候是使之更加严厉和严格。下面我们就法学研究的学术规范的概念、内容、目的和作用等问题展开分析与叙述,以期为法学家群体呈现一个比较清晰的学术规范概貌。

1.1 法学研究学术规范的界定

法学研究学术规范是法学这门学科逐步走向成熟的一个重要标志,是法学家群体得以形成和走向自治的重要前提。

1.1.1 法学研究学术规范的含义

它是指法学家在从事法学研究及其成果发表时应当遵守的行为规则体系。从来源上看,它包括国家的政策法规和法学家群体内部的自发性规则与职业道德。① 法学家群体既然是一群熟悉、精通法律,以公平正义为圭臬的群体,那么他们应当比其他群体更自觉地遵守国家的政策法规等底线性要求。

1.1.2 法学研究学术规范的发展

在当代中国,法学研究学术规范经历了一个比较缓慢长期的发展过程。例如,从改革开放直到 20 世纪 90 年代末,国内的许多法学期刊上的论文竟然没有、也不能有注释。作者投寄给这些法学期刊的论文本来有注释,在发表时也被编辑人为删除。从学术传承上看,这无疑是十分不严肃的。20 世纪 90 年代末,在与国外法学接轨的呼声和压力之下,多数法学期刊上的论文开始有注释,或至少有夹注。但时至今日,仍有极少数法学期刊上的论文没有注释,而这似乎也成了这些法学期刊的风格。不过,从总体上看,有注,且必须得当、真实和必要,已经成为绝大多数法学期刊的主流风格。

1.2 法学研究学术规范的内容

法学研究学术规范无疑要遵守国家政策法律的底线要求,例如国家的有关著作权保护、新闻出版方面的法律法规,出版和教育管理部门有关学术规范的行政指导,②同时还要遵守法学家群体内部的自发性规则和职业道德,例如《学术规范导论》一书中提出的一些要求,③《中国法学研究的学术规范与注释规则》推荐的规则。④《高等学校哲学社会科学研究学术规范(试行)》采取"由重到轻"的原则,将学术规范分为基本规范、引文规范、成果规范、评价规范和批评规范五个部分。2002 年 1 月"首届教育部人文社会科学法学类重点研究基地主任工作联席会议"推荐的《中国法学研究的学术规范与注释规则》将学术规范分为写作规范、发表规范、学术批评规范、学术评审规范、引用和注释规范等。⑤这些分类方法有一定的道理,但是对于刚刚进入学术圈的研究者来说,不大容易掌握。从研究的程序上看,将学术规范分为前提规范、内容规范、形式规范、引文规范和发表规范五个部分更为妥当。法学研究学术规范包括法学研究的前提规范、法学研究的内容规范、法学研究的形式规范、法学作品的引文规范和法学作品的发表规范五个部分。

---

① 后者如 2002 年 1 月由教育部人文社会科学法学类重点研究基地主任工作联席会议发起的《中国法学研究的学术规范与注释规则》。

② 在我国,有关法学研究学术规范的法律法规有《民法通则》《著作权法》《著作权法实施条例》《出版管理条例》《刑法》;国家政策和指导性规定有《高等学校哲学社会科学研究学术规范》(试行)。

③ 参见杨玉圣,张保生.学术规范导论.高等教育出版社,2004.

④⑤ 参见肖永平.中国法学研究的学术规范与注释规则.法学评论,2002(4):151-156.

1.2.1 法学研究的前提规范

法学研究的前提规范是法学家开展学术工作前必须树立的价值观、世界观和应当知悉的政策法律及职业道德。法学家在从事研究工作前,必须树立正确的价值观和世界观,加强自身的职业道德修养。在社会主义中国,法学家必须以马克思主义的唯物辩证法为指导,站在当下主流的价值观和世界观之立场上,唯物地、辩证地、宽容地对待社会现实和各种已有的法学理论,并做好在法学研究中不转换自己的价值观和理论立场的准备。在开展学术研究之前,法学家必须学会科学地、理性地看待历史传统和社会现实,同时应当始终坚持对个体的人文关怀,自觉抵制各种漠视个体和普通民众的国家主义、封建主义思潮。其中,站在个体主义的立场上,对个体进行人文、人性和人道关怀,是当下法学家应当秉持的价值观。法学研究如同其他研究一样,通常是在批判、借鉴和吸收已有研究的基础上,创新性地提出自己的理论和观点。同时,法学批判也如同其他批判一样,必须站在客观的立场上,公正地对待他人的理论或观点,既不故意抬高,也不有意贬低他人的研究。

遵守国家的政策法律和法学家群体的职业道德,是法学家从事学术研究的前提条件。同时,也只有遵守一定的行为规则,法学家群体内部的学术交流才能进行下去,学术自由也才能够得到保障。法学家在从事研究工作前,应当认真阅读与知识产权保护相关的法律法规和国家政策,例如《著作权法》《著作权法实施条例》《国家通用语言文字法》《出版管理条例》《高等学校哲学社会科学研究学术规范》(试行)等。阅读上述法律政策的目的是,知道哪些问题是可以研究的,哪些问题是不能研究的;同时了解,对于那些可以研究的问题,应当采取什么样的方式予以研究,什么样的研究方式又是为国家政策法律所禁止的。法学家在从事研究时,不得侵犯他人的著作权,不得侵犯他人的名誉权、肖像权和姓名权等。例如,根据现行《著作权法》的规定,在未征得原作者同意的情况下,如果采取改头换面或重新排列组合的形式改编、翻译和汇编他人的作品,即使由此形成的作品具有自己独特的形式甚或内容,也是为法律所不允许的。此种行为侵犯了原作品的改编权、翻译权和汇编权。当然,如果是注释、整理、点校、改编、翻译和汇编古人及相应权利保护期满的作品,则在所不论。法学家在从事学术工作时,应当模范地遵守国家的政策法律,在众多学术工作者中做出表率和树立榜样。

1.2.2 法学研究的内容规范

法学研究的内容规范是法学研究学术规范中最核心、最重要的部分。现行《著作权法》第四条规定,作者在写作时不得违反宪法和法律,不得损害公共利益。

通常出版社和少数杂志社在与作者签订出版合同时,都会根据《出版管理条例》第二十五条规定如下禁止性的创作内容:反对宪法确定的基本原则的;危害国家统一、主权和领土完整的;泄漏国家秘密、危害国家安全或损害国家荣誉和利益的;煽动民族仇恨、民族歧视、破坏民族团结,或者侵害民族风俗、习惯的;宣扬邪教、迷信;扰乱社会秩序,破坏社会稳定的;宣扬淫秽、赌博、暴力或教唆犯罪的;侮辱或诽谤他人,侵害他人合法权益的;危害社会公德或民族优秀文化传统的;有法律、行政法规和国家规定禁止的其他内容的。

对于上述内容,作者在创作之时和完成作品之后,都要认真对照检查,一经发现有如上嫌疑的,必须立即对作品进行修改。以批判国家政治、法律和官方行为为职志的法学家在写作时,最容易触动不得反对宪法基本原则、危害国家主权、损害国家荣誉和利益等红线,因此在创作时必须千万注意;以研究民族自决、民族法律文化、民族习惯法为职志的法学家也容易触动不得反对宪法基本原则、危害国家统一和领土完整、损害国家利益、破坏民族团结、侵害民族风俗习惯、危害民族优秀文化传统等红线,在创作时也得万分小心;以研究宗教自由与宗教法律为职志的法学家容易触动煽动民族仇恨、宣扬邪教和迷信等红线,创作时也得注意这些方面。

无疑,上述禁止性的创作内容仅是对法学家的底线要求,除此之外,法学家应遵守若干职业道德。例如在借鉴他人成果或受到他人观点启发时应当鸣谢、加注;应不断攀登学术高峰,苦心孤诣铸造精品;不应排斥、打击与自己学术观点相左的人或派别,反而应当认真对待商榷和反对意见,摒除门户之见、宽容异己;不应压制新人,反而应当提携后进。对于这些,《高等学校哲学社会科学研究学术规范》(试行)第四章均有规定。从创作过程上看,法学研究的职业道德包括批判道德、借鉴道德和创新道德三个方面。如上所述,法学家从事学术批判时,应该站在客观、中立和着眼于促进学术进步的立场上,公正地对待他人的理论和观点。进行学术批判时应当指明批判的对象及学者的姓名,发表批判时也应该署自己的真实姓名,或至少是公知的笔名,以让对方有反驳的机会。法学家在借鉴、吸收和继承已有的学术成果时,应当加以注明,不应直接或间接抄袭、改造他人的学术成果。法学家在从事学术创新时,应当坚持实事求是的立场,有几分创新就写几分,而且要分清哪些内容是自己的创新,哪些内容是借鉴他人的。法学家在从事学术研究时,要将"分清继承与创新"作为基本的规则意识予以对待,将之牢记在心。当然,作为一个法学家,更不能为了创新而创新,人为地炮制"假大空"的创新成果。

1.2.3 法学研究的形式规范

法学研究的形式规范也非常重要。法学家在完成其作品后,应当认真检查作品的形式是否完整,例如著作通常要有书名、序言或前言、目录、正文、章节标题、附录和后记,论文要有标题、摘要、关键词或主题词、作者简介、各级标题和注释;如果是与他人合作的作品,还要在论著首页注明作者的分工情况;得到他人指导或基金资助的作品,还要在首页有鸣谢之类的内容。论著中的数字使用要符合《出版物上数字用法》,标点符号使用要符合《标点符号用法》。《高等学校哲学社会科学研究学术规范》(试行)在第十四章第(十五)和(十六)项要求接受资助的作品应当标明资助者或项目名称,并且提供与申请内容一致的作品。

法学研究作品与其他作品的不同之处,是它的专业性特别强,同时又涉及国家的法律政策,如有错讹,影响将极其深远。因此,作品完成后,作者应当认真检查作品是否使用了法言法语、专业术语是否规范且前后统一、法律法规和政策引用是否准确无误。

1.2.4　法学作品的引文规范

法学作品的引文规范不仅是判断一位法学家是否尊重他人知识产权的重要标准,也是衡量一位法学家是否拥有高深的学术涵养的重要标尺。法学研究如同其他人文社会科学的研究一样,是在批判、借鉴和继承他人的学术成果的基础上进行理论创新的,本质上是一种知识谱系的传承和思想链条的接续。法学研究成果必须具有人际可讨论性,不具有此种品质的成果难以被称为"学术"成果。自古以来,学术成果就是在相互交流、讨论和批判氛围下的产物。没有继承就没有学术,同样,没有批判也没有学术。因此,引文对于法学作品是不可或缺的。也正因为如此,那些著名的法学期刊无不在封二的位置标明其引文规范。同样,《高等学校哲学社会科学研究学术规范》(试行)也将引文规范列为所有学术规范之首,特加强调。引文的基本要求是得当、真实和必要。

首先,引文必须得当,有些说明性的或提示性的文字不适合放到正文中,可以作为引文。直接引用原文的,应当加引号或以其他字体标明;间接引用应当是对原文的概括,且不得歪曲作者原意。

其次,引文必须真实,在引用时不得歪曲、篡改作者的意思,或者添加不相关的内容。在引用时尤其不能断章取义,只看表面意思而不顾深层内涵,而应当全局地、整体地理解作者的意思。

再次,引文应当适量,最多不超过被引用作品的1/10。例如,引用一篇论文不能超过2500字,引用一篇法学随笔不能超过800字。

最后,引文应是必要的,不能为了纯粹装饰或互惠而引用。

引文的得当原则要求作者将那些可以放到正文中叙述的文字不要放到引文中去;引文应力求简明扼要,不要为装饰、炫耀和互惠而使用引文;引文标注的位置也应当恰如其分,尽量使读者感觉自然而然,一气呵成;更为重要的是,引文要与作品高度相关,自然贴切,浑然一体。引文的真实原则要求作者在引用时,应尽可能地引用原始文献和第一手资料,只有在无法查找到原始出处时,才采用转引作为不得已之策。引文的必要原则要求作者将那些可有可无的引文删除,能够用短引文就不用长引文,能够间接引用就不直接引用,能够合并引用就不单独引用。

1.2.5　法学作品的发表规范

法学作品的发表是作品为他人知悉的重要途径。《著作权法》第四十七条规定,对于合作作品,应当取得合作作者的同意后,始能发表。没有参加创作,不得在他人作品上署名。不能采取改头换面或排列组合的方式歪曲、篡改他人作品,更不得剽窃他人作品。该法第四十八规定,对于他人的作品,不得擅自汇编,或在网上传播。在发表前,主编应当对全书承担责任,应当认真审校该书的指导思想、思想路线、总体精神等,并督促作者对引文、内容、数据、表格等的真实性、妥当性和合法性进行认真检查。

1.3　法学研究学术规范的目的

《高等学校哲学社会科学研究学术规范》(试行)总则中提出,制定该规范的目的是为了规范高校的哲学社会科学研究工作,加强学风建设和职业道德修养,保障学术自由,促进学术交流、学术积累与学术创新,进一步发展和繁荣高校哲学社会科学研究事业。前揭《中国法学研究的学术规范与注释规则》在"目的"一节中提出,发出该项呼吁的目的是为了杜绝学术失范现象,树立学术新风,促进学术发展,并进而促发整个法学界学术规范之形成。那么,我们在此倡导法学研究学术规范,目的又是为了什么呢? 我们认为,对于法学学科而言,形成自己的学术规范,目的是为了规范法学家的学术研究活动,规范法学知识的生产秩序,提升法学家群体的职业道德和学术操守,形成、维护和强化法学家群体的自主性与自治性,营造一种以追求公平正义为圭臬、相互批评和关注现实的学术风气;倡言法学研究学术规范,也是为了传播、积累法学知识,创新法学理论,提高法学家的理论素养,形成一个强大的、活跃的和有着强烈批判精神的法学家群体;倡言法学研究学术规范,还是为了充分利用国家分配给法学家群体的、非常有限的法学学术资源,有效识别真假法学知识增量,对法学家的学术工作做出恰如其分的评价。在当前中国,无论是体制内还是体制外的法学学术评价机制,都需要以正确估量一位法学家在法学知识增量上的贡献为前提。最后,倡言法学研究学术规范,是为了促使中国法学与国外法学接轨,努力融入世界法学之林。

1.3.1　规范法学知识生产秩序,形成法学家群体

中国的法学起步于清末救亡图存,引进西法之时。虽然在维新派和部分开明统治者的支持下,中国的法学在20世纪初期得到了较快的发展,尤其是在民国时期,大多数法学家有留学西方法治发达国家的经历,同时又有感于国内政治法律之落后,故锐意进取,潜心学问,使中国法学在20世纪上半叶步入了一个发展的黄金时期,涌现出一批著名的法学家和法学著作,但是,相对于西方法治发达国家而言,中国法学发展的时间过于仓促和短暂,没有经历一个对本土法律思想的消化吸收期,难以形成比较规范的法学知识生产秩序和较强的法学家群体。不仅如此,清末和民国的中国法学救亡图存、富国强兵的目的性太强,学术研究难免被法学家的政治抱负所感染和被各种政治集团工具化,故难以形成真正意义上的"本土法学"。20世纪下半叶的头10年,中国法学虽然受到意识形

态的强烈影响,但是在政治的高压下还能勉强维持局面。进入"文革"后,中国法学的发展完全中断,法学家群体被拆散,法学家被"流放",法学知识的生产处于一种停滞状态。改革开放后,由于发展商品经济和与世界接轨的需要,中国的法学知识生产得以逐步恢复,法学家的身份得到重新确认,法学家群体渐成雏形,法学争鸣和学术交流热烈。尤其是进入20世纪90年代中期以来,中国法学进入了一个发展的黄金时期,一个甲子之前的法学兴盛局面似乎重新浮现。但是由于受商品经济的负面效应和高校、科研院所盲目追求、攀比学术产出等社会因素的影响,法学家群体的学术工作逐渐呈现出一种功利化倾向,一些法学家为了获取不法的政治、经济和学术利益,违背学术良心和个人操守,剽窃、抄袭西方乃至中国学者的法学作品,或者重复自己过去的法学作品,"一稿多发""一稿多用",客观上影响了管理单位和法学家群体对于真伪法学知识增量的甄别,从而加剧了法学知识的无序局面。与此同时,法学期刊也开始商品化、市场化,一些法学期刊不以学术含量的多少决定用稿,而兼以甚或全以给付版面费的多少决定用稿。职称评定、工作量计算和学术GDP的攀比,催生了一个庞大的"地下法学期刊市场",作者与编辑各取所需,心照不宣,共同欺骗善良的社会公众和管理单位。

从总体上看,清末、民国和新中国的法学仍然处于"移植法学"时代,法学家是以移植西方法律制度和法律思想为主要工作,法学家对中国问题和现实关注不够,"本土法学"尚处于胚胎期。不仅如此,此种"移植法学"在发展的过程中又受到意识形态的强烈影响、左右和打压,其发展几经中断和沉浮,仍未达到其鼎盛状态。不过值得欣慰的是,无论是受传统考据学风还是受西方法学影响的法学家,在从事学术工作时都非常注意学术规范问题,在他们的倡导和影响下,中国法学界内部逐渐形成了自己的学术规范传统。

1.3.2 传播、积累法学知识,创新法学理论,提高法学家的理论素养

中国有着悠久的法学知识传统,虽然长期遭受封建专制主义的挤压,但仍有其光辉夺目之处。一个世纪以来,研究中国法制史和法律思想史的学者在借鉴近代西方法学术语体系的基础上,努力还原、保存和传播该知识传统。同时,当下中国的法学知识主要是在引进、借鉴、改造近代西方法学知识的基础上形成的。西方与中国在相同的历史阶段所面临的情境或问题虽然可能有所不同,但主要问题无疑是相似的。西方法学家群体在漫长的薪火传承过程中形成、总结、提炼的法学知识传统与法制经验,对于相同阶段的中国社会,也有其可借鉴或适应之处。因此,在借鉴吸收西方法学学术规范的基础上,形成自己的法学学术规范,可以更好地传播东西方的法学知识传统。

当然,形成自己的法学学术规范,更重要的是为了针对中国当下的国情,在借鉴吸收西方法学理论的基础上,提出、创新、壮大我们的法学理论,从而提高法学家的理论素养,并为世界法学理论做出我们应有的贡献。不过,中国法学要有自己的理论创新,做出让国外同行瞩目的理论贡献,不仅要针对中国当下最紧迫的法律问题,而且还不能丧失自己的立场和价值观,尤其是针对政治与法制现实的批判精神。在当下中国,需要有一个

强大的、自主的和敢于批判现实的法学家群体,对当前中国的政治与法制问题做出最深刻、最尖锐、最及时的批判。当然,要真正实现创新法学理论的目的,高校和科研院所必须具备一定的宽容精神和求真意识,让法学家有充裕的思考空间,而不是逼迫他们去做一些急功近利的事情。

1.3.3 充分利用有限的学术资源,识别真假法学知识增量

在任何一个特定的时期,政治国家分配给法学家群体的各种资源及法学家群体自身拥有的各种学术资源都是非常有限的。政治国家在决定把物质性或精神性的资源分配给哪些法学家时,前提是必须充分知悉申报者的学术创新能力和科研管理能力。只有法学家在创造作品时严格遵守相应的学术规范,国家管理部门才能迅速及时地正确识别他们作品的原创程度和各自的学术能力。同时,社会公众、法律实务家、法学家在应用或借鉴法学成果时,也必须充分知悉它们的原创程度或学术含量。例如,读者在阅读同一主题的法学作品时,必须花费时间精力识别其中哪些作品是完全原创的,哪些作品只是部分原创、部分借鉴的,而哪些作品则完全是借鉴甚或抄袭的。严谨的编辑、出版规范能够节省政府管理部门和读者识别作品原创程度的时间精力成本,让他们一眼就看出作品的原创程度。为此,就需要一套有效的学术评价机制,对真假法学知识增量予以识别和评估,以奖励那些对国家、民族和社会的长远利益做出重要贡献的法学作品,惩罚那些违背学术良心和个人操守,损害国家、民族和社会利益的法学作品。例如,国家对于违背学术规范的法学作品可以做出停止发行、通报批评、追究发行者和作者的行政乃至刑事责任等决定。

在当下中国,与其他社会科学领域一样,法学领域内的学术评价也呈现出各自为政、以行政权力为中心的无序状态。例如,体制内的法学家群体通常以促进政治利益和国家利益最大化为标准,评价一位法学家的学术贡献;而体制外的法学家群体则以推进法学学科的知识增量为标准,评价一位法学家的学术贡献。又如,管理单位往往以发表在高级别期刊上的论文之多少为标准,评价一位法学家的学术贡献。目前高校和科研院所普遍实行的级别式学术评价机制,固然有利于节省管理单位的管理成本,但是却难以达到识别真假知识增量的目的。法学学术规范的形成,能够整顿目前无序的法学学术评价活动。

1.3.4 与国外法学对话,努力汇入世界法学之林

法学知识既具有民族性,更具有世界性。世界各民族在各自独立或交互的发展过程中,会遇到各式各样的问题,并且创造出了各具特色的解决方案。从总体上看,人类社会所面临的主要问题具有很大程度的相似性,因而从很早开始,各民族的政治家和法律实务家就开始相互借鉴对方的解决方案,各种"法律取经"活动在各个民族、各个国家之间不绝如缕,并且被视为世界交往史上的"法律佳话"。中华民族自古以来就是一个善于学

习域外先进经验、制度和文化的民族,只是到了后来统治阶级盲目骄傲自满,日趋封闭保守,拒绝接受外来新鲜事物和向外人学习,才导致百余年前的落后挨打局面。此后,有识之士开始睁眼看世界,积极学习国外的先进技术、制度和文化,中华之国力才开始蒸蒸日上,才有了今日中华民族复兴之气象。

像其他近代科学一样,中国法学也是在学习借鉴乃至移植西方法律思想的基础上形成的。照理说,从一开始它就应当有良好的学术规范意识或传统,但是,由于受到意识形态、商品经济和法学家个人功利心理的不当影响,中国法学在20世纪下半叶丧失了正确的学术立场和对意识形态及现实的批判能力;改革开放以后,中国法学又没有借与世界接轨的压力或机遇形成"本土法学"及自己的学术规范,从而也就丧失了与国外法学对话、融入世界法学之林的机遇和能力。现在,我们重提法学学术规范的问题,目的之一就在于促使中国法学与国外法学接轨,以自己独特的贡献屹立于世界法学之林。

从学术对话的角度看,倡言法学学术规范,也是中国法学家融入世界法学家群体,参与世界法学学术交流的重要前提。当前,中国法学无论是法学家和法学团体的人数,还是法学作品的数量,在整个全球都是排在前列的,但是,中国法学却迟迟得不到世界法学的认同。当然,这其中的原因是多方面的,例如,汉语语言的问题、意识形态的问题、作品缺乏独创性的问题。但是在所有问题或原因中,没有形成和遵守一定的学术规范,却是非常重要的一个原因。没有规范就无法开展对话,就会是他说他的,你说你的,相互之间无法理解甚或了解。

1.4 法学研究学术规范的作用

法学研究学术规范对于规范法学家群体的学术研究、学术交流和学术创新活动,帮助编辑、读者、政府和社会公众识别真假法学知识创新,促使法学家注重作品的学术含量和树立法学家群体在公众心目中的正面形象等所发挥的作用是重大的。对于中国法学家群体而言,它主要发挥了如下4个方面的作用。

1.4.1 规范、促进和繁荣法学研究

法学研究学术规范对于规范、促进和繁荣法学研究的重要性是不言而喻的:它是形成法学家群体、搭建学术交流平台的重要前提。在很长的一段时间内,国内法学界没有一套公认的、系统的学术规范,自然难以形成能够影响国内法律制定、执行、监督和适用的学术成果,更遑论得到国外法学界的认同。20世纪90年代末以来,在借鉴、引进国外法学规范的基础上,我们逐步形成了自己的法学学术规范。其中,法学期刊和出版社在促成中国法学学术规范上发挥了重要的引导作用。一些重要的法学期刊(例如《法学研究》《中国法学》《中外法学》《法律科学》《比较法研究》)和出版社(比如法律出版社、中国

政法大学出版社、中国法制出版社)纷纷发布自己的学术规范,引导作者按照这些规范撰写、修改和编辑作品,并积极抵制剽窃、抄袭、一稿多用、收取版面费和赞助费等学术不端行为。

1.4.2　帮助人们识别真假法学知识增量

法学学术规范对于节省编辑、读者、政府和社会公众识别真假法学知识增量的成本,可以起到事半功倍的效果。在"知识爆炸"的时代,法学知识似乎也开始"爆炸",其集中表现之一是,近20年来的法学作品以几何级数递增,法学家群体每年的作品产出量几乎相当于改革开放前20年的总和。而且,在现行的盲目攀比"学术GDP"的评价体制的驱动或刺激下,法学家们大都在以超负荷的方式夜以继日地炮制作品,争先恐后甚至不择手段地勇当"高产作者"。不用说,一个人阅读法学作品的时间精力都是有限的,如此浩大的法学作品量,如果没有一套有效的学术评价机制,则是难以想象的。只有在严谨的学术规范体制和作者强烈的自律精神之支配下,读者和管理方才能比较轻松地发现真正的学术精品和真正的学术大家,才能有效识别出哪些作品是真知识增量,哪些作品是假知识增量。

当然,由于学术创作,尤其是作为社会科学的法学研究具有很大的主观性、价值性,或者说难以实证化、标准化,所以在对他人学术成果的消化吸收、调研资料的取舍编排上,如果法学家没有强烈的自律精神和学术操守,则容易出现"隐性失范"的现象。对于此种现象,编辑、读者和管理单位很难发现,也难以规范或处罚。

1.4.3　制止盲目攀比"学术GDP"现象

法学研究规范对于制止当前法学家之间愈演愈烈的盲目攀比"学术GDP"现象,促使他们慎重创作,提高自身的学术水平也有重要作用。在当下中国,出于便利管理的需要,高校和科研院所对法学家学术能力和成绩的评价指标是看他在一定学术级别的刊物或出版社发表了多少篇论文,出版了多少本专著,至于论文、专著的质量究竟如何,社会反响又如何,则完全交付给编辑、出版社和读者。从管理者的角度看,这可以有效节省识别真假知识增量的成本。但是,事实上,当下中国刊物的学术级别主要是采取行政的方式予以决定的,刊物主办方的行政级别越高,其学术级别也就越高,反之亦然。尽管已有按照被引、被摘等方法进行核心期刊或来源期刊的筛选,但行政性仍有很大影响。

国外比较通行的,采取以论文、专著的被引率的高低来衡量该论著的影响力的方式,虽然也有一定的弊端或漏洞,但是相比于当下中国的学术评价方式来说,无疑是比较公正的。而且,在国外多数法治发达国家,学者不存在像中国这样的论文发表难、专著出版难的问题。例如在日本,每所大学都办有自己的刊物(学报),一位教师或研究员每年平均撰写一篇论文,论文的质量由作者自己把握,都能发表到本校的刊物上。学校(学院)对教师、研究员的评价是看他的单篇论文的被引率。因此,教师、研究员在撰写论文时,都格外地慎重,如果估计手头的论文的质量或被引率会很低,那么他宁愿不写或不发。因为如果他发表的论文被同行发现有质量问题,那么他就有可能从此被自动排斥在学术共同体之外;如果他被引率低的论文发表的数量越多,那么他的单篇论文的被引率也就越低,在管理方和同行看来,他的学术能力和成绩也就越低。

只有改变当下中国通行的学术管理体制,才能促使作者重视在从事学术工作时的学术规范;也只有在严谨的学术规范的指引下,作者才会有动力去创作高质量的学术产品,也才能真正便利高校和科研院所的管理。只有管理方不逼迫雇员到一定学术级别的刊物或出版社发表、出版一定数量的论文、专著,雇员才有时间和心思去创作促进本学科进步的高质作品;也只有这样,论文发表和专著出版领域的商品化、市场化、唯权主义、唯钱主义等歪风邪气才能得到有效的遏制。

1.4.4 树立法学家群体的正面形象

法学学术规范对于制止法学家群体内部的歪风邪气,树立法学家群体在社会公众心目中的正面形象也有着重要作用。新中国成立以来,法学家群体有将近半个世纪在体制内没有什么发言权,在公众心目中也无足轻重。改革开放以后,我们加强法制建设,努力与世界发达国家的法制接轨,法学家的作用日益重要和凸显。与此同时,公民知法、守法和用法的积极性也日趋高涨,"为权利而斗争"成为20世纪90年代以来中国公民社会中出现的一个新现象。法学家在体制内和公众心目中的地位日渐重要,至世纪之交达到顶峰。随着法学家地位的上升,法学成为一门显学,法学家群体内部积聚的各种资源也日益丰富。一些法学家开始滋生骄傲自满、纵情享乐之气,不再甘于潜心学问的清贫生活。例如,少数法学家不致力于研究学问,提高自身的学术水平,而热衷于"跑课题""跑奖项",论文、著作则交给研究生写,然后挂上自己的名,或者分给研究生一些钱,或者干脆名利双收。另有少数法学家则干脆直接或变相抄袭他人的作品,炮制"多产作家""高产作家"的假象,作奸犯科,知法犯法。还有少数法学家则热衷于"走穴",到处开讲座、做报告,到处挂职、做兼职教授,名义上是帮扶对方单位的学术,实质上是替对方单位"跑路"、拉关系。此股歪风邪气在法学界愈演愈烈,最后真正做学问的法学家反倒为人所不齿,而假学问家则为人所追捧。社会公众有感于一些法学家的不学无术甚或知法犯法、践踏法制的"学痞习气",对法学家群体不再抱有真正的敬重。

因而,厉行法学学术规范,将那些玩弄法学的假法学家淘汰出法学界,将那些潜心学问的真法学家留下来,刹住法学家群体内部的歪风邪气,树立"以求真为荣,以造假为耻"的学术新风,也有利于重整法学家群体在社会公众心目中的光辉形象。

思考与案例

1. 何为法学研究学术规范?它有何种功能?
2. 结合当前中国法学界的现状,谈你对法学研究学术规范作用的期许。

3. 某教授及其弟子涉嫌抄袭别人的作品,但嫌疑人辩称已经对引文加了注释,不能算抄袭。请从法学作品的引文规范的角度分析本案嫌疑人的辩护理由是否成立。你认为成立与否的规范依据又何在?

4. 杜某将在学术年会上获得的论文稍作修改发表到杂志上,对方得知后与之交涉,最后双方达成协议:由杜某在杂志的稍后一期上发表更正启事,说该文系双方合作。杂志社照办。请从法学作品的发表规范的角度分析本案侵权人、被侵权人及杂志社三方的做法是否妥当。如果你是本案中的被侵权人或杂志责任编辑,你会怎么做?

5. 陈某将论文分别投送数家法学类核心期刊,结果几乎在同一时间收到两家刊物的用稿通知,但都没明确表示一定发表。为确保论文的发表,他决定给这两家期刊都回复修改稿,结果论文被两家期刊登载了。请从法学作品的发表规范的角度分析本案陈某的行为是否妥当。在本案中,期刊社有无责任?如果你是本案中的作者,你会怎么做?

附录

附录1-1　中国法学研究的学术规范与注释规则①

2002年1月28—30日,武汉大学国际法研究所在珠海主持召开了首届教育部人文社会科学法学类重点研究基地主任工作联席会议。教育部社政司,武汉大学的领导,全国6个重点研究基地的主任、副主任及各自学校的社科处处长参加了会议。会议就中国法学研究的学术规范与注释规则进行了讨论和修改,以6个重点研究基地的名义就法学研究的学术规范与注释规则形成了如下推荐性条款。

一、法学研究的学术规范

(一)目的

为了有效杜绝法学研究中的学术失范现象,树立良好的学术风气,促进学术产业的健康发展,建议中国法学界就法学研究的学术规范开展讨论,达成共识,进而制定明文的学术规范。

(二)学术道德建设

应大力提倡法学研究者加强自律,在正确的价值观和人生观的基础上培养和信守学术道德;强化学术道德的教育和宣传工作;所有教师在指导学生时,有义务教学生了解必要的学术规范,懂得尊重别人的劳动成果,使学生在从事学术研究之初就树立起学者应有的学术道德和学术规范意识。

(三)加强学术体制和其他外部条件的改革和完善,创造民主的学术氛围,促进法学学术研究的规范化

改变现行的职称评定制度仍过分注重职称申报人发表作品的数量;避免高校等科研机构科研项目的立项及科研基金的确定仍不能完全做到公平、公开、公正,导致垄断、内幕交易、集体公关、骗取课题等以权谋私和其他违规行为的出现;制止高学位教育质量呈明显下滑趋势,解决研究生的论文水平下降及非规范现象严重等问题。

(四)法学研究课题的立项

法学研究课题的立项要体现一定的新颖性和创造性,研究应有所发现和发展;对学术的、非学术的和对策性研究规定不同的标准。

---

① 参见肖永平.中国法学研究的学术规范与注释规则.法学评论,2002(4):151-156.

（五）法学论文的写作规范

1. 形式规范

（1）文章的正、副标题要切合题意，不过长或过短，能起到画龙点睛的作用。

（2）文章应有3—5个关键词或索引词，关键词应能反映文章的学术范围和思想，索引词应是本学科、本论文中具有检索价值的名词。

（3）文章应有200至300字的内容提要，内容提要应能说明论文的学术思想、基本结构、主要内容、创新之处或独到见解等。

（4）文章中标题表达应体现出层次，如"一""（一）""1.""（1）"等。

（5）数字和标点符号的用法要规范，数字的使用要符合国家语言文字工作委员会等七部门于1986年发布的《关于出版物上数字用法的试行规定》；标点符号的用法要符合国家语言文字工作委员会、中华人民共和国新闻出版署于1990年3月发布的《标点符号的用法》。

（6）文章对文献的引用及注释要规范（建议使用本文下面的"中文法学论著的引用和注释规则"）。

（7）文章总体结构要规范，一般应包括提出问题、论证问题、得出结论三个部分。

（8）专著或成书的作品应在书后附有主要参考资料目录，按先中文后外文的顺序排列。

2. 实体规范

（1）杜绝为评职称等原因借他人作品发表，剽窃他人未发表作品，拼凑他人已发表作品等失范行为。

（2）写作前应大量积累素材、消化素材并重视调查研究，力求取得第一手素材。

（3）论文应体现一定的研究方法。

（4）论文应有命题，即本篇论文要解决一个或几个什么样的问题。

（5）论文一般应在开头叙明所要解决的问题在国内外的研究水平和现状（有时还需回顾研究历史）；作者要了解对该问题的研究状况，已发表了哪些相关的论文，解决了哪些问题，还有哪些问题没有解决。

（6）论文的最后应有结论性意见。

（7）准确界定著、编著、编、编译和翻译间的区别及其不同要求。

（8）尽量避免用生涩难懂的词句，更不要生造词汇，把简单的道理复杂化。

（六）论文的发表（著作的出版）

1. 杜绝"一稿多投"和"一稿多用"现象。

2. 杜绝发表"关系论文"；抵制发表文章需交"赞助费""版面费"，出版作品需交"出版费"等不正之风。

3. 合署名的作品应能真实体现署名者之间指导或合作的关系。

4. 专家推荐的作品应将该推荐专家的姓名、单位及职称等情况刊印在发表的作品的后面。

5. 学术创作规范、学术编辑规范和学术管理规范应同步完善。

(七) 学术批评

学术批评对推进学术进步必不可少。学术批评应本着认真负责、实事求是和平等民主的态度,切忌捧场和附庸;反对对异己者采取打压和排斥态度。

(八) 学术评审

1. 学术评审的标准和程序应制度化、公开化,力求标准科学化、程序正当化。

2. 当前应重点解决程序公正问题。应杜绝评审中的拉关系、走后门现象,特别要建立回避制度,评委不能同时又是被评审者。

3. 建立专业评审人制度。设计评审专家库,专家按照一定的标准在全国甚至全球范围内遴选;每次评审专家的组成应具备临时性和随机性;专家库的专家应通过淘汰机制不断更新。

4. 评判作品的优劣不应只看其是否获得了奖励,还应考虑其在教学中被采用的程度,在读书界受到欢迎的程度,在国内外流行的情况等。

(九) 有效的监督机制的建立

1. 应尽快建立明确统一的作品写作规范、编辑规范、评审规范及违规处罚规范。

2. 确立作者责任制及责任追究制。

3. 确立编辑责任制及责任追究制。

4. 确立评审专家责任制及责任追究制。

5. 建立规范执行机构及相应媒介。可以考虑在教育行政部门或高校等科研机构或中国法学会内设立专门执行上述规范的执行机制,并定期将执行情况通过特定刊物或网站向社会公布。

6. 建立举报奖励制度。

二、中文法学论著的引用和注释规则

(一) 引用的基本规则

1. 凡引用他人作品者均应在正文中或用注释加以说明。

2. 引用以著作权法规定的"合理"和必要为标准。

3. 引用一般应是已发表文献;引用未发表文献应事先征得相关权利人的同意。

4. 引用应保持被引用语的原貌,不得曲解原作的观点。

5. 引用应尽量寻求原始作品,被引用作品已作修订的,应引用最新修订本。

6. 引用应力求最权威的文献;有权威文献的,不应引用非权威文献。

(二) 引用及其注释的具体规则

1. 能在正文里引用的,一般不应放在注释里引用。
2. 正文引用超过 100 字者,应缩格变换字体排列并加引号。
3. 一次同时引用数个文献时,应按文献的效力和权威性等级依次排列。
4. 不应概括地引用多位作者的多份文献,如表述为"见 xxx 等所著的文章"字样。
5. 非原始引用应注明"转引自"字样。
6. 非直接引用原文时,注释前应加"参见"。
7. 数个引用出自同一资料时,后面的注释可注明,如:前引[1].王利明书,第 92 页。
8. 引文出自同一资料相邻数页时,应注明如:第 35—40 页。
9. 引用编辑或整理的文献,应在编者名之后加注"编"或"整理"字样。
10. 引用译著,应标明原作者国籍(用[ ]),在书名后注明译者。
11. 引用图表,在图表下直接注明来源,不必另加注释。
12. 引用文章篇名、文献、书、刊物、报纸及法律文件一律用书名号。
13. 引用的同一文献作者为两人以上时,在第一次引用注释时应显示全部作者,第二次注释时可只注第一作者,但其名后应加"等"字。
14. 论文注释一律采用脚注连续编码;注码置于引用结束的标点符号之后右上方,用小[ ]将码号圈住。
15. 注释分引用性注释和说明性注释。
16. 直接翻译并引用外文文献的,注释可直接使用该外文,也可将作者及文献名称译为中文并括注外文原文。
17. 英文注释建议采用美国的"The Bluebook:A Uniform System of Citation",如:

(1) A standard case citation contains: the name of the case; the published sources in which you can find the case; information in parentheses indicating (a) the year the decision was issued, and (b) when not apparent from the name of the cited reporter volume, the court which issued the decision; and the prior or subsequent history, if any, of the case.

Example: Jackson v. Metropolitan Edison co., 348 F. Supp. 954 (M. D. Pa. 1972), aff'd, 483 F. 2d 754 (3d Cir. 1973), aff'd, 419 U. S. 345 (1974).

(2) A citation to statutes in the United States Code contains the following elements: the number of the Code title; the abbreviation for the Code ("U. S. C."); the statutory section number within the title; and the date of the edition or supplement.

Example: 29 U. S. C. § 1001 (1976).

(3) A citation to the Code of Federal Regulation includes: the number of the C. F. R. title; The abbreviation for the Code ("C. F. R."); the section number; and the year of publication.

Example: 11 C. F. R. § 100. 3 (1982).

(4) A citation to the Federal Register includes: the volume number (a Register volume runs for one calendar year); the abbreviation for the Register ("Fed. Reg."); the page number on which the cited material begins; and the year of publication.

Example: 47 Fed. Reg. 40, 443 (1982).

(5) Book citations include: the volume number (if it's a multi-volume work); the first initial and last name of each author; the full main title as it appears on the title page (but not any subtitle); the particular page, section, or paragraph the reader should look at (where appropriate); the edition of the book (if there has been more than one edition); and the publication.

Example: 2 W. Crosskey, Politics and the Constitution in the History of the United States 1119 (1953).

(6) Citation for each of the two leading national legal encyclopedias — Corpus Juris Secundum ("C. J. S.") and American Jurisprudence 2d ("Am. Jur. 2d") - have common elements: the volume number of the encyclopedia; the abbreviation name of the encyclopedia ("C. J. S." or "Am. Jur. 2d"); the title of the topic in the encyclopedia; the section number within the topic; the specific page (if any) being cited within the section; and the date of publication of the volume, as well as any pocked part for the encyclopedia if the reader is being specifically referred to material in it.

Example: 38 Am. Jur. 2d Guaranty § 14, at 1010 (1968).

(7) The usual citation to a law review article includes: the last name of the author of the article; the title of the article; the volume number of the law review (if there is no volume number, then the year of the publication); the abbreviated name of the law review (the Blue Book contains list of standard law review abbreviations); the page on which the article begins; and the year of publication in parentheses (if not already included elsewhere in the citation).

Example: Vandevelde, The New Property of the Nineteenth Century: The Development of the Modern Concept of Property, 29 Buffalo L. Rev. 325 (1980).

(8) Citations are frequently introduced by words called "signals", such as "Accord", "See", "See also", "Cf", "Compare… [and]", "But see", "But cf", "See generally", "But see, e. g.", etc.

（三）英文注释范例

1. Citation to a U. S. Supreme Court case: Meritor Sav. Bank v. Vinson, 477 U. S. 57, 60 (1986).

2. Citation to Section 2 of the Fourteenth Amendment to the U. S. Constitution:

U. S. CONST. amend. XIV，§2.

3. Citation to an entire statute, the Comprehension Environmental Response, Compensation, and Liability Act, as codified in the United States Code：Comprehension Environmental Response, Compensation, and Liability Act, 42 U. S. C. §§9601—9675 (1994).

4. Citation to an individual provision of the United States Code：28 U. S. C. §1291 (1994).

5. Citation to a Federal Rule of Civil Procedure：FED. R. CIV. P. 11.

6. Citation to a particular provision of a regulation in the Code of Federal Regulations：7 C. F. R. §319. 76 (1995).

7. Citation to a particular section of James and Hazard's treatise on civil procedure：FLEMING JWMES, JR, & GEOFFREY C. HAZARD, JR. , CIVIL PROCEDURE §2. 35 (3d ed. 1985).

8. Citation to a particular page within Charles Dicken's Bleak House：CHARLES DICKENS, BLEAK HOUSE 50 (Norman Page ed. , Penguin Books 1971) (1853).

9. Citation to particular pages within a law review article with parenthetical information about what appears on those pages：Charles A. Reich, The New Property, 73 YALE L. J. 733, 737-38 (1964).

10. Citation to an entire magazine article：Robert J. Samuelson, A Slow Fix for the Banks, NEWSWEEK, Feb. 18, 1991, at 55.

11. Citation to the first page of a signed newspaper article：Seth Mydans, Los Angeles Police Chief Removed for 60 Days in Inquiry on Beating, N. Y. TIMES, Apr. 5, 1991, at A1.

12. Citation to a treaty between the United States and one other party：Convention for the Avoidance of Double Taxation, Nov. 24, 1978, U. S. —Fr. , 32 U. S. T. 1935.

13. Citation to a treaty between U. S. and two or more other parties：North Atlantic Treaty, Apr. 4, 1949, art. 5, 63 Stat. 2241, 2244, 34 U. N. T. S. 243, 246.

14. Citation to a resolution of the United Nation General Assembly：G. A. Res. 832, U. N. GAOR, 9th Sess. , Supp. No. 21, at 19, U. N. Doc. A/2890 (1954).

（四）中文注释范例

1. 著作类

如：[1]《毛泽东选集》第1卷,人民出版社1964年版,第136页。

[2]周鲠生：《国际法》（上册）,商务印书馆1976年版,第156页。

2. 文集类

如：[10]龚祥瑞：《比较宪法学的研究方法》,载《比较宪法研究文集》（一）,南京大学出版社 1993 年版。

3. 港澳台著作

如:[4]林山田:《刑罚学》,台湾商务印书馆 1983 年版,第 159 页。

4. 译作类

如:[1][意]加罗法洛:《犯罪学》,耿伟等译,中国大百科全书出版社 1996 年版,第 139 页。

5. 古籍类

如:[1]《大学衍义补》卷一百零二。

[2][清]沈家本:《沈寄先生遗书》甲编,第 43 页。

6. 辞书类

如:[1]《辞书》,上海辞书出版社 1979 年版,第 743 页。

7. 论文类

如:[1]高铭暄等:《论毒品犯罪的罪名与刑法适用》,载《中国法学》,1992 年第 3 期,第 10—19 页。

8. 报纸类

如:[1]李文燕:《关于协助组织他人卖淫罪名的质疑》,载《法制日报》,1993 年 4 月 4 日第 3 版。

9. 公报类

如:[1]《最高人民法院公报》,1993 年第 1 期,第 19 页。

10. 文件类

如:[10]财政部《关于国债代保管凭证(单)应严格执行国债兑付政策的通知》,财国债字[1995]第 25 号,1995 年 7 月 17 日。

附录 1 2 高等学校哲学社会科学研究学术规范(试行)

一、总则

(一)为规范高等学校(以下简称高校)哲学社会科学研究工作,加强学风建设和职业道德修养,保障学术自由,促进学术交流、学术积累与学术创新,进一步发展和繁荣高校哲学社会科学研究事业,特制订《高等学校哲学社会科学研究学术规范(试行)》(以下简称本规范)。

(二)本规范由广大专家学者广泛讨论、共同参与制订,是高校师生及相关人员在学术活动中自律的准则。

二、基本规范

(三)高校哲学社会科学研究应以马克思列宁主义、毛泽东思想、邓小平理论和"三个代表"重要思想为指导,遵循解放思想、实事求是、与时俱进的思想路线,贯彻"百花齐放、百家争鸣"的方针,不断推动学术进步。

(四)高校哲学社会科学研究工作者应以推动社会主义物质文明、政治文明和精神文明建设为己任,具有强烈的历史使命感和社会责任感,敢于学术创新,努力创造先进文化,积极弘扬科学精神、人文精神与民族精神。

(五)高校哲学社会科学研究工作者应遵守《中华人民共和国著作权法》《中华人民共和国专利法》《中华人民共和国国家通用语言文字法》等相关法律、法规。

(六)高校哲学社会科学研究工作者应模范遵守学术道德。

三、学术引文规范

(七)引文应以原始文献和第一手资料为原则。凡引用他人观点、方案、资料、数据等,无论曾否发表,无论是纸质或电子版,均应详加注释。凡转引文献资料,应如实说明。

(八)学术论著应合理使用引文。对已有学术成果的介绍、评论、引用和注释,应力求客观、公允、准确。伪注、伪造、篡改文献和数据等,均属学术不端行为。

四、学术成果规范

(九)不得以任何方式抄袭、剽窃或侵吞他人学术成果。

(十)应注重学术质量,反对粗制滥造和低水平重复,避免片面追求数量的倾向。

(十一)应充分尊重和借鉴已有的学术成果,注重调查研究,在全面掌握相关研究资料和学术信息的基础上,精心设计研究方案,讲究科学方法。力求论证缜密,表达准确。

(十二)学术成果文本应规范使用中国语言文字、标点符号、数字及外国语言文字。

(十三)学术成果不应重复发表。另有约定再次发表时,应注明出处。

(十四)学术成果的署名应实事求是。署名者应对该项成果承担相应的学术责任、道义责任和法律责任。

(十五)凡接受合法资助的研究项目,其最终成果应与资助申请和立项通知相一致;若需修改,应事先与资助方协商,并征得其同意。

(十六)研究成果发表时,应以适当方式向提供过指导、建议、帮助或资助的个人或机构致谢。

五、学术评价规范

(十七)学术评价应坚持客观、公正、公开的原则。

(十八)学术评价应以学术价值或社会效益为基本标准。对基础研究成果的评价,应以学术积累和学术创新为主要尺度;对应用研究成果的评价,应注重其社会效益或经济效益。

(十九)学术评价机构应坚持程序公正、标准合理,采用同行专家评审制,实行回避制度、民主表决制度,建立结果公示和意见反馈机制。评审意见应措辞严谨、准确,慎用"原创""首创""首次""国内领先""国际领先""世界水平""填补重大空白""重大突破"等词语。评价机构和评审专家应对其评价意见负责,并对评议过程保密,对不当评价、虚假评价、泄密、披露不实信息或恶意中伤等造成的后果承担相应责任。

(二十)被评价者不得干扰评价过程。否则,应对其不正当行为引发的一切后果负责。

六、学术批评规范

(二十一)应大力倡导学术批评,积极推进不同学术观点之间的自由讨论、相互交流与学术争鸣。

(二十二)学术批评应该以学术为中心,以文本为依据,以理服人。批评者应正当行使学术批评的权利,并承担相应的责任。被批评者有反批评的权利,但不得对批评者压制或报复。

七、附 则

(二十三)本规范将根据哲学社会科学研究事业发展的需要不断修订和完善。

(二十四)各高校可根据本规范,结合具体情况,制订相应的学术规范及其实施办法,并对侵犯知识产权或违反学术道德的学术不端行为加以监督和惩处。

(二十五)本规范的解释权归教育部社会科学委员会。

(经教育部社会科学委员会2004年6月22日第一次全体会议讨论通过)

附录1-3 出版管理条例

(2001年12月25日中华人民共和国国务院令第343号公布 根据2011年3月19日《国务院关于修改〈出版管理条例〉的决定》第一次修订 根据2013年7月18日《国务院关于废止和修改部分行政法规的决定》第二次修订 根据2014年07月29日《国务院关于修改部分行政法规的决定》第三次修订)

第一章 总 则

第一条 为了加强对出版活动的管理,发展和繁荣有中国特色社会主义出版产业和出版事业,保障公民依法行使出版自由的权利,促进社会主义精神文明和物质文明建设,根据宪法,制定本条例。

第二条 在中华人民共和国境内从事出版活动,适用本条例。

本条例所称出版活动,包括出版物的出版、印刷或者复制、进口、发行。

本条例所称出版物,是指报纸、期刊、图书、音像制品、电子出版物等。

第三条 出版活动必须坚持为人民服务、为社会主义服务的方向,坚持以马克思列宁主义、毛泽东思想、邓小平理论和'三个代表'重要思想为指导,贯彻落实科学发展观,传播和积累有益于提高民族素质、有益于经济发展和社会进步的科学技术和文化知识,弘扬民族优秀文化,促进国际文化交流,丰富和提高人民的精神生活。

  第四条 从事出版活动,应当将社会效益放在首位,实现社会效益与经济效益相结合。

  第五条 公民依法行使出版自由的权利,各级人民政府应当予以保障。

  公民在行使出版自由的权利的时候,必须遵守宪法和法律,不得反对宪法确定的基本原则,不得损害国家的、社会的、集体的利益和其他公民的合法的自由和权利。

  第六条 国务院出版行政主管部门负责全国的出版活动的监督管理工作。国务院其他有关部门按照国务院规定的职责分工,负责有关的出版活动的监督管理工作。

  县级以上地方各级人民政府负责出版管理的行政部门(以下简称出版行政主管部门)负责本行政区域内出版活动的监督管理工作。县级以上地方各级人民政府其他有关部门在各自的职责范围内,负责有关的出版活动的监督管理工作。

  第七条 出版行政主管部门根据已经取得的违法嫌疑证据或者举报,对涉嫌违法从事出版物出版、印刷或者复制、进口、发行等活动的行为进行查处时,可以检查与涉嫌违法活动有关的物品和经营场所;对有证据证明是与违法活动有关的物品,可以查封或者扣押。

  第八条 出版行业的社会团体按照其章程,在出版行政主管部门的指导下,实行自律管理。

第二章 出版单位的设立与管理

  第九条 报纸、期刊、图书、音像制品和电子出版物等应当由出版单位出版。本条例所称出版单位,包括报社、期刊社、图书出版社、音像出版社和电子出版物出版社等。

  法人出版报纸、期刊,不设立报社、期刊社的,其设立的报纸编辑部、期刊编辑部视为出版单位。

  第十条 国务院出版行政主管部门制定全国出版单位总量、结构、布局的规划,指导、协调出版产业和出版事业发展。

  第十一条 设立出版单位,应当具备下列条件:

  (一)有出版单位的名称、章程;

  (二)有符合国务院出版行政主管部门认定的主办单位及其主管机关;

  (三)有确定的业务范围;

  (四)有30万元以上的注册资本和固定的工作场所;

  (五)有适应业务范围需要的组织机构和符合国家规定的资格条件的编辑出版专业人员;

  (六)法律、行政法规规定的其他条件。

审批设立出版单位,除依照前款所列条件外,还应当符合国家关于出版单位总量、结构、布局的规划。

第十二条 设立出版单位,由其主办单位向所在地省、自治区、直辖市人民政府出版行政主管部门提出申请;省、自治区、直辖市人民政府出版行政主管部门审核同意后,报国务院出版行政主管部门审批。设立的出版单位为事业单位的,还应当办理机构编制审批手续。

第十三条 设立出版单位的申请书应当载明下列事项:

(一)出版单位的名称、地址;

(二)出版单位的主办单位及其主管机关的名称、地址;

(三)出版单位的法定代表人或者主要负责人的姓名、住址、资格证明文件;(四)出版单位的资金来源及数额。

设立报社、期刊社或者报纸编辑部、期刊编辑部的,申请书还应当载明报纸或者期刊的名称、刊期、开版或者开本、印刷场所。

申请书应当附具出版单位的章程和设立出版单位的主办单位及其主管机关的有关证明材料。

第十四条 国务院出版行政主管部门应当自受理设立出版单位的申请之日起60日内,作出批准或者不批准的决定,并由省、自治区、直辖市人民政府出版行政主管部门书面通知主办单位;不批准的,应当说明理由。

第十五条 设立出版单位的主办单位应当自收到批准决定之日起60日内,向所在地省、自治区、直辖市人民政府出版行政主管部门登记,领取出版许可证。登记事项由国务院出版行政主管部门规定。

出版单位领取出版许可证后,属于事业单位法人的,持出版许可证向事业单位登记管理机关登记,依法领取事业单位法人证书;属于企业法人的,持出版许可证向工商行政管理部门登记,依法领取营业执照。

第十六条 报社、期刊社、图书出版社、音像出版社和电子出版物出版社等应当具备法人条件,经核准登记后,取得法人资格,以其全部法人财产独立承担民事责任。

依照本条例第九条第三款的规定,视为出版单位的报纸编辑部、期刊编辑部不具有法人资格,其民事责任由其主办单位承担。

第十七条 出版单位变更名称、主办单位或者其主管机关、业务范围、资本结构,合并或者分立,设立分支机构,出版新的报纸、期刊,或者报纸、期刊变更名称的,应当依照本条例第十二条、第十三条的规定办理审批手续。出版单位属于事业单位法人的,还应当持批准文件到事业单位登记管理机关办理相应的登记手续;属于企业法人的,还应当持批准文件到工商行政管理部门办理相应的登记手续。

出版单位除前款所列变更事项外的其他事项的变更,应当经主办单位及其主管机关审查同意,向所在地省、自治区、直辖市人民政府出版行政主管部门申请变更登记,并报国务院出版行政主管部门备案。出版单位属于事业单位法人的,还应当持批准文件到事业单位登记管理机关办理变更登记;属于企业法人的,还应当持批准文件到工商行政管理部门办理变更登记。

第十八条 出版单位中止出版活动的,应当向所在地省、自治区、直辖市人民政府出版行政主管部门备案并说明理由和期限;出版单位中止出版活动不得超过180日。

出版单位终止出版活动的,由主办单位提出申请并经主管机关同意后,由主办单位向所在地省、自治区、直辖市人民政府出版行政主管部门办理注销登记,并报国务院出版行政主管部门备案。出版单位属于事业单位法人的,还应当持批准文件到事业单位登记管理机关办理注销登记;属于企业法人的,还应当持批准文件到工商行政管理部门办理注销登记。

第十九条 图书出版社、音像出版社和电子出版物出版社自登记之日起满180日未从事出版活动的,报社、期刊社自登记之日起满90日未出版报纸、期刊的,由原登记的出版行政主管部门注销登记,并报国务院出版行政主管部门备案。

因不可抗力或者其他正当理由发生前款所列情形的,出版单位可以向原登记的出版行政主管部门申请延期。

第二十条 图书出版社、音像出版社和电子出版物出版社的年度出版计划及涉及国家安全、社会安定等方面的重大选题,应当经所在地省、自治区、直辖市人民政府出版行政主管部门审核后报国务院出版行政主管部门备案;涉及重大选题,未在出版前报备案的出版物,不得出版。具体办法由国务院出版行政主管部门制定。

期刊社的重大选题,应当依照前款规定办理备案手续。

第二十一条 出版单位不得向任何单位或者个人出售或者以其他形式转让本单位的名称、书号、刊号或者版号、版面,并不得出租本单位的名称、刊号。

出版单位及其从业人员不得利用出版活动谋取其他不正当利益。

第二十二条 出版单位应当按照国家有关规定向国家图书馆、中国版本图书馆和国务院出版行政主管部门免费送交样本。

第三章 出版物的出版

第二十三条 公民可以依照本条例规定,在出版物上自由表达自己对国家事务、经济和文化事业、社会事务的见解和意愿,自由发表自己从事科学研究、文学艺术创作和其他文化活动的成果。

合法出版物受法律保护,任何组织和个人不得非法干扰、阻止、破坏出版物的出版。

第二十四条 出版单位实行编辑责任制度,保障出版物刊载的内容符合本条例的规定。

第二十五条 任何出版物不得含有下列内容:

(一) 反对宪法确定的基本原则的;

（二）危害国家统一、主权和领土完整的；

（三）泄露国家秘密、危害国家安全或者损害国家荣誉和利益的；

（四）煽动民族仇恨、民族歧视，破坏民族团结，或者侵害民族风俗、习惯的；

（五）宣扬邪教、迷信的；

（六）扰乱社会秩序，破坏社会稳定的；

（七）宣扬淫秽、赌博、暴力或者教唆犯罪的；

（八）侮辱或者诽谤他人，侵害他人合法权益的；

（九）危害社会公德或者民族优秀文化传统的；

（十）有法律、行政法规和国家规定禁止的其他内容的。

第二十六条 以未成年人为对象的出版物不得含有诱发未成年人模仿违反社会公德的行为和违法犯罪的行为的内容，不得含有恐怖、残酷等妨害未成年人身心健康的内容。

第二十七条 出版物的内容不真实或者不公正，致使公民、法人或者其他组织的合法权益受到侵害的，其出版单位应当公开更正，消除影响，并依法承担其他民事责任。

报纸、期刊发表的作品内容不真实或者不公正，致使公民、法人或者其他组织的合法权益受到侵害的，当事人有权要求有关出版单位更正或者答辩，有关出版单位应当在其近期出版的报纸、期刊上予以发表；拒绝发表的，当事人可以向人民法院提起诉讼。

第二十八条 出版物必须按照国家的有关规定载明作者、出版者、印刷者或者复制者、发行者的名称、地址，书号、刊号或者版号，在版编目数据，出版日期、刊期以及其他有关事项。

出版物的规格、开本、版式、装帧、校对等必须符合国家标准和规范要求，保证出版物的质量。

出版物使用语言文字必须符合国家法律规定和有关标准、规范。

第二十九条 任何单位和个人不得伪造、假冒出版单位名称或者报纸、期刊名称出版出版物。

第三十条 从事出版物印刷或者复制业务的单位，应当向所在地省、自治区、直辖市人民政府出版行政主管部门提出申请，经审核许可，并依照国家有关规定到工商行政管理部门办理相关手续后，方可从事出版物的印刷或者复制。

未经许可并办理相关手续的，不得印刷报纸、期刊、图书，不得复制音像制品、电子出版物。

第三十一条 中学小学教科书由国务院教育行政主管部门审定；其出版、发行单位应当具有适应教科书出版、发行业务需要的资金、组织机构和人员等条件，并取得国务院出版行政主管部门批准的教科书出版、发行资质。纳入政府采购范围的中学小学教科书，其发行单位按照《中华人民共和国政府采购法》的有关规定确定。其他任何单位或者个人不得从事中学小学教科书的出版、发行业务。

第四章　出版物的印刷或者复制和发行

第三十二条　出版单位不得委托未取得出版物印刷或者复制许可的单位印刷或者复制出版物。

出版单位委托印刷或者复制单位印刷或者复制出版物的,必须提供符合国家规定的印刷或者复制出版物的有关证明,并依法与印刷或者复制单位签订合同。

印刷或者复制单位不得接受非出版单位和个人的委托印刷报纸、期刊、图书或者复制音像制品、电子出版物,不得擅自印刷、发行报纸、期刊、图书或者复制、发行音像制品、电子出版物。

第三十三条　印刷或者复制单位经所在地省、自治区、直辖市人民政府出版行政主管部门批准,可以承接境外出版物的印刷或者复制业务;但是,印刷或者复制的境外出版物必须全部运输出境,不得在境内发行。

境外委托印刷或者复制的出版物的内容,应当经省、自治区、直辖市人民政府出版行政主管部门审核。委托人应当持有著作权人授权书,并向著作权行政管理部门登记。

第三十四条　印刷或者复制单位应当自完成出版物的印刷或者复制之日起2年内,留存一份承接的出版物样本备查。

第三十五条　从事出版物批发业务的单位,须经省、自治区、直辖市人民政府出版行政主管部门审核许可。

从事出版物零售业务的单位和个体工商户,须经县级人民政府出版行政主管部门审核许可。

从事出版物发行业务的单位和个体工商户经出版行政主管部门批准、取得《出版物经营许可证》,并向工商行政管理部门依法领取营业执照后,方可从事出版物发行业务。

第三十六条　通过互联网等信息网络从事出版物发行业务的单位或者个体工商户,应当依照本条例规定取得《出版物经营许可证》。

提供网络交易平台服务的经营者应当对申请通过网络交易平台从事出版物发行业务的单位或者个体工商户的经营主体身份进行审查,验证其《出版物经营许可证》。

第三十七条　从事出版物发行业务的单位和个体工商户变更《出版物经营许可证》登记事项,或者兼并、合并、分立的,应当依照本条例第三十五条的规定办理审批手续,并持批准文件到工商行政管理部门办理相应的登记手续。

从事出版物发行业务的单位和个体工商户终止经营活动的,应当到工商行政管理部门办理注销登记,并向原批准的出版行政主管部门备案。

第三十八条　出版单位可以发行本出版单位出版的出版物,不得发行其他出版单位出版的出版物。

第三十九条　国家允许设立从事图书、报纸、期刊、电子出版物发行业务的中外合资经营企业、中外合作经营企业、外资企业。

第四十条 印刷或者复制单位、发行单位或者个体工商户不得印刷或者复制、发行有下列情形之一的出版物：

（一）含有本条例第二十六条、第二十七条禁止内容的；

（二）非法进口的；

（三）伪造、假冒出版单位名称或者报纸、期刊名称的；

（四）未署出版单位名称的；

（五）中学小学教科书未经依法审定的；

（六）侵犯他人著作权的。

第五章 出版物的进口

第四十一条 出版物进口业务，由依照本条例设立的出版物进口经营单位经营；其他单位和个人不得从事出版物进口业务。

第四十二条 设立出版物进口经营单位，应当具备下列条件：

（一）有出版物进口经营单位的名称、章程；

（二）有符合国务院出版行政主管部门认定的主办单位及其主管机关；

（三）有确定的业务范围；

（四）具有进口出版物内容审查能力；

（五）有与出版物进口业务相适应的资金；

（六）有固定的经营场所；

（七）法律、行政法规和国家规定的其他条件。

第四十三条 设立出版物进口经营单位，应当向国务院出版行政主管部门提出申请，经审查批准，取得国务院出版行政主管部门核发的出版物进口经营许可证后，持证到工商行政管理部门依法领取营业执照。

设立出版物进口经营单位，还应当依照对外贸易法律、行政法规的规定办理相应手续。

第四十四条 出版物进口经营单位变更名称、业务范围、资本结构、主办单位或者其主管机关，合并或者分立，设立分支机构，应当依照本条例第四十二条、第四十三条的规定办理审批手续，并持批准文件到工商行政管理部门办理相应的登记手续。

第四十五条 出版物进口经营单位进口的出版物，不得含有本条例第二十六条、第二十七条禁止的内容。

出版物进口经营单位负责对其进口的出版物进行内容审查。省级以上人民政府出版行政主管部门可以对出版物进口经营单位进口的出版物直接进行内容审查。出版物进口经营单位无法判断其进口的出版物是否含有本条例第二十六条、第二十七条禁止内容的，可以请求省级以上人民政府出版行政主管部门进行内容审查。省级以上人民政府出版行政主管部门应出版物进口经营单位的请求，对其进口的出版物进行内容审查的，可以按照国务院价格主管部门批准的标准收取费用。

国务院出版行政部门可以禁止特定出版物的进口。

第四十六条　出版物进口经营单位应当在进口出版物前将拟进口的出版物目录报省级以上人民政府出版行政主管部门备案；省级以上人民政府出版行政主管部门发现有禁止进口的或者暂缓进口的出版物的，应当及时通知出版物进口经营单位并通报海关。对通报禁止进口或者暂缓进口的出版物，出版物进口经营单位不得进口，海关不得放行。

出版物进口备案的具体办法由国务院出版行政主管部门制定。

第四十七条　发行进口出版物的，必须从依法设立的出版物进口经营单位进货。

第四十八条　出版物进口经营单位在境内举办境外出版物展览，必须报经国务院出版行政主管部门批准。未经批准，任何单位和个人不得举办境外出版物展览。

依照前款规定展览的境外出版物需要销售的，应当按照国家有关规定办理相关手续。

第六章　监督与管理

第四十九条　出版行政主管部门应当加强对本行政区域内出版单位出版活动的日常监督管理；出版单位的主办单位及其主管机关对所属出版单位出版活动负有直接管理责任，并应当配合出版行政主管部门督促所属出版单位执行各项管理规定。

出版单位和出版物进口经营单位应当按照国务院出版行政主管部门的规定，将从事出版活动和出版物进口活动的情况向出版行政主管部门提出书面报告。

第五十条　出版行政主管部门履行下列职责：

（一）对出版物的出版、印刷、复制、发行、进口单位进行行业监管，实施准入和退出管理；

（二）对出版活动进行监管，对违反本条例的行为进行查处；

（三）对出版物内容和质量进行监管；

（四）根据国家有关规定对出版从业人员进行管理。

第五十一条　国务院出版行政主管部门制定出版单位综合评估办法，对出版单位分类实施综合评估。

出版物的出版、印刷或者复制、发行和进口经营单位不再具备行政许可的法定条件的，由出版行政主管部门责令限期改正；逾期仍未改正的，由原发证机关撤销行政许可。

第五十二条　国家对在出版单位从事出版专业技术工作的人员实行职业资格制度；出版专业技术人员通过国家专业技术人员资格考试取得专业技术资格。具体办法由国务院人力资源社会保障主管部门、国务院出版行政主管部门共同制定。

第五十三条　出版行政主管部门根据有关规定和标准，对出版物的内容、编校、印刷或者复制、装帧设计等方面质量实施监督检查。

第七章　保障与奖励

第五十四条　国家制定有关政策,保障、促进出版产业和出版事业的发展与繁荣。

第五十五条　国家支持、鼓励下列优秀的、重点的出版物的出版：

（一）对阐述、传播宪法确定的基本原则有重大作用的；

（二）对弘扬社会主义核心价值体系,在人民中进行爱国主义、集体主义、社会主义和民族团结教育以及弘扬社会公德、职业道德、家庭美德有重要意义的；

（三）对弘扬民族优秀文化,促进国际文化交流有重大作用的；

（四）对推进文化创新,及时反映国内外新的科学文化成果有重大贡献的；

（五）对服务农业、农村和农民,促进公共文化服务有重大作用的；

（六）其他具有重要思想价值、科学价值或者文化艺术价值的。

第五十六条　国家对教科书的出版发行,予以保障。

国家扶持少数民族语言文字出版物和盲文出版物的出版发行。

国家对在少数民族地区、边疆地区、经济不发达地区和在农村发行出版物,实行优惠政策。

第五十七条　报纸、期刊交由邮政企业发行的,邮政企业应当保证按照合同约定及时、准确发行。

承运出版物的运输企业,应当对出版物的运输提供方便。

第五十八条　对为发展、繁荣出版产业和出版事业作出重要贡献的单位和个人,按照国家有关规定给予奖励。

第五十九条　对非法干扰、阻止和破坏出版物出版、印刷或者复制、进口、发行的行为,县级以上各级人民政府出版行政主管部门及其他有关部门,应当及时采取措施,予以制止。

第八章　法律责任

第六十条　出版行政主管部门或者其他有关部门的工作人员,利用职务上的便利收受他人财物或者其他好处,批准不符合法定设立条件的出版、印刷或者复制、进口、发行单位,或者不履行监督职责,或者发现违法行为不予查处,造成严重后果的,依法给予降级直至开除的处分；构成犯罪的,依照刑法关于受贿罪、滥用职权罪、玩忽职守罪或者其他罪的规定,依法追究刑事责任。

第六十一条　未经批准,擅自设立出版物的出版、印刷或者复制、进口、发行单位,或者擅自从事出版物的出版、印刷或者复制、进口、发行业务,假冒出版单位名称或者伪造、假冒报纸、期刊名称出版出版物的,由出版行政主管部门、工商行政管理部门依照法定职权予以取缔；依照刑法关于非法经营罪的规定,依法追究刑事责任；尚不够刑事处罚的,没收出版物、违法所得和从事违法活动的专用工具、设备,违法经营额1万元以上的,并处违法经营额5倍以上10倍以下的罚款,违法经营额不足1万元的,可以处5万元以下的罚款;侵犯他人合法权益的,依法承担民事责任。

第六十二条 有下列行为之一,触犯刑律的,依照刑法有关规定,依法追究刑事责任;尚不够刑事处罚的,由出版行政主管部门责令限期停业整顿,没收出版物、违法所得,违法经营额1万元以上的,并处违法经营额5倍以上10倍以下的罚款;违法经营额不足1万元的,可以处5万元以下的罚款;情节严重的,由原发证机关吊销许可证:

（一）出版、进口含有本条例第二十六条、第二十七条禁止内容的出版物的;

（二）明知或者应知出版物含有本条例第二十六条、第二十七条禁止内容而印刷或者复制、发行的;

（三）明知或者应知他人出版含有本条例第二十六条、第二十七条禁止内容的出版物而向其出售或者以其他形式转让本出版单位的名称、书号、刊号、版号、版面,或者出租本单位的名称、刊号的。

第六十三条 有下列行为之一的,由出版行政主管部门责令停止违法行为,没收出版物、违法所得,违法经营额1万元以上的,并处违法经营额5倍以上10倍以下的罚款;违法经营额不足1万元的,可以处5万元以下的罚款;情节严重的,责令限期停业整顿或者由原发证机关吊销许可证:

（一）进口、印刷或者复制、发行国务院出版行政主管部门禁止进口的出版物的;

（二）印刷或者复制走私的境外出版物的;

（三）发行进口出版物未从本条例规定的出版物进口经营单位进货的。

第六十四条 走私出版物的,依照刑法关于走私罪的规定,依法追究刑事责任;尚不够刑事处罚的,由海关依照海关法的规定给予行政处罚。

第六十五条 有下列行为之一的,由出版行政主管部门没收出版物、违法所得,违法经营额1万元以上的,并处违法经营额5倍以上10倍以下的罚款;违法经营额不足1万元的,可以处5万元以下的罚款;情节严重的,责令限期停业整顿或者由原发证机关吊销许可证:

（一）出版单位委托未取得出版物印刷或者复制许可的单位印刷或者复制出版物的;

（二）印刷或者复制单位未取得印刷或者复制许可而印刷或者复制出版物的;

（三）印刷或者复制单位接受非出版单位和个人的委托印刷或者复制出版物的;

（四）印刷或者复制单位未履行法定手续印刷或者复制境外出版物的,印刷或者复制的境外出版物没有全部运输出境的;

（五）印刷或者复制单位、发行单位或者个体工商户印刷或者复制、发行未署出版单位名称的出版物的;

（六）印刷或者复制单位、发行单位或者个体工商户印刷或者复制、发行伪造、假冒出版单位名称或者报纸、期刊名称的出版物的;

（七）出版、印刷、发行单位出版、印刷、发行未经依法审定的中学小学教科书,或者非依照本条例规定确定的单位从事中学小学教科书的出版、发行业务的；

　　第六十六条　出版单位有下列行为之一的，由出版行政主管部门责令停止违法行为，给予警告，没收违法经营的出版物、违法所得，违法经营额1万元以上的，并处违法经营额5倍以上10倍以下的罚款；违法经营额不足1万元的，可以处5万元以下的罚款；情节严重的，责令限期停业整顿或者由原发证机关吊销许可证：

　　（一）出售或者以其他形式转让本出版单位的名称、书号、刊号、版号、版面，或者出租本单位的名称、刊号的；

　　（二）利用出版活动谋取其他不正当利益的。

　　第六十七条　有下列行为之一的，由出版行政主管部门责令改正，给予警告；情节严重的，责令限期停业整顿或者由原发证机关吊销许可证：

　　（一）出版单位变更名称、主办单位或者其主管机关、业务范围，合并或者分立，出版新的报纸，或者报纸改变名称，以及出版单位变更其他事项，未依照本条例的规定到出版行政主管部门办理审批、变更登记手续的；

　　（二）出版单位未将其年度出版计划和涉及国家安全、社会安定等方面的重大选题备案的；

　　（三）出版单位未依照本条例的规定送交出版物的样本的；

　　（四）印刷或者复制单位未依照本条例的规定留存备查的材料的；

　　（五）出版物进口经营单位未依照本条例的规定将其进口的出版物目录备案的；

　　（六）出版单位擅自中止出版活动超过180日的；

　　（七）出版物发行单位、出版物进口经营单位未依照本条例的规定办理变更审批手续的；

　　（八）出版物质量不符合有关规定和标准的。

　　第六十八条　未经批准，举办境外出版物展览的，由出版行政主管部门责令停止违法行为，没收出版物、违法所得；情节严重的，责令限期停业整顿或者由原发证机关吊销许可证。

　　第六十九条　印刷或者复制、批发、零售、出租、散发含有本条例第二十六条、第二十七条禁止内容的出版物或者其他非法出版物的，当事人对非法出版物的来源作出说明、指认，经查证属实的，没收出版物、违法所得，可以减轻或者免除其他行政处罚。

　　第七十条　单位违反本条例，被处以吊销许可证行政处罚的，应当按照国家有关规定到事业单位登记管理机关或者工商行政管理部门办理注销登记或者变更登记；逾期未办理的，由事业单位登记管理机关撤销登记或者由工商行政管理部门吊销营业执照。

　　第七十一条　单位违反本条例被处以吊销许可证行政处罚的，其法定代表人或者主要负责人自许可证被吊销之日起10年内不得担任出版、印刷或者复制、进口、发行单位的法定代表人或者主要负责人。

　　出版从业人员违反本条例规定，情节严重的，由原发证机关吊销其资格证书。

第七十二条 依照本条例的规定实施罚款的行政处罚,应当依照有关法律、行政法规的规定,实行罚款决定与罚款收缴分离;收缴的罚款必须全部上缴国库。

第九章 附 则

第七十三条 行政法规对音像制品和电子出版物的出版、复制、进口、发行另有规定的,适用其规定。

接受境外机构或者个人赠送出版物的管理办法、订户订购境外出版物的管理办法、网络出版审批和管理办法,由国务院出版行政主管部门根据本条例的原则另行制定。

第七十四条 本条例自 2002 年 2 月 1 日起施行。1997 年 1 月 2 日国务院发布的《出版管理条例》同时废止。

附录1-4 中华人民共和国著作权法

(1990 年 9 月 7 日第七届全国人民代表大会常务委员会第十五次会议通过 2001 年 10 月 27 日根据《全国人民代表大会常务委员会关于修改中华人民共和国著作权法的决定》修订 2010 年 02 月 26 日根据《全国人民代表大会常务委员会关于修改中华人民共和国著作权法的决定》修订)

第一章 总 则

第一条 为保护文学、艺术和科学作品作者的著作权,以及与著作权有关的权益,鼓励有益于社会主义精神文明、物质文明建设的作品的创作和传播,促进社会主义文化和科学事业的发展与繁荣,根据宪法制定本法。

第二条 中国公民、法人或者其他组织的作品,不论是否发表,依照本法享有著作权。

外国人、无国籍人的作品根据其作者所属国或者经常居住地国同中国签订的协议或者共同参加的国际条约享有的著作权,受本法保护。

外国人、无国籍人的作品首先在中国境内出版的,依照本法享有著作权。

未与中国签订协议或者共同参加国际条约的国家的作者以及无国籍人的作品首次在中国参加的国际条约的成员国出版的,或者在成员国和非成员国同时出版的,受本法保护。

第三条 本法所称的作品,包括以下列形式创作的文学、艺术和自然科学、社会科学、工程技术等作品:

(一)文字作品;

(二)口述作品;

(三)音乐、戏剧、曲艺、舞蹈、杂技艺术作品;

(四)美术、建筑作品;

(五)摄影作品;

(六)电影作品和以类似摄制电影的方法创作的作品;

(七)工程设计图、产品设计图、地图、示意图等图形作品和模型作品;

(八)计算机软件;

(九)法律、行政法规规定的其他作品。

第四条 著作权人行使著作权,不得违反宪法和法律,不得损害公共利益。

国家对作品的出版、传播依法进行监督管理。

第五条 本法不适用于:

(一)法律、法规,国家机关的决议、决定、命令和其他具有立法、行政、司法性质的文件,及其官方正式译文;

(二)时事新闻;

(三)历法、通用数表、通用表格和公式。

第六条 民间文学艺术作品的著作权保护办法由国务院另行规定。

第七条 国务院著作权行政管理部门主管全国的著作权管理工作;各省、自治区、直辖市人民政府的著作权行政管理部门主管本行政区域的著作权管理工作。

第八条 著作权人和与著作权有关的权利人可以授权著作权集体管理组织行使著作权或者与著作权有关的权利。著作权集体管理组织被授权后,可以以自己的名义为著作权人和与著作权有关的权利人主张权利,并可以作为当事人进行涉及著作权或者与著作权有关的权利的诉讼、仲裁活动。

著作权集体管理组织是非营利性组织,其设立方式、权利义务、著作权许可使用费的收取和分配,以及对其监督和管理等由国务院另行规定。

第二章 著作权

第一节 著作权人及其权利

第九条 著作权人包括:

(一)作者;

(二)其他依照本法享有著作权的公民、法人或者其他组织。

第十条 著作权包括下列人身权和财产权:

(一)发表权,即决定作品是否公之于众的权利;

(二)署名权,即表明作者身份,在作品上署名的权利;

(三)修改权,即修改或者授权他人修改作品的权利;

(四)保护作品完整权,即保护作品不受歪曲、篡改的权利;

(五)复制权,即以印刷、复印、拓印、录音、录像、翻录、翻拍等方式将作品制作一份或者多份的权利;

(六)发行权,即以出售或者赠与方式向公众提供作品的原件或者复制件的权利;

（七）出租权，即有偿许可他人临时使用电影作品和以类似摄制电影的方法创作的作品、计算机软件的权利，计算机软件不是出租的主要标的的除外；

（八）展览权，即公开陈列美术作品、摄影作品的原件或者复制件的权利；

（九）表演权，即公开表演作品，以及用各种手段公开播送作品的表演的权利；

（十）放映权，即通过放映机、幻灯机等技术设备公开再现美术、摄影、电影和以类似摄制电影的方法创作的作品等的权利；

（十一）广播权，即以无线方式公开广播或者传播作品，以有线传播或者转播的方式向公众传播广播的作品，以及通过扩音器或者其他传送符号、声音、图像的类似工具向公众传播广播的作品的权利；

（十二）信息网络传播权，即以有线或者无线方式向公众提供作品，使公众可以在其个人选定的时间和地点获得作品的权利；

（十三）摄制权，即以摄制电影或者以类似摄制电影的方法将作品固定在载体上的权利；

（十四）改编权，即改变作品，创作出具有独创性的新作品的权利；

（十五）翻译权，即将作品从一种语言文字转换成另一种语言文字的权利；

（十六）汇编权，即将作品或者作品的片段通过选择或者编排，汇集成新作品的权利；

（十七）应当由著作权人享有的其他权利。

著作权人可以许可他人行使前款第（五）项至第（十七）项规定的权利，并依照约定或者本法有关规定获得报酬。

著作权人可以全部或者部分转让本条第一款第（五）项至第（十七）项规定的权利，并依照约定或者本法有关规定获得报酬。

第二节 著作权归属

第十一条 著作权属于作者，本法另有规定的除外。

创作作品的公民是作者。

由法人或者其他组织主持，代表法人或者其他组织意志创作，并由法人或者其他组织承担责任的作品，法人或者其他组织视为作者。

如无相反证明，在作品上署名的公民、法人或者其他组织为作者。

第十二条 改编、翻译、注释、整理已有作品而产生的作品，其著作权由改编、翻译、注释、整理人享有，但行使著作权时，不得侵犯原作品的著作权。

第十三条 两人以上合作创作的作品，著作权由合作作者共同享有。没有参加创作的人，不能成为合作作者。

合作作品可以分割使用的，作者对各自创作的部分可以单独享有著作权，但行使著作权时不得侵犯合作作品整体的著作权。

第十四条 汇编若干作品、作品的片段或者不构成作品的数据或者其他材料，对其内容的选择或者编排体现独创性的作品，为汇编作品，其著作权由汇编人享有，但行使著作权时,不得侵犯原作品的著作权。

第十五条 电影作品和以类似摄制电影的方法创作的作品的著作权由制片者享有,但编剧、导演、摄影、作词、作曲等作者享有署名权,并有权按照与制片者签订的合同获得报酬。

电影作品和以类似摄制电影的方法创作的作品中的剧本、音乐等可以单独使用的作品的作者有权单独行使其著作权。

第十六条 公民为完成法人或者其他组织工作任务所创作的作品是职务作品,除本条第二款的规定以外,著作权由作者享有,但法人或者其他组织有权在其业务范围内优先使用。作品完成两年内,未经单位同意,作者不得许可第三人以与单位使用的相同方式使用该作品。

有下列情形之一的职务作品,作者享有署名权,著作权的其他权利由法人或者其他组织享有,法人或者其他组织可以给予作者奖励:

(一) 主要是利用法人或者其他组织的物质技术条件创作,并由法人或者其他组织承担责任的工程设计图、产品设计图、地图、计算机软件等职务作品;

(二) 法律、行政法规规定或者合同约定著作权由法人或者其他组织享有的职务作品。

第十七条 受委托创作的作品,著作权的归属由委托人和受托人通过合同约定。合同未作明确约定或者没有订立合同的,著作权属于受托人。

第十八条 美术等作品原件所有权的转移,不视为作品著作权的转移,但美术作品原件的展览权由原件所有人享有。

第十九条 著作权属于公民的,公民死亡后,其本法第十条第一款第(五)项至第(十七)项规定的权利在本法规定的保护期内,依照继承法的规定转移。

著作权属于法人或者其他组织的,法人或者其他组织变更、终止后,其本法第十条第一款第(五)项至第(十七)项规定的权利在本法规定的保护期内,由承受其权利义务的法人或者其他组织享有;没有承受其权利义务的法人或者其他组织的,由国家享有。

第三节 权利的保护期

第二十条 作者的署名权、修改权、保护作品完整权的保护期不受限制。

第二十一条 公民的作品,其发表权、本法第十条第一款第(五)项至第(十七)项规定的权利的保护期为作者终生及其死亡后五十年,截止于作者死亡后第五十年的12月31日;如果是合作作品,截止于最后死亡的作者死亡后第五十年的12月31日。

法人或者其他组织的作品、著作权(署名权除外)由法人或者其他组织享有的职务作品,其发表权、本法第十条第一款第(五)项至第(十七)项规定的权利的保护期为五十年,截止于作品首次发表后第五十年的12月31日,但作品自创作完成后五十年内未发表的,本法不再保护。

电影作品和以类似摄制电影的方法创作的作品、摄影作品,其发表权、本法第十条第一款第(五)项至第(十七)项规定的权利的保护期为五十年,截止于作品首次发表后第五十年的 12 月 31 日,但作品自创作完成后五十年内未发表的,本法不再保护。

第四节 权利的限制

第二十二条 在下列情况下使用作品,可以不经著作权人许可,不向其支付报酬,但应当指明作者姓名、作品名称,并且不得侵犯著作权人依照本法享有的其他权利:

(一)为个人学习、研究或者欣赏,使用他人已经发表的作品;

(二)为介绍、评论某一作品或者说明某一问题,在作品中适当引用他人已经发表的作品;

(三)为报道时事新闻,在报纸、期刊、广播电台、电视台等媒体中不可避免地再现或者引用已经发表的作品;

(四)报纸、期刊、广播电台、电视台等媒体刊登或者播放其他报纸、期刊、广播电台、电视台等媒体已经发表的关于政治、经济、宗教问题的时事性文章,但作者声明不许刊登、播放的除外;

(五)报纸、期刊、广播电台、电视台等媒体刊登或者播放在公众集会上发表的讲话,但作者声明不许刊登、播放的除外;

(六)为学校课堂教学或者科学研究,翻译或者少量复制已经发表的作品,供教学或者科研人员使用,但不得出版发行;

(七)国家机关为执行公务在合理范围内使用已经发表的作品;

(八)图书馆、档案馆、纪念馆、博物馆、美术馆等为陈列或者保存版本的需要,复制本馆收藏的作品;

(九)免费表演已经发表的作品,该表演未向公众收取费用,也未向表演者支付报酬;

(十)对设置或者陈列在室外公共场所的艺术作品进行临摹、绘画、摄影、录像;

(十一)将中国公民、法人或者其他组织已经发表的以汉语言文字创作的作品翻译成少数民族语言文字作品在国内出版发行;

(十二)将已经发表的作品改成盲文出版。

前款规定适用于对出版者、表演者、录音录像制作者、广播电台、电视台的权利的限制。

第二十三条 为实施九年制义务教育和国家教育规划而编写出版教科书,除作者事先声明不许使用的外,可以不经著作权人许可,在教科书中汇编已经发表的作品片段或者短小的文字作品、音乐作品或者单幅的美术作品、摄影作品,但应当按照规定支付报酬,指明作者姓名、作品名称,并且不得侵犯著作权人依照本法享有的其他权利。

前款规定适用于对出版者、表演者、录音录像制作者、广播电台、电视台的权利的限制。

第三章 著作权许可使用和转让合同

第二十四条 使用他人作品应当同著作权人订立许可使用合同,本法规定可以不经许可的除外。

许可使用合同包括下列主要内容：

（一）许可使用的权利种类；

（二）许可使用的权利是专有使用权或者非专有使用权；

（三）许可使用的地域范围、期间；

（四）付酬标准和办法；

（五）违约责任；

（六）双方认为需要约定的其他内容。

第二十五条 转让本法第十条第一款第（五）项至第（十七）项规定的权利，应当订立书面合同。

权利转让合同包括下列主要内容：

（一）作品的名称；

（二）转让的权利种类、地域范围；

（三）转让价金；

（四）交付转让价金的日期和方式；

（五）违约责任；

（六）双方认为需要约定的其他内容。

第二十六条 以著作权出质的，由出质人和质权人向国务院著作权行政管理部门办理出质登记。

第二十七条 许可使用合同和转让合同中著作权人未明确许可、转让的权利，未经著作权人同意，另一方当事人不得行使。

第二十八条 使用作品的付酬标准可以由当事人约定，也可以按照国务院著作权行政管理部门会同有关部门制定的付酬标准支付报酬。当事人约定不明确的，按照国务院著作权行政管理部门会同有关部门制定的付酬标准支付报酬。

第二十九条 出版者、表演者、录音录像制作者、广播电台、电视台等依照本法有关规定使用他人作品的，不得侵犯作者的署名权、修改权、保护作品完整权和获得报酬的权利。

第四章　出版、表演、录音录像、播放

第一节　图书、报刊的出版

第三十条 图书出版者出版图书应当和著作权人订立出版合同，并支付报酬。

第三十一条 图书出版者对著作权人交付出版的作品，按照合同约定享有的专有出版权受法律保护，他人不得出版该作品。

第三十二条 著作权人应当按照合同约定期限交付作品。图书出版者应当按照合同约定的出版质量、期限出版图书。

图书出版者不按照合同约定期限出版,应当依照本法第五十三条的规定承担民事责任。

图书出版者重印、再版作品的,应当通知著作权人,并支付报酬。图书脱销后,图书出版者拒绝重印、再版的,著作权人有权终止合同。

第三十三条 著作权人向报社、期刊社投稿的,自稿件发出之日起十五日内未收到报社通知决定刊登的,或者自稿件发出之日起三十日内未收到期刊社通知决定刊登的,可以将同一作品向其他报社、期刊社投稿。双方另有约定的除外。

作品刊登后,除著作权人声明不得转载、摘编的外,其他报刊可以转载或者作为文摘、资料刊登,但应当按照规定向著作权人支付报酬。

第三十四条 图书出版者经作者许可,可以对作品修改、删节。

报社、期刊社可以对作品作文字性修改、删节,对内容的修改,应当经作者许可。

第三十五条 出版改编、翻译、注释、整理、汇编已有作品而产生的作品,应当取得改编、翻译、注释、整理、汇编作品的著作权人和原作品的著作权人许可,并支付报酬。

第三十六条 出版者有权许可或者禁止他人使用其出版的图书、期刊的版式设计。

前款规定的权利的保护期为十年,截止于使用该版式设计的图书、期刊首次出版后第十年的12月31日。

第二节 表演

第三十七条 使用他人作品演出,表演者(演员、演出单位)应当取得著作权人许可,并支付报酬。演出组织者组织演出,由该组织者取得著作权人许可,并支付报酬。

使用改编、翻译、注释、整理已有作品而产生的作品进行演出,应当取得改编、翻译、注释、整理作品的著作权人和原作品的著作权人许可,并支付报酬。

第三十八条 表演者对其表演享有下列权利:

(一)表明表演者身份;

(二)保护表演形象不受歪曲;

(三)许可他人从现场直播和公开传送其现场表演,并获得报酬;

(四)许可他人录音录像,并获得报酬;

(五)许可他人复制、发行录有其表演的录音录像制品,并获得报酬;

(六)许可他人通过信息网络向公众传播其表演,并获得报酬。

被许可人以前款第(三)项至第(六)项规定的方式使用作品,还应当取得著作权人许可,并支付报酬。

第三十九条 本法第三十七条第一款第(一)项、第(二)项规定的权利的保护期不受限制。

本法第三十七条第一款第(三)项至第(六)项规定的权利的保护期为五十年,截止于该表演发生后第五十年的12月31日。

第三节　录音录像

第四十条　录音录像制作者使用他人作品制作录音录像制品,应当取得著作权人许可,并支付报酬。

录音录像制作者使用改编、翻译、注释、整理已有作品而产生的作品,应当取得改编、翻译、注释、整理作品的著作权人和原作品著作权人许可,并支付报酬。

录音制作者使用他人已经合法录制为录音制品的音乐作品制作录音制品,可以不经著作权人许可,但应当按照规定支付报酬;著作权人声明不许使用的不得使用。

第四十一条　录音录像制作者制作录音录像制品,应当同表演者订立合同,并支付报酬。

第四十二条　录音录像制作者对其制作的录音录像制品,享有许可他人复制、发行、出租、通过信息网络向公众传播并获得报酬的权利;权利的保护期为五十年,截止于该制品首次制作完成后第五十年的12月31日。

被许可人复制、发行、通过信息网络向公众传播录音录像制品,还应当取得著作权人、表演者许可,并支付报酬。

第四节　广播电台、电视台播放

第四十三条　广播电台、电视台播放他人未发表的作品,应当取得著作权人许可,并支付报酬。

广播电台、电视台播放他人已发表的作品,可以不经著作权人许可,但应当支付报酬。

第四十四条　广播电台、电视台播放已经出版的录音制品,可以不经著作权人许可,但应当支付报酬。当事人另有约定的除外。具体办法由国务院规定。

第四十五条　广播电台、电视台有权禁止未经其许可的下列行为:

（一）将其播放的广播、电视转播;

（二）将其播放的广播、电视录制在音像载体上以及复制音像载体。

前款规定的权利的保护期为五十年,截止于该广播、电视首次播放后第五十年的12月31日。

第四十六条　电视台播放他人的电影作品和以类似摄制电影的方法创作的作品、录像制品,应当取得制片者或者录像制作者许可,并支付报酬;播放他人的录像制品,还应当取得著作权人许可,并支付报酬。

第五章　法律责任和执法措施

第四十七条　有下列侵权行为的,应当根据情况,承担停止侵害、消除影响、赔礼道歉、赔偿损失等民事责任:

（一）未经著作权人许可,发表其作品的;

（二）未经合作作者许可,将与他人合作创作的作品当作自己单独创作的作品发表的;

（三）没有参加创作，为谋取个人名利，在他人作品上署名的；

（四）歪曲、篡改他人作品的；

（五）剽窃他人作品的；

（六）未经著作权人许可，以展览、摄制电影和以类似摄制电影的方法使用作品，或者以改编、翻译、注释等方式使用作品的，本法另有规定的除外；

（七）使用他人作品，应当支付报酬而未支付的；

（八）未经电影作品和以类似摄制电影的方法创作的作品、计算机软件、录音录像制品的著作权人或者与著作权有关的权利人许可，出租其作品或者录音录像制品的，本法另有规定的除外；

（九）未经出版者许可，使用其出版的图书、期刊的版式设计的；

（十）未经表演者许可，从现场直播或者公开传送其现场表演，或者录制其表演的；

（十一）其他侵犯著作权以及与著作权有关的权益的行为。

第四十八条 有下列侵权行为的，应当根据情况，承担停止侵害、消除影响、赔礼道歉、赔偿损失等民事责任；同时损害公共利益的，可以由著作权行政管理部门责令停止侵权行为，没收违法所得，没收、销毁侵权复制品，并可处以罚款；情节严重的，著作权行政管理部门还可以没收主要用于制作侵权复制品的材料、工具、设备等；构成犯罪的，依法追究刑事责任：

（一）未经著作权人许可，复制、发行、表演、放映、广播、汇编、通过信息网络向公众传播其作品的，本法另有规定的除外；

（二）出版他人享有专有出版权的图书的；

（三）未经表演者许可，复制、发行录有其表演的录音录像制品，或者通过信息网络向公众传播其表演的，本法另有规定的除外；

（四）未经录音录像制作者许可，复制、发行、通过信息网络向公众传播其制作的录音录像制品的，本法另有规定的除外；

（五）未经许可，播放或者复制广播、电视的，本法另有规定的除外；

（六）未经著作权人或者与著作权有关的权利人许可，故意避开或者破坏权利人为其作品、录音录像制品等采取的保护著作权或者与著作权有关的权利的技术措施的，法律、行政法规另有规定的除外；

（七）未经著作权人或者与著作权有关的权利人许可，故意删除或者改变作品、录音录像制品等的权利管理电子信息的，法律、行政法规另有规定的除外；

（八）制作、出售假冒他人署名的作品的。

第四十九条 侵犯著作权或者与著作权有关的权利的，侵权人应当按照权利人的实际损失给予赔偿；实际损失难以计算的，可以按照侵权人的违法所得给予赔偿。赔偿数额还应当包括权利人为制止侵权行为所支付的合理开支。

权利人的实际损失或者侵权人的违法所得不能确定的，由人民法院根据侵权行为的情节,判决给予五十万元以下的赔偿。

第五十条 著作权人或者与著作权有关的权利人有证据证明他人正在实施或者即将实施侵犯其权利的行为,如不及时制止将会使其合法权益受到难以弥补的损害的,可以在起诉前向人民法院申请采取责令停止有关行为和财产保全的措施。

人民法院处理前款申请,适用《中华人民共和国民事诉讼法》第九十三条至第九十六条和第九十九条的规定。

第五十一条 为制止侵权行为,在证据可能灭失或者以后难以取得的情况下,著作权人或者与著作权有关的权利人可以在起诉前向人民法院申请保全证据。

人民法院接受申请后,必须在四十八小时内作出裁定;裁定采取保全措施的,应当立即开始执行。

人民法院可以责令申请人提供担保,申请人不提供担保的,驳回申请。

申请人在人民法院采取保全措施后十五日内不起诉的,人民法院应当解除保全措施。

第五十二条 人民法院审理案件,对于侵犯著作权或者与著作权有关的权利的,可以没收违法所得、侵权复制品以及进行违法活动的财物。

第五十三条 复制品的出版者、制作者不能证明其出版、制作有合法授权的,复制品的发行者或者电影作品或者以类似摄制电影的方法创作的作品、计算机软件、录音录像制品的复制品的出租者不能证明其发行、出租的复制品有合法来源的,应当承担法律责任。

第五十四条 当事人不履行合同义务或者履行合同义务不符合约定条件的,应当依照《中华人民共和国民法通则》、《中华人民共和国合同法》等有关法律规定承担民事责任。

第五十五条 著作权纠纷可以调解,也可以根据当事人达成的书面仲裁协议或者著作权合同中的仲裁条款,向仲裁机构申请仲裁。

当事人没有书面仲裁协议,也没有在著作权合同中订立仲裁条款的,可以直接向人民法院起诉。

第五十六条 当事人对行政处罚不服的,可以自收到行政处罚决定书之日起三个月内向人民法院起诉,期满不起诉又不履行的,著作权行政管理部门可以申请人民法院执行。

第六章 附 则

第五十七条 本法所称的著作权即版权。

第五十八条 本法第二条所称的出版,指作品的复制、发行。

第五十九条 计算机软件、信息网络传播权的保护办法由国务院另行规定。

第六十条 本法规定的著作权人和出版者、表演者、录音录像制作者、广播电台、电视台的权利,在本法施行之日尚未超过本法规定的保护期的,依照本法予以保护。

本法施行前发生的侵权或者违约行为,依照侵权或者违约行为发生时的有关规定和政策处理。

第六十一条 本法自1991年6月1日起施行。

附录1-5 中华人民共和国著作权法实施条例

(2002年8月2日中华人民共和国国务院令第359号公布 根据2011年1月8日《国务院关于废止和修改部分行政法规的决定》第一次修订 根据2013年1月30日《国务院关于修改〈中华人民共和国著作权法实施条例〉的决定》第二次修订)

第一条 根据《中华人民共和国著作权法》(以下简称著作权法),制定本条例。

第二条 著作权法所称作品,是指文学、艺术和科学领域内具有独创性并能以某种有形形式复制的智力成果。

第三条 著作权法所称创作,是指直接产生文学、艺术和科学作品的智力活动。为他人创作进行组织工作,提供咨询意见、物质条件,或者进行其他辅助工作,均不视为创作。

第四条 著作权法和本条例中下列作品的含义:

(一) 文字作品,是指小说、诗词、散文、论文等以文字形式表现的作品;

(二) 口述作品,是指即兴的演说、授课、法庭辩论等以口头语言形式表现的作品;

(三) 音乐作品,是指歌曲、交响乐等能够演唱或者演奏的带词或者不带词的作品;

(四) 戏剧作品,是指话剧、歌剧、地方戏等供舞台演出的作品;

(五) 曲艺作品,是指相声、快书、大鼓、评书等以说唱为主要形式表演的作品;

(六) 舞蹈作品,是指通过连续的动作、姿势、表情等表现思想情感的作品;

(七) 杂技艺术作品,是指杂技、魔术、马戏等通过形体动作和技巧表现的作品;

(八) 美术作品,是指绘画、书法、雕塑等以线条、色彩或者其他方式构成的有审美意义的平面或者立体的造型艺术作品;

(九) 建筑作品,是指以建筑物或者构筑物形式表现的有审美意义的作品;

(十) 摄影作品,是指借助器械在感光材料或者其他介质上记录客观物体形象的艺术作品;

(十一) 电影作品和以类似摄制电影的方法创作的作品,是指摄制在一定介质上,由一系列有伴音或者无伴音的画面组成,并且借助适当装置放映或者以其他方式传播的作品;

(十二) 图形作品,是指为施工、生产绘制的工程设计图、产品设计图,以及反映地理现象、说明事物原理或者结构的地图、示意图等作品;

(十三) 模型作品,是指为展示、试验或者观测等用途,根据物体的形状和结构,按照一定比例制成的立体作品。

第五条 著作权法和本条例中下列用语的含义:

（一）时事新闻，是指通过报纸、期刊、广播电台、电视台等媒体报道的单纯事实消息；

（二）录音制品，是指任何对表演的声音和其他声音的录制品；

（三）录像制品，是指电影作品和以类似摄制电影的方法创作的作品以外的任何有伴音或者无伴音的连续相关形象、图像的录制品；

（四）录音制作者，是指录音制品的首次制作人；

（五）录像制作者，是指录像制品的首次制作人；

（六）表演者，是指演员、演出单位或者其他表演文学、艺术作品的人。

第六条 著作权自作品创作完成之日起产生。

第七条 著作权法第二条第三款规定的首先在中国境内出版的外国人、无国籍人的作品，其著作权自首次出版之日起受保护。

第八条 外国人、无国籍人的作品在中国境外首先出版后，30日内在中国境内出版的，视为该作品同时在中国境内出版。

第九条 合作作品不可以分割使用的，其著作权由各合作作者共同享有，通过协商一致行使；不能协商一致，又无正当理由的，任何一方不得阻止他方行使除转让以外的其他权利，但是所得收益应当合理分配给所有合作作者。

第十条 著作权人许可他人将其作品摄制成电影作品和以类似摄制电影的方法创作的作品的，视为已同意对其作品进行必要的改动，但是这种改动不得歪曲篡改原作品。

第十一条 著作权法第十六条第一款关于职务作品的规定中的"工作任务"，是指公民在该法人或者该组织中应当履行的职责。

著作权法第十六条第二款关于职务作品的规定中的"物质技术条件"，是指该法人或者该组织为公民完成创作专门提供的资金、设备或者资料。

第十二条 职务作品完成两年内，经单位同意，作者许可第三人以与单位使用的相同方式使用作品所获报酬，由作者与单位按约定的比例分配。作品完成两年的期限，自作者向单位交付作品之日起计算。

第十三条 作者身份不明的作品，由作品原件的所有人行使除署名权以外的著作权。作者身份确定后，由作者或者其继承人行使著作权。

第十四条 合作作者之一死亡后，其对合作作品享有的著作权法第十条第一款第(五)项至第(十七)项规定的权利无人继承又无人受遗赠的，由其他合作作者享有。

第十五条 作者死亡后，其著作权中的署名权、修改权和保护作品完整权由作者的继承人或者受遗赠人保护。

著作权无人继承又无人受遗赠的，其署名权、修改权和保护作品完整权由著作权行政管理部门保护。

第十六条 国家享有著作权的作品的使用，由国务院著作权行政管理部门管理。

第十七条 作者生前未发表的作品，如果作者未明确表示不发表，作者死亡后50年内，其发表权可由继承人或者受遗赠人行使；没有继承人又无人受遗赠的，由作品原件的所有人行使。

第十八条　作者身份不明的作品,其著作权法第十条第一款第(五)项至第(十七)项规定的权利的保护期截止于作品首次发表后第 50 年的 12 月 31 日。作者身份确定后,适用著作权法第二十一条的规定。

第十九条　使用他人作品的,应当指明作者姓名、作品名称;但是,当事人另有约定或者由于作品使用方式的特性无法指明的除外。

第二十条　著作权法所称已经发表的作品,是指著作权人自行或者许可他人公之于众的作品。

第二十一条　依照著作权法有关规定,使用可以不经著作权人许可的已经发表的作品的,不得影响该作品的正常使用,也不得不合理地损害著作权人的合法利益。

第二十二条　依照著作权法第二十三条、第三十三条第二款、第四十条第三款的规定使用作品的付酬标准,由国务院著作权行政管理部门会同国务院价格主管部门制定、公布。

第二十三条　使用他人作品应当同著作权人订立许可使用合同,许可使用的权利是专有使用权的,应当采取书面形式,但是报社、期刊社刊登作品除外。

第二十四条　著作权法第二十四条规定的专有使用权的内容由合同约定,合同没有约定或者约定不明的,视为被许可人有权排除包括著作权人在内的任何人以同样的方式使用作品;除合同另有约定外,被许可人许可第三人行使同一权利,必须取得著作权人的许可。

第二十五条　与著作权人订立专有许可使用合同、转让合同的,可以向著作权行政管理部门备案。

第二十六条　著作权法和本条例所称与著作权有关的权益,是指出版者对其出版的图书和期刊的版式设计享有的权利,表演者对其表演享有的权利,录音录像制作者对其制作的录音录像制品享有的权利,广播电台、电视台对其播放的广播、电视节目享有的权利。

第二十七条　出版者、表演者、录音录像制作者、广播电台、电视台行使权利,不得损害被使用作品和原作品著作权人的权利。

第二十八条　图书出版合同中约定图书出版者享有专有出版权但没有明确其具体内容的,视为图书出版者享有在合同有效期限内和在合同约定的地域范围内以同种文字的原版、修订版出版图书的专有权利。

第二十九条　著作权人寄给图书出版者的两份订单在 6 个月内未能得到履行,视为著作权法第三十二条所称图书脱销。

第三十条　著作权人依照著作权法第三十三条第二款声明不得转载、摘编其作品的,应当在报纸、期刊刊登该作品时附带声明。

第三十一条　著作权人依照著作权法第四十条第三款声明不得对其作品制作录音

制品的,应当在该作品合法录制为录音制品时声明。

第三十二条 依照著作权法第二十三条、第三十三条第二款、第四十条第三款的规定,使用他人作品的,应当自使用该作品之日起 2 个月内向著作权人支付报酬。

第三十三条 外国人、无国籍人在中国境内的表演,受著作权法保护。

外国人、无国籍人根据中国参加的国际条约对其表演享有的权利,受著作权法保护。

第三十四条 外国人、无国籍人在中国境内制作、发行的录音制品,受著作权法保护。

外国人、无国籍人根据中国参加的国际条约对其制作、发行的录音制品享有的权利,受著作权法保护。

第三十五条 外国的广播电台、电视台根据中国参加的国际条约对其播放的广播、电视节目享有的权利,受著作权法保护。

第三十六条 有著作权法第四十八条所列侵权行为,同时损害社会公共利益,非法经营额 5 万元以上的,著作权行政管理部门可处非法经营额 1 倍以上 5 倍以下的罚款;没有非法经营额或者非法经营额 5 万元以下的,著作权行政管理部门根据情节轻重,可处 25 万元以下的罚款。

第三十七条 有著作权法第四十八条所列侵权行为,同时损害社会公共利益的,由地方人民政府著作权行政管理部门负责查处。

国务院著作权行政管理部门可以查处在全国有重大影响的侵权行为。

第三十八条 本条例自 2002 年 9 月 15 日起施行。1991 年 5 月 24 日国务院批准、1991 年 5 月 30 日国家版权局发布的《中华人民共和国著作权法实施条例》同时废止。

第 2 章
法学学科基本研究规范

2.1 法学学科基本概念

2.1.1 法学学科的含义

法学(Science of law)学科是指研究法律现象及其客观规律的规范科学,又可称为"法律科学""法律学"。法学学科属于社会科学的一个基本门类,是一门历史悠久、地位重要的科学。法学区别于其他社会科学的特质在于其规范性,即它是一门以研究法律现象、传授法律技术为主的科学。

2.1.2 法学学科的外延

在现代中国,法学有"大法学"与"小法学"之分,前者包括政治学、人类学等学科,后者专指研究法律现象及其规律的科学。将法学做如此区分,是中国学科建制特有的现象。小法学从研究的法律上看包括法史学、比较法学、宪法学、刑法学、民法学、行政法学、诉讼法学、经济法学、国际法学、土地法学、军事法学,等等;从研究的方法上看包括比较法学、经济分析法学、心理学法学、社会学法学,等等;从法律运行的过程上看包括立法学、行政法学、司法学。在西方,法学最早出现于古罗马,在近代成为一门独立且非常重要的科学。在中国,法学最早出现于春秋战国,在民国初年成为一门独立的科学。在20世纪90年代末,法学成为一门体系完备、门类众多的显学。

2.2 法学学科基本命题与定律

2.2.1 学科基本命题

(一)西方法学的基本命题

西方法学学科最常见的基本命题有如下十二个:第一,法律是公平正义之术。第二,按自然而生活。第三,法律面前人人平等。第四,人生而自由。第五,法律是社会的最高权威(即法律至上)。第六,法是客观规律的反映。第七,法律的一般结构是一种先验的逻辑形式。第八,恶法亦法。第九,法律必须具有最低限度内容的自然法。第十,法律的目的是社会利益。第十一,法律发展的重心在社会本身。第十二,法的生命不是逻辑而是经验。

上述第一个命题是罗马法学家乌尔比安提出的重要法学命题,他给法学下的定义是:"人和神的事务的概念,正义与非正义之学。"这得到了中世纪欧洲神学法学家奥古斯丁、美国社会法学代表人物庞德等人的响应和强调,后者提出:法律规则是实现公正的指针,而不是僵化的教条。

上述第二个命题也是罗马法学家提出的重要法学命题,它是罗马程序法和实体的准则。

上述第三个命题也是罗马法学家提出的重要法学命题,它要求司法权力主体一律平等,突出了权力平等的观念。

上述第四个命题也是罗马法学家提出的重要法学命题,被贯彻在罗马法之中,认为至少在自然法上,一切人生而自由。

上述第五个命题也是罗马法学家提出的重要法学命题,被贯彻在罗马法之中,以强调法律在社会中的至上地位,人人(包括君主)都要守法。

上述第六个命题也是罗马法学家提出的重要法学命题,被贯彻在罗马法之中,以规制立法者尤其是君主的恣意,从而使法律能够体现自然理性和人类理性,体现民众的意愿和要求。

上述第七个命题是以凯尔森为代表的规范法学家提出来的,旨在排除法外因素(诸如政治、伦理、宗教、理想)对法律的影响,从而单纯"就法论法",使法学研究聚焦于法律本身的先验逻辑形式和实在规范结构。

上述第八个命题是近代英国分析法学派的创始人约翰·奥斯丁提出的,旨在将真正的法律从疑似法律的事物(比如道德、宗教)中分离出来,强调法律与道德之间不存在必然的联系;法律是一个政治上实体与程序皆合格的命令。该命题一反自苏格拉底、柏拉图以来的古希腊罗马的自然法、理性法传统,在历史上引起广泛而持久的讨论,曾遭到二战后新自然法学派和国际刑事法庭的否定。

上述第九个命题是新分析法学派的代表人物哈特提出的,旨在调和分析法学与自然法学之间的矛盾,回应外界对于前述"恶法亦法"论的批评。

上述第十个命题是德国社会法学、利益法学的代表人物耶林在《法律的目的》一书中提出的,旨在表明法律只是人们用以实现社会利益的手段,以此反对当时盛行的概念法学、机械法学理论。持此主张者还有该国的菲利普·赫克、海因里希·斯托尔、鲁道夫·米勒—厄思本奇,法国的惹尼,奥地利的埃利希。

上述第十一个命题是奥地利社会法学、自由法学的代表人物埃利希在《法律社会学基本原理》一书中提出的,旨在放开法官创造法律的"镣铐",以运用法律平衡各种利益。持此论者还有德国的厄恩斯特·富克斯和赫尔曼·坎托罗维奇。

上述第十二个命题是美国实用主义法学的创始人霍姆斯提出的,旨在倡导在法律理论中贯彻实用主义路线,以此反对当时流行的概念法学思潮。

(二) 马克思主义法学的基本命题

马克思主义法学提出的新命题有如下四个:其一,法律产生于经济基础又服务于经济基础。其二,法律表现社会经济生活条件。其三,法律是生产发展到一定阶段的产物。其四,法典是人民自由的圣经。

上述第一个命题是马克思主义法学在法律发生学上的基本观点,其将法律归类为上层建筑,根据"存在决定意识"的辩证唯物主义基本原理,其自然受经济基础的决定和制约,但同时又反作用或服务于经济基础。① 该命题常被资产阶级法学家指责为或被人误读为"经济决定论",因而曾经在学界争议颇大。但实际上,马克思、恩格斯在强调经济基础对法律的决定作用时,并不否认法律及其他因素(例如政治、文化、传统、宗教、意识形态)对经济基础的反作用,甚或重要影响。

上述第二个命题是马克思主义法学在法律功能论上的基本观点,其发现法律是对现存经济关系的确认,是对社会经济生活条件的表现。

上述第三个命题是马克思主义法学在法律生成论上的基本观点,其发现法律并不是随着社会的出现而出现,而是社会经济关系发展到一定阶段的产物。该命题既阐明了法律对社会经济关系的主观回应,也强调了法律与其他诸如道德、宗教规范之间的客观区别。

上述第四个命题是马克思主义法学在法律功能论上的基本观点,其在批判现实法制的基础上,提出法律的应然功能应当是对人民自由的保护。马克思1842年5月在《关于出版自由和公布等级会议记录的辩论》一文中明确提出:"法律是肯定的、明确的、普遍的规范,在这些规范中自由获得了一种与个人无关的、理论的、不取决于个别人的任性的存在。法典就是人民自由的圣经。"②

2.2.2 学科基本定律

法学学科的基本定律有如下四个:第一,法律运动的一般历史规律:法律是伴随着社会分工、私有制、个人利益与共同利益相互对立,社会分化为不同阶级以及国家而出现的产物。第二,法律不能创造或废除经济关系,而只能适应和反映经济关系。第三,法治是中国社会走向民主、自由的不二法门。第四,法官不独立,司法就无法公正。

---

① 参见[德]恩格斯. 路德维希·费尔巴哈和德国古典哲学的终结//马克思恩格斯选集. 第4卷. 人民出版社,1972:248-249.
② [德]卡尔·马克思. 第六届莱茵省议会的辩论(第三篇论文):关于林木盗窃法的辩论//马克思恩格斯全集. 第一卷. 人民出版社,1995:176.

2.3 法学学科基本与核心内容

2.3.1 学科性质

法学学科属于社会科学的核心门类,无论古今中外都非常重要。从古代到现代,法学从一门比较简单的社会科学发展成为一门学科门类众多、体系完备、结构复杂的科学。在中国古代,法学是刑名之学,是统治阶级驭民之术;在中国当代,法学则是权利之学,是统治阶级治国之术。在古罗马,法学是一种知识、技术和传统;在现代西方,法学是一个体系庞大、分支繁复的知识体系。从知识形态上看,法学主要是有关法的原理、技术的科学。

2.3.2 学科体系

法学学科包括法理学、宪法学、行政法学、财政法学、刑法学、刑事诉讼法学、民法学、经济法学、劳动法学、婚姻法学、民事诉讼法学、司法组织学、犯罪侦查学、法医学、司法精神病学、中国法制史、中国法律思想史、外国法律思想史、国际法学、国际私法学、国际经济法学等。其中,法理学、宪法学、中国法制史、刑法学、民法学、商法学、知识产权法学、经济法学、行政法与行政诉讼法学、民事诉讼法学、刑事诉讼法学、国际私法学、国际公法学、劳动法和社会保障法学、环境与资源保护法学等是核心课程。

2.3.3 学科边界

学科边界是随着研究方法的专门化,在学科分化中渐次明晰的。在古代,学科之间没有边界或边界极其模糊。到了近代,各学科开始拥有自己专门的研究方法,它们之间逐渐分化,边界慢慢清晰。到了20世纪30年代,学科分化的势头出现逆向,原来已经分化的学科又出现交叉、融合,一些新兴学科在学科之间的边界上产生。后现代主义更要求消解学科边界和取消学科本身。法学学科的边界划分问题产生于它与相邻的学科之间,比如法学与哲学、法学与政治学、法学与伦理学、法学与社会学、法学与经济学、法学与组织学、法学与医学。在古代,法学与哲学、政治学和伦理学不分,多数学术巨人都是一些包罗万象的"百科全书式的学者",例如中国的孔子、老子、庄子,西方的苏格拉底、柏拉图、亚里士多德。只有到了近代学科大分化的时期,法学才从上述学科中逐渐分化出来,而专门以法律现象及其客观规律为研究对象,以规范分析为其研究方法。

2.4 法学学科基本建制

2.4.1 古代法学

法学在中国古代被称为"刑名之学""刑名法术之学",主要以刑法的制定及其实施为研究对象,属于治国术的一部分。春秋战国时期,中国法学流派众多,互比雄长。围绕法的发生、本体、功能以及法与其他社会现象之间的关系等问题,各派不仅提出了自己的观点,而且还相互争鸣,丰富和推进了中国古代法学。例如法家法学的代表人物管仲倡导适当突破礼治的框架,实行法治的主张。该派另一代表人物子产则积极制定成文刑法,极大地推动了中国法制的进步。其同侪邓析则完全突破了礼治的束缚,提出了依法办事和公布成文法的重要主张。儒家法学的代表人物孔子、孟子倡导恢复西周时期的礼,提出了其著名的"礼治""德治"和"人治"思想,对后世影响极大。墨家法学的代表人物墨子提出了"兼爱、非攻"和"尚法、同义"的法律思想。道家法学的代表人物老子倡导"道法自然""自然而然"和"无为而治"的法律思想。其继承者庄子则将老子的思想推到极端。汉代,中国法学逐渐发展演变成儒家法学,自此一直以律学面目存世。汉代儒家法学强调"德主刑辅"的法律原则和"礼法结合"的立法原则。其代表人物董仲舒创立"春秋决狱"的司法技术,在遇到法无明文规定的新案、奇案时,从儒家经典中撷取相关的案例、故事或精神,将之改造成判案的法律依据。此种做法开一代风气之先,一直延续到唐代初期,也为中国传统法律道德化开了方便之门。例如,许慎、马融、赵岐、郑玄、何休等人也效仿董仲舒"据经解律",成为当时的律学大师。长孙无忌是唐初儒家法学的代表人物,他也主张"德主刑辅""明德慎罚",强调"宽刑"和"礼治"。陆贽则是唐中期儒家法学的代表人物,他也主张"约法省禁",反对"密网严刑";主张"详审刑狱",反对"速断精察"。南宋理学家朱熹强调"存天理,灭人欲",主张"先教后刑"。丘濬是明代儒家法学的代表人物,他认为刑狱是"去生民之梗",提出"天讨"说;认为应"法与人互用"和"原情定罪"。王阳明强调"行法以振威""情法交申"。沈家本是清代儒家法学的代表人物,他提出废除肉刑,改革刑罚;反对买卖人口和虐杀奴婢,提倡人道;反对比附,主张罪刑法定。

2.4.2 近代法学

清末民初,中国法学融入西方元素,学习西方法学,发展成为一门"中学为体,西学为用"的西式学问。民国法学有"南东吴,北朝阳"之称,东吴法学院和朝阳法学院都产生了许多杰出的学者,例如毕业于朝阳大学的公法学家林纪东和管欧、毕业于东吴大学的法理学家吴经熊等。当时著名的法学家有:宪法与民法学家王宠惠、民事诉讼法学家施霖、宪法学家沈钧儒等。当时的法学期刊有北京民国大学法学研究会编的《法学月刊》,主要刊载刑法、国际法方面的作品；民国律师协会法学丛刊社编的《法学丛刊》，主要刊载中国法律与司法、法律评论、外国法及法律思想介绍方面的作品；东吴大学法律科学法学杂志社编的《法学季刊》，主要刊载疑案分析、比较法、外国法介绍方面的作品；汤景槎编的《法学汇刊》，主要刊载法律解释、法律问答方面的作品；四川大学法律学会法学月报社编的《法学月报》，主要刊载司法问题探讨方面的作品；广州律师公会法制杂志社编的《法制杂志》，主要刊载法学理论和外国司法方面的作品；厦门大学当代法学出刊委员会编辑部编的《当代法学》，主要刊载宪法、刑法和民法方面的作品；法律周刊总事务所编的《法律周刊》，主要刊载司法评论、比较法、外国法律思想史方面的作品；中央大学法学院编的《中央大学法学院季刊》，主要刊载法律评论方面的作品；北平法律知识社编的《法律知识》，主要刊载法学研究、译述方面的作品；大学法律学会编辑委员会编的《法学论丛》，主要刊载中国古代法律思想史、中国检察制度评论和宪政方面的作品；北平中大法律研究社编的《法律月刊》，主要刊载实务研究、苏联法介绍方面的作品；法学新报社编的《法学新报》，主要刊载外国司法、案例评论方面的作品；武昌中华法学会湖北分会编的《法学月刊》，主要刊载法律评论、疑案评论、外国法译介方面的作品；郭卫编的《现代法学》，主要刊载法学研究、外国法典介绍方面的作品；国立湖南大学法律学系编的《法律学报》，主要刊载比较法学、中外法制史、民法、刑法、国际法方面的作品。具体情况如表2-1所示：

表2-1 民国著名法学期刊

序号	刊名	主办单位/者	期刊偏好
1	《法学月刊》	北京民国大学法学研究会	主要刊载刑法、国际法方面的作品
2	《法学丛刊》	民国律师协会法学丛刊社	主要刊载中国法律与司法、法律评论、外国法及法律思想介绍方面的作品
3	《法学季刊》	东吴大学法律科学法学杂志社	主要刊载疑案分析、比较法、外国法介绍方面的作品
4	《法学汇刊》	汤景槎	主要刊载法律解释、法律问答方面的作品
5	《法学月报》	四川大学法律学会法学月报社	主要刊载司法问题探讨方面的作品
6	《法制杂志》	广州律师公会法制杂志社	主要刊载法学理论和外国司法方面的作品
7	《当代法学》	厦门大学当代法学出刊委员会编辑部	主要刊载宪法、刑法和民法方面的作品
8	《法律周刊》	法律周刊总事务所	主要刊载司法评论、比较法、外国法律思想史方面的作品

续表 2-1

序号	刊名	主办单位	期刊偏好
9	《中央大学法学院季刊》	中央大学法学院	主要刊载法律评论方面的作品
10	《法律知识》	北平法律知识社	主要刊载法学研究、译述方面作品
11	《法学论丛》	大学法律学会编辑委员会	主要刊载中国古代法律思想史、中国检察制度评论和宪政方面的作品
12	《法律月刊》	北平中大法律研究社	主要刊载实务研究、苏联法介绍方面的作品
13	《法学新报》	法学新报社	主要刊载外国司法、案例评论方面的作品
14	《法学月刊》	武昌中华法学会湖北分会	主要刊载法律评论、疑案评论、外国法译介方面的作品
15	《现代法学》	郭卫	主要刊载法学研究、外国法典介绍方面的作品
16	《法律学报》	国立湖南大学法律学系	主要刊载比较法学、中外法制史、民法、刑法、国际法方面的作品

2.4.3 现代法学

建国后,马克思主义成为中国法学的主流意识形态,中国法学完全马克思主义化。改革开放后,中国法学重新西化,并试图建立有中国特色的"本土法学"。严格地讲,当代中国还没有形成定型的法学流派,只是从研究立场上看,可以分为权利本位论、义务本位论和权义兼重论;从研究方法上看,可以分为马克思主义法学、法律工程学、社会学法学和经济学法学等。其中,权利本位论的代表人物是吉林大学的张文显,义务本位论的代表人物是中央党校的张恒山,权义兼重论的代表人物是中国人民大学的孙国华。马克思主义法学的代表人物是人民大学的孙国华和武汉大学的李龙,法律工程学的代表人物是中山大学的吴世宦,社会学法学的代表人物是北京大学的赵震江和朱苏力,经济学法学的代表人物是中山大学的周林彬和汕头大学的应飞虎。

目前中国有百余所法学院(所),其中比较著名的有吉林大学法学院、辽宁大学法学院、黑龙江大学法学院、北京大学法学院、人民大学法学院、中国政法大学、中国社会科学院法学研究所、清华大学法学院、南开大学法学院、山东大学法学院、西北政法大学、郑州大学法学院、南京大学法学院、南京师范大学法学院、苏州大学法学院、东南大学法学院、华东政法大学、复旦大学法学院、上海交通大学法学院、武汉大学法学院、中南财经政法大学法学院、西南政法大学、重庆大学法学院、湖南大学法学院、湘潭大学法学院、中南大学法学院、湖南师范大学法学院、浙江大学法学院、厦门大学法学院、中山大学法学院、台湾大学法学院等。

当前中国有百余种法学期刊,其中比较著名的有吉林大学法学院主办的《法制与社会发展》《当代法学》,中国法学会主办的《中国法学》,北京大学法学院主办的《中外法学》《北大法律评论》,人民大学法学院主办的《法学家》,中国政法大学主办的《政法论坛》《比较法研究》,中国社会科学院法学研究所主办的《法学研究》《环球法律评论》,清华大学法学院主办的《清华法学》,北京市法学会主办的《法学杂志》,山东省法学会主办的《法学论坛》,西北政法大学主办的《法律科学》,华东政法大学主办的《法学》,上海社会科学院法学所主办的《政治与法律》,武汉大学法学院主办的《法学评论》,中南财经政法大学法学院主办的《法商研究》,西南政法大学主办的《现代法学》。具体情况如表 2-2 所示:

表 2-2　当代中国著名法学期刊

序号	刊名	主办单位	期刊偏好
1	《法制与社会发展》	吉林大学法学院	理论法学
2	《当代法学》	吉林大学法学院	部门法学
3	《中国法学》	中国法学会	重大法学问题
4	《中外法学》	北京大学法学院	精细研究
5	《北大法律评论》	北京大学法学院	精细研究
6	《法学家》	人民大学法学院	热点问题
7	《政法论坛》	中国政法大学	重大法学问题
8	《比较法研究》	中国政法大学	中外法制
9	《法学研究》	中国社会科学院法学研究所	基础理论
10	《环球法律评论》	中国社会科学院法学研究所	中外法制
11	《清华法学》	清华大学法学院	日本法制
12	《法学杂志》	北京市法学会	热点问题
13	《法学论坛》	山东省法学会	部门法学
14	《法律科学》	西北政法大学	基础理论
15	《法学》	华东政法大学	热点话题
16	《政治与法律》	上海市社会科学院法学所	部门法学
17	《法学评论》	武汉大学法学院	部门法学
18	《法商研究》	中南财经政法大学法学院	民商法学
19	《现代法学》	西南政法大学	基础理论

当前中国的法学协会有百余家,其中影响比较大的有中国法学会及其专业研究会、中国行为法学会、比较法研究会、中国科技法学会、民间法研究会、法律方法研究会。无论在过去还是当下,学会办期刊都是一个学术惯例。民国时期,比较著名的法学期刊很多是由各大学会主办的,例如《法学月刊》是由北京民国大学法学研究会编辑的,《法学丛

刊》是由民国律师协会法学丛刊社编辑的。当下,许多著名的法学期刊也是由各大学会主办的,例如《中国法学》是由中国法学会编辑的,《法学杂志》是由北京市法学会编辑的。当然,由于人员、编制和所承担的任务不同,当下各大法学会所办期刊的影响力和质量相比民国时期大多有所下降,大多数法学会的期刊甚至不公开发行而沦为纯粹从事对外宣传、交流的内部期刊。不过,这与当下政府对期刊数量和期刊号的控制有着重要的关系,同时也是期刊行政化和等级化的一个必然后果。

2.4.4 西方法学

在西方,法学是一种知识、技术、传统和文化。最早的法学家是那些有法律宣示权和解释权的祭司。在古希腊,梭伦作为一个立法学家和法律改革家表达了许多重要的法律观点;苏格拉底表达过理性论的法律观;柏拉图则提出了金字塔般的正义论的法律观和人治模式;亚里士多德则发挥和推进了柏拉图的法治理论,明确提出了法治的含义和标准。在古罗马,注释法学和评论法学都十分发达,法学的发展偏重于私法。西塞罗是当时伟大的法学家,他以政论的形式阐释了自然法理论,提出法律是正义的化身,守法是公民理性和德性的体现,法律面前人人平等。中世纪,法学成为神学的注脚,法学家一变成为神学的论证者。著名的神学法学家奥古斯丁认为法律产生于上帝,是正义的体现。托马斯·阿奎那提出法律是人们行为的标准和尺度,是约束人们行为的工具。近代早期,古典自然法理论是当时盛行的法学理论。格劳秀斯提出自然法是人之理性与本性的体现,是不变的法则,是国法之前的法则。霍布斯则以自然状态、自然权利、自然法和社会契约为线索,叙述了一个自然法故事,提出了人人平等的自然法原则。洛克则提出了自然权利论、分权论和系统的法治理论。孟德斯鸠进一步发展了洛克的分权论,并分析了法的精神。卢梭提出了社会契约论、人民主权论和法治理论。近代中期,学者通过反思早期的古典自然法理论,形成了功利主义法学、实证主义法学和历史法学三足鼎立的局面。边沁以"避苦求乐"为基本公设,分析了法律的人为性质,提出了"最大多数人的最大幸福"这一著名判准。奥斯丁则进一步提出实在法的命令和必为性质。萨维尼分析了法律的民族特性,指出了法律与民族的内在联系。梅因也提出了法律发展的阶段论及其各自的特点。近代晚期,通过规范分析方法和实证分析方法的引入,法学成为一门独立的科学。在现代,西方流派众多,其中最为盛行的是新自然法学、规范法学和社会学法学。其中,神学自然法学继承和发展了托马斯·阿奎那的神学法学,代表人物是马里旦。世俗自然法学继承了古典自然法学的二元论,并分析了自然法可变的一面,代表是富勒、罗尔斯和德沃金。分析实证法学发展到现代则成为规范法学,其代表人物凯尔森提出了纯粹法学理论,强调分析法的结构(本体)和区分实然与应然。社会学法学的代表人物庞德强调要在实际行动中研究法学,研究"法的法学",重视"法官立法"和法的效果,认为法的主要功能在于调整利益冲突,将法的内涵扩张至法律技术、法律理想、司法和行政活动。在当代,西方法学分支浩繁,理论细密。更值得一提的是,诠释学法学、女权主义法学和批判法学等的发展十分引人注目。

2.5 法学学科基本价值与研究操守

2.5.1 法学学科的地位和作用

法学学科是社会科学中一门基础的、重要的学科,是大学和社会教育中不可或缺的基础学科。法学是一门体系庞大、门类众多和结构严密的科学。法学是社会发展和文明进步的产物,同时也在推动着社会发展和文明的进步。随着社会和文明的发展,法学对于人类社会的作用越来越大:

第一,揭示法律产生、发展和发挥作用的一般规律或趋势,分析法律与其他社会现象之间的相互关系。

第二,积累、保存人类的制度经验、实践和文化,推动人类制度文明的发展,减轻文明跃进对社会带来的震荡。

第三,宣传、解释和辩护现行法律和制度,维护、巩固和发展现行秩序的合法性及正当性,或者谋划更加理想和美好的社会生活。

第四,减少个体交往所产生的摩擦和阻力,减轻人类文明发展给个体带来的不便和痛苦。

最后,法学作为一种职业,对于社会政治、经济、文化和教育均产生了重大的作用。例如,法学家集团可以给政治集团施加压力,从而促进政治文明的规范发展。

法学在当代中国的作用特别体现在:引导人们通过法律而不是暴力、权力解决纠纷;规范国家及其公职人员行使权力的范围、内容、方式和程序;着力培育、保障民间自发秩序,保护、激发个体的创造能力和想象能力;以建设一个更加美好、和谐的法治社会。

2.5.2 法学研究者的精神

只有具有独立的精神和高尚的品格,法学家才能客观、中立地研究法律和服务社会。从法学史上看,法学家至少应具备如下5种独立精神:

(1) 法学家必须与政治保持足够的距离,以免被政治利用,或利用政治为自己谋利。

(2) 法学家必须学会以清醒的理性限制自身盲目的冲动和原始本能。

(3) 法学家必须树立为自由、民主和平等奋斗终生的志向。

(4) 法学家必须养成遵守法律和维护秩序的习惯,同时学会批判地对待现行法律和秩序,学会在制度的框架内活动。

(5) 法学家必须学会尊重历史、文本和程序,对形式的爱好更甚于实质。

在当下中国,法学家尤其需要有独立的人格、坚忍的毅力和甘于清贫的节操,尤其不能趋炎附势,为名利声色甘为权贵的走卒;尤其不能和强权妥协,向世俗献媚,甚或随波逐流。总之,当代中国的法学家要立志做"21世纪人类最后的知识分子",以其高尚的品格、渊博的学识和为法献身的精神引导人们遵循规则之治,以在当代中国最终实现法治之梦。

2.5.3 法学研究者的操守

法学家在从事研究工作时必须遵守高尚的学术道德。大概言之:

第一,他必须具有独立思考,不盲从权威和公众,矢志追求真理的学术道德,敢于怀疑权威和定论,敢于突破学术禁区,但在此过程中他始终敬畏自然和秩序,爱好和平和法治。

第二,他必须具有"信法为真"的道德品质,不随意或工具性地对待法律和程序,但始终牢记自由是法律的目的。

最后,他必须具有尊重他人劳动成果和知识产权的精神,把尊重所有权作为尊重人的首要条件。

在当代中国,法学家还要善于将西方近代法治传统与中国古代法律精华结合起来,取其精华去其糟粕,冶成一炉,以建设具有中国特色的法治社会。同时,当代中国法学家在传播西方近代法治文明时还要注意与当下中国的实践经验结合起来,使自己的法学作品能够解释中国的法律实践,解决中国的法律问题。

2.5.4 学术积累

学术积累是学术创新的前提和基础,没有充足、广博、深厚的学术积累,要想实现学术创新,几无可能。法学家要进行学术积累,必须满足以下5个条件:

(1) 必须选择某个学科的某个专题进行深入研究,潜心钻研。所选择的领域要小而新,这样才能集中时间、精力和人力物力,在特定的时间内有所发现和突破。

(2) 要带着问题意识去研读该领域内的既有研究成果,力图有所发现,有所感悟,以形成有创新性的观点或理论。

(3) 必须遍览和通读该领域内的所有中外论著,并精读其中有代表性的成果,仔细琢磨,反复思考,以期能够从中获得启示或发现问题。

(4) 必须在阅读之外,到实践中从事实证调研,以占有新材料、新数据,以印证自己的猜想,或修正已有的理论。

(5) 在从事学术积累时,必须具有滴水穿石的顽强毅力,日日阅读,日日积累,勤做文摘卡和读书笔记。学术积累要达到的理想效果是:详尽知悉该领域的最新动态和最高水平,并能够洞悉其得失臧否及大体的改进方法或思路。

2.5.5 学术创新

学术创新是法学家的生命,没有创新的学术是枯燥无味和僵化的,也是难以流传下去的。但是,法学家也不能为了创新而创新,毕竟法学是一门有着悠久历史传承和文化传统的科学,必须在继承已有成果的基础上创新。

首先,必须在进行长期的、艰苦的学术积累的基础上进行学术创新。

其次,必须在尊重已有学术传统和范式的基础上进行创新。

再次,学术创新必须与时代发展相协调,不能过于超前于时代发展,更不能落后于时代发展。

思考与案例

1. 结合自己的体会,你认为法学学科在所有学科中应居于何种地位,发挥何种作用?
2. 如何看待学术积累对于学术创新的作用?
3. 张某将他人获得的稀缺史料用作自己论文的证据,相继发表到杂志上。对方与其交涉时,他认为自己没有违反学术规范。请从法学研究者的精神与操守的角度分析,张某的行为是否妥当?在你的身边,有没有发生将他人获取的稀缺史料用作自己论文的论据的事件?

附录

附录 2-1　教育部关于树立社会主义荣辱观进一步加强学术道德建设的意见

各省、自治区、直辖市教育厅(教委),新疆生产建设兵团教育局,有关部门(单位)教育司(局),部属各高等学校:

胡锦涛总书记关于牢固树立社会主义荣辱观的重要讲话,是新时期社会主义道德建设的行动指南,对加强教育系统学术道德建设具有很强的针对性和指导意义。为深入学习胡锦涛总书记的讲话精神,进一步加强教育系统的学术道德和学风建设,特提出如下意见。

一、充分认识加强学术道德建设的重要性和紧迫性

1. 加强学术道德建设具有重要的现实意义。学术道德是科学研究的基本伦理规范,是提高学术水平和研究能力的重要保证,对增强自主创新能力、促进学术繁荣发展具有不可忽视的重要作用;学术道德是人才培养的重要内容,与学风、教风、校风建设相互促进、相辅相成;学术道德是社会道德的重要方面,对良好社会风气的形成具有示范和引导作用。

2. 教育系统学术道德建设取得了显著成绩,但对存在的问题也必须高度重视。教育系统一直重视学术道德建设工作。教育部近年来先后发布了《关于加强学术道德建设的若干意见》、《高等学校哲学社会科学研究学术规范(试行)》、《关于进一步加强和改进师德建设的意见》等文件,有力地促进了学术道德和学风建设。广大科研工作者献身科学、殚精竭虑、无私奉献,付出了艰辛的劳动,为维护学术道德、弘扬良好学风做出了不懈努力,取得了可喜成绩。但也不同程度地存在学术失范和学术不端行为,有的情况还比较严重。主要有:夸大研究成果,一稿多投,虚假署名,放弃评审原则;甚至抄袭剽窃,伪造数据,篡改事实,系统造假。这些行为不仅浪费了有限的学术资源,而且败坏了学术风气,阻碍了学术进步,损害了学术形象,对教育和科学研究事业的繁荣发展造成了恶劣影响,必须坚决制止。

二、加强自律,维护学者和学术尊严

3. 自律是维护学术道德的基础。广大哲学社会科学和自然科学工作者要恪守学术道德,坚守学术诚信,在追求真理的过程中,修身正己,自我约束。要具有高度的历史使命感、政治责任感和社会正义感,勇于承担学术责任和学术义务,努力做学术道德和良好学风的维护者、践行者和弘扬者。

4. 实事求是、严谨治学。要忠于真理、探求真知,反对投机取巧、弄虚作假;要自觉遵守学术规范,潜心研究,努力铸造学术精品,反对粗制滥造、低水平重复;要正确对待学术荣誉,尊重他人劳动成果,反对抄袭剽窃、哗众取宠。

5. 正确行使学术权力。在各种学术评价活动中,要认真履行职责,发扬学术民主,客观公正、不徇私情,自觉抵制不良社会风气的影响,杜绝权学、钱学交易等腐败行为。尊重知识,尊重人才,尊重劳动,尊重创造。积极扶持青年科研工作者。

6. 积极开展学术批评。健康的学术批评是净化学术空气、促进学术交流的重要手段。要坚持"百花齐放、百家争鸣"的方针,勇于开展实事求是的学术批评与自我批评。鼓励不同学术观点的讨论和争鸣。

三、建章立制,为加强学术道德建设提供制度保障

7. 建立和完善科学的评价机制和评价体系。学术评价对学术活动具有重要的导向作用。要克服重数量轻质量的倾向,把是否发现新问题、挖掘新材料、获得新数据,是否提出新观点、采用新方法、构建新理论,作为衡量科研质量的主要指标,改变简单以数量多少评价人才、评价业绩的做法。建立符合各学科特点的分类评价标准,推广同行评价和优秀成果代表作制度。在学科评估、职称评聘、项目立项、论文答辩、论文发表、著作出版、成果奖励等方面,建立一套科学合理的评价体系。实行评审回避制度、民主表决制度和专家信誉制度,建立评审结果公示和意见反馈机制。强化同行专家在学术评价中的重要作用,逐步建立海内外同行专家学术评价机制。

8. 建立和完善人员聘任制度和人才评价机制。要逐步完善岗位分类分级体系,按照"因需设岗、公开招聘、竞争择优、合同管理"的原则,深入推进人事制度改革。根据学校、学科和岗位的不同特点,坚持公正规范的评价程序。

9. 建立学术监督和制约机制。要进一步完善科研项目评审、学术成果鉴定程序,强化申报信息公开制、异议材料复核制、网上公示制和接受投诉制等制度,增加科研管理的公开性和透明度,接受社会监督。

10. 建立学术道德奖励和惩处制度。要开展学术道德和学风建设标准制订、情况调查、考核评议等工作,促进学术道德和学风建设经常化、规范化、制度化。对模范遵守学术规范和学术道德的科研人员,要广泛宣传和表彰;对违反学术道德的,要视具体情况分别给予批评教育、撤销项目、取消晋升资格直至解聘等处理,触犯法律的,移交司法机关依法追究法律责任。在评奖、晋升等过程中,实行学术道德一票否决制。

四、加强领导,把学术道德建设落到实处

11. 各级教育部门、高等学校、教育科研机构要把学术道德建设作为事关全局的大事来抓。要把学术道德建设摆在更加突出的位置,建立加强学术道德建设的组织机构,有效动员各方面力量,协调相关部门,建立健全工作机制,形成良好的政策导向,全面推进

教育系统学风、教风、校风建设。

12. 树立有利于学术道德建设的政绩观。高等学校和教育科研机构要以科学发展观为统领,坚持一切从实际出发,尊重教育和科研规律,立足当前,着眼长远,避免急功近利。要把学术道德与学风建设作为领导干部政绩考核的重要内容。要定期对本单位的学术道德和学风建设进行自查自纠。领导同志要以身作则,率先垂范,做学术道德的楷模。

13. 及时妥善处理学术不端行为。要认真受理对学术不端行为的举报,发现一起,调查一起,处理一起,曝光一起。对学术不端行为的调查处理要严格掌握政策尺度,实事求是,严肃认真。对检举不实、受到不当指控的单位和个人要予以保护。要严格区分学术不端与不同观点争论的界限,鼓励创新,宽容失败。

14. 加强学术道德教育。通过广泛深入的学术道德教育,明辨是非,对坚持什么,反对什么,提倡什么,抵制什么,旗帜鲜明。培养求真务实、勇于创新、坚忍不拔、严谨自律的治学态度和科学精神。要将职业道德、学术规范和知识产权等方面的法律法规及相关知识作为青年教师岗前培训的重要内容。

15. 加强对学术出版的管理。教育系统出版社、学术期刊要自觉遵守学术规范和学术道德,积极探索建立作者和审稿人双向匿名的审稿制度,从出版与发表的环节上,堵塞低水平重复、粗制滥造和抄袭剽窃的漏洞,切实把好学术成果的出口关。

16. 努力营造有利于加强学术道德建设的良好氛围。要通过各种有效途径和形式,充分发挥报纸杂志、电台、电视台、网络和学术团体的作用,形成以遵守学术道德为荣、以违反学术道德为耻的良好氛围。

各地教育部门、高等学校、教育科研机构要认真贯彻落实《意见》精神,制定有效的措施,切实抓好本单位的学术道德和学风建设。有关贯彻落实的情况请及时报告我部。

教育部
二〇〇六年五月十日

第 3 章

法学学科研究程序规范

3.1 选题的基本要求

选题或是指在众多备选题目中进行选择的行为(select a title),或是指被选中的题目(selected subjects)。从内容上看,选题是指对作品的主要内容、主要思想、大致范围、研究方法和思路等要素的初步择定。选题对于作者来说非常重要,它是开始正式写作之前的起点。好的选题可以事半功倍,不好的选题则事倍功半,甚或劳而无功。因而一直以来,作者都非常重视选题的过程。对于编辑来说,选题也非常重要,它是编辑征稿、组稿和约稿的行动指南。好的选题可以吸引读者,增加引用和转载率,占领书刊市场;不好的选题则会丧失读者群,降低引用率、转载率和出版发行份额。

3.1.1 选题的四项基本要求

敲定选题的基本要求大体上有如下 4 条,即新颖、可行、实用和明确:

首先,选题要新、奇,最好发人之所未发,人无我有。也就是说,最好要研究别人没有研究过,或者争议很大,至今没有定论、没有解决的问题。如果不能"发人之所未发",至少也要"发人之所欲发",即别人可能想到了这一论题,但是还来不及提出和研究。如果是别人已经写过的选题,一定要遵循"人有我优"的原则,在论点、论据、论证等三个方面高人一筹。不是可以出创新性成果的选题最好不要选,尤其是对于学术论著和学位论文,更应如此。

对于法学作品而言,要想选择新的论题,只有从以下 4 个方面着手:

① 从现有理论解决不了的新现象入手,例如近代西方的法治理论为什么难以解释现代东方的法治现象,传统的监督理论为什么不能解决现代中国的腐败问题。

② 从现有理论之间的矛盾入手,例如法律解释学与法律诠释学之间的矛盾及其产生的根本原因和解决对策,后现代法学与现代法治理论之间的矛盾及其解决之道。

③ 从现有理论运用到实践中去的技术问题入手,例如法治中国化所遇到的文化障碍如何解决的问题,司法公正理念贯彻实施到法官裁判当中的技术问题。

④ 从各种新的法律事实、法律现象入手,例如网络民主对于现代宪政的意义与价值,"人肉搜索"在现代法律上的定性及其双面价值。

其次,选题要具有可行性,要量力而行。一个选题可能非常新颖,但是如果作者缺乏适当的研究方法、资料、设备、时间和经费的话,那么还是不去选为佳。选题时要考虑到自己所拥有的人力、物力和智力资源,不要盲目贪求新、奇、大、全。对于社会科学研究而言,选题的可行性可能不是一个设备、技术的问题,而主要是一个研究方法、文献资料、时间精力的问题。当然,最不能忽视的是作者本人的研究能力和管理单位能够提供的条件。测度作者本人能力的比较简单易行的方法是看其是否拥有与选题相关的、丰富的前期成果。对于课题申报和学位论文的撰写来说,前期成果在很大程度上影响了评审专家和指导教师对于课题和论文的赞同与否。测度管理单位能够提供的条件的方法是看该选题是否切合管理单位的研究优势和所拥有的人力、物力和智力资源。

再次,选题要具有实用性,或至少能够推动本领域的理论进步。那些玄之又玄,对实践不会产生什么影响或价值的题目,最好不要去选。在有限的时间精力下,作者最好去选一些对个体、家庭、社会和国家有着重大影响或价值的题目,甚或对于推动全人类进步有重大价值的题目。

最后,选题要明确、具体,不要模糊不清,目标不明,则用力不准,也就难以解决问题,获得成果。

对于法学作品而言,选题除了要具备上述基本要求之外,还应当满足如下3个条件:

第一,应当优先在法学界至今仍未解决的问题中进行选择,以为法学理论的进步做出自己的贡献;

第二,针对新涌现的法律现象和问题,不应当只采用描述性的选题,而应当有总结、概括和提炼的雄心,采用规范性的选题,以提出某个或某些命题甚或理论。

最后,选题应当具备法学意义或价值,或至少与法学形成交叉关系。

如上所述,从基本要素上看,选题至少要确定作品打算解决什么问题,然后对之进行原因分析,进而提出基本对策,等等。下面先看如何提出、选择问题。

3.1.2 主要问题

主要问题(chief problem)是指作者在作品中要解决的、关乎全局的根本性问题。对于基础研究而言,就是现有理论与社会新事实、新现象之间的矛盾,或者是各种理论之间的矛盾;对于应用研究而言,就是将现有理论应用到社会生活中可能遇到的问题。通常而言,主要问题只能是一个,但是它可以分解为若干互有关联的次要问题。明确作品要解决的主要问题,是衡量作者具有"问题意识"的关键。

对于主要问题的提出,也有一个学术史的追溯问题。要弄清楚该问题以前是否被人提出过；如果有，最初又是被谁及以怎样的方式提出来的。他提出之后，是否解决了；如果没有，其后谁又提出了相关的解决方案，解决的程度又如何。本论著提出的方式是什么，相比前人有什么进步或可取之处。如此等等。

3.1.3 原因分析

明确了作品要解决的主要问题后，就要针对该问题，分析其形成的各种或远或近、或主要或次要的原因，分析关系主要问题之解决的难点、重点。难点和重点通常设计两个就可以了，太多了会影响作品的紧凑程度，也会分散读者的注意力。对于基础研究而言，就是要分析现有理论与社会新事实、新现象之间，或者各种理论之间产生矛盾的原因；对于应用研究而言，就是要分析将现有理论应用到社会生活中为什么会遇到这些问题。对于原因分析，经常采用的是回溯式方法，即不断追溯该问题产生的各种原因，以达到最终的那个原因，也就是哲学所讲的"初因"，或宗教学所讲的"第一推动力"。例如，现有理论为什么与社会新事实、新现实之间存在矛盾？是因为理论本身的原因（例如解释力不够），还是因为新事实、新现象本身的原因（例如新事实、新现实之"新"并不是本质性的），还是人们运用现有理论的方式不对、能力不够，抑或是人们对新事实、新现象的描述有问题（例如错将非本质性的"新"当作本质性的"新"）？

3.1.4 基本对策

找到根本原因后，作者就要根据该原因提出相应的解决之道，即基本对策，这对于应用研究尤其重要。当然，在基础理论中也存在类似问题。例如，现有理论与新事实、新现象之间存在矛盾的原因是理论体系的内在结构有问题，那么就要调整该结构，以适应新事实、新现象之"新"特质。如果现有理论与新事实、新现象之间存在矛盾的原因是因为运用现有理论的方式不对（例如僵化地、机械地运用了该理论），那么就要采取新的方式运用该理论，以有效地解释新事实、新现象。如果人们对新事实、新现象的描述有问题，那么就要采取新的描述方式或角度重新认识新事实、新现象之"新"。

3.2 文献调研与资料收集的基本要求

对于文献调研与资料收集，基本的要求是相关、全面和真实。相关是指只收集那些与论题相关的资料，与论题不相关或相关度很低的资料不要去收集。要抑制在研究中因为个人兴趣问题而去收集不相关资料的冲动，以免徒费时间和精力。全面是指要尽可能地收集所有与论题相关的资料，特别是那些有代表性的、在该领域具有很大影响的文献资料。资料收集不全面就有可能影响结论的可靠性和可行性。真实是指所收集的文献资料应是确实可靠的，不能去收集那些已经被人们证伪了的文献资料，甚或杜撰调研数据和材料。因此,在收集文献资料时应当认真甄别文献资料的真伪,本着客观中立、全面真实的立场去调研、收集文献资料。

在资料收集时,研究者往往会遇到要么因为资料太多而失去收集和阅读的信心,要么因为资料太少而失去完成研究任务的信心的情况。发生上述问题的根本原因在于选题过宽或过窄,过宽了就会出现前一种情形,过窄了就会出现后一种情形。因此,根据自身的时间、精力和能力选择宽窄面恰当的论题,是非常重要的。在电子资源数据库出现后,最方便和廉价的资料收集方式就是进入相应的数据库去查阅。从语言类型上看,数据库可以分为外文数据库和中文数据库两类。以查阅后一类数据库为例,我们可以进入该数据库,例如选择中国知网。该数据库有简单检索和高级检索两类方式,前者只提供全文、主题、篇名、作者、单位、关键词、摘要、参考文献、中图分类号和文献来源等 10 种检索方式,后者则可以对这些检索方式进行搭配,以更加精确地检索、筛选文献。通常是在采用前述简单检索方式获取的文献数量过多而难以在规定的时间内阅读的情况下,才采取后述高级检索方式。研究者可以对通过上述两种检索方式获得的结果进行诸如来源数据库、学科、发表年度、研究层次、作者、机构和基金等 7 个方面的分组浏览,同时还可以进行诸如主题排序、发表时间、被引和下载等 4 个方面的排序。

3.3 研究设计的基本要求

3.3.1 项目申请书的撰写

如今,各种项目如天女散花一样,令人应接不暇,如果单位每公布一个项目,就忙着去申请,那么势必把自己弄得筋疲力尽。但是,如果什么项目都不去申请,也会因为研究得不到基金的支持而收益甚微,或难以形成较大的影响,甚或形成不了一个强大的团队而使研究流产。因此,适当地去申请一定数量的项目,无论是对于形成自己稳定的科研团队、加强学术研究的物质支持,还是对于锻炼自己的项目申请能力,都是很有好处的。

（一）一般项目的申请

为了提高中标和完成的几率,研究者必须注意以下 6 个事项:

第一,一定要填报自己最擅长的、有长期研究基础的项目。对于自己不熟悉、不擅长的项目,勉为其难地去申请,甚或抱着投机取巧的心理去填报,那么结果可想而知。而且,即便幸运地申请下来,接下来的研究和完成工作也会进行得异常艰难。

第二,一定要认真填写申请书,不能敷衍了事,草率对待。因为申请书是你与评审专家和项目发布方沟通的最重要乃至唯一的渠道,如果你草率对待它,那么专家和发布方也不可能认真对待你。因此,要认真、准确、详细地填写每一项内容,务必做到类别准确、术语规范、前后一致、言之有据、身份相符、费用合理。

第三，要重视申请书中每一个项目的填写，尽可能地填写得有新意，争取以最少的语言包含最大的信息量，做到思路清晰、重点突出、方法得当、观点新颖。例如，题目应是申请书内容的浓缩，且要新颖别致，突出其创新性；行文应当娓娓道来，有条不紊，让人感觉你对该领域非常熟悉，是行家里手；对于前期成果不要采取简单罗列的方式，而应当按照相关性和影响因子对论文和著作进行排序，给评审专家眼前一亮，乃至由衷叹服的感觉；在项目成员的组织上，要尽可能地拉上一些在该领域有发言权的、能够实际参与课题研究的重量级的学术权威参与，一方面为项目献计献策，保证项目的顺利完成，另一方面也可以显示你在学界良好的人际关系。同时，也要注意课题组成员研究重心、学科背景、知识背景、年龄层次的多样性、交叉性，以实现成员能力的加和效应。当然，也不能为了片面追求新意把申请书弄得很花哨，甚或刻意吹嘘。过分求新非但达不到吸引评审专家的目的，反而会引起他们的反感。

第四，要根据所在单位的学科特色和自身的科研优势设计研究选题。例如理工科背景的大学的人文社会科学研究者应结合本校特色，尽量选择一些理工科与文科交叉的学科或领域作为研究选题，诸如科学哲学、工艺美术、工程法学、数理法学、医事法学。

第五，一定要注意外文文献的搜集整理、概括归纳和提炼，对本领域的国外研究现状和趋势有一个详尽、明晰和简要的概括。如果在提交前忘记填写外文文献，或本领域在国外没有什么研究，也一定要想办法补上。

第六，申请书填写格式、排版和装订要干净利落、美观大方，创新或重点部分要用粗体或黑体凸显出来，以引起评审专家的特别注意；规定要用A3纸双面打印进行中缝装订的，一定要遵照执行，不要抱侥幸心理违规打印装订。

（二）后期资助项目的申请

后期资助项目申请虽然在所要填写的条目上比较简单，但实质上对研究者提出了更高的要求：

第一，必须是已经基本完成的、尚未出版的、基础研究类别的优秀学术成果。所谓"基本完成"是指至少已经完成80％的篇幅，所谓"优秀"是指属于本领域内的原创性成果，在本领域处于领先地位。

第二，通常应是大部头的学术专著，最好是独著，合著应限制在3人以内。

第三，需要有3名以上正高级职称的同行专家推荐，或由指定的权威出版社书面推荐。

第四，要重点、认真填写成果内容介绍，数字不宜过少，至少要有1.5万字，因为评审专家首先是看成果内容介绍，然后才谈得上决定要不要去看书稿内容。成果内容介绍重点填写"主要观点"和"学术创新"两个部分，但也不能忽视对"研究方法"和"学术价值"部分的填写，而且以上四个部分之间应具有内在的联系或前后呼应。

第五，推荐人的推荐意见不要重复，更不要言过其实，应客观公正地加以评价，既要多提优点和创新性，也要适当提缺点和不足之处，以给评委一种真实感。

3.3.2 项目开题

项目开题是指项目负责人组织发起会议，就项目的必要性、可行性和科学性做出论证，征求同行专家的意见。对于各级重大项目，开题报告是必须进行的环节。从主要目的上看，项目开题报告要完成项目的必要性、可行性和科学性的论证任务，同时要展示项目研究的前期基础、科研条件和资料准备情况。

首先，必要性论证主要是论证项目的理论意义与实践意义分别有哪些，以让项目发布方和管理方认识到设立该项目是必要的、有价值的。其中，前者要求申请人展示项目是否填补了该领域内的空白，或修正了前人的观点，或深化、发展、提升了前人的研究；后者则要求申请人展示项目对于推动社会发展，改善国计民生和解决某些重大、迫切的社会问题有什么价值。在进行必要性论证时，申请人可以展示项目所要达到的研究目的或社会效果。

其次，可行性论证可分为理论可行性、技术可行性和经济可行性三个层次。其中，理论可行性主要解决项目在理论上是行得通的，主要证据是申请人掌握项目在国内外的研究现状及其进步与不足，申请人掌握了弥补项目研究之不足的工具、材料和方法；技术可行性主要解决项目负责人所运用的技术手段、调查研究方法可以解决项目研究之不足的问题，主要证据是申请人此前从事过类似的研究，或已经掌握了类似的技术手段；经济可行性是项目负责人已经掌握的和通过项目可以申请到的人力、物力、财力足以支撑项目之实际展开。概括地讲，可行性论证主要考查申请人对项目在国内外的研究现状及其进步与不足之处的掌握情况，考查申请人是否清醒地意识到项目所要解决的几个主要或关键问题，要求申请人展示项目的主要研究内容、重点、难点和创新点，展示研究的思路、方法、进度计划。如果申请人能够在开题报告上展示在项目上取得的已有成果，则更好。一句话，可行性论证的要点在于申请人要向项目发布方展示他具备完成该项目的主客观条件。

学位论文设计其实也就是设计一项研究任务，在教研室或导师组的共同指导和责任导师的个别监督下予以完成。因此，它与项目申请书的撰写、申请和开题是类似的。所不同的是，学位论文的设计没有项目组和经费的要求，严格地讲它属于学生与导师的合作任务。学生在通过日常阅读、实验实习和与导师商量等方式确定选题后，通过导师向所在教研室或导师组申请举行开题报告会。学生所要报告的内容与一般的项目开题报告的内容相似，但是要着重对论文设计中可能遇到的问题进行预测，并提出相应的解决方案。通常学位论文的选题比较专业，而且级别越高的学位论文面也越窄，责任导师相比于其他导师组成员而言，对其内容更为熟悉。因此，学生就学位论文的设计情况向导师组做了报告后，责任导师应当做相应的补充说明或解释，以让其他导师及与会人员做出客观公正的审查与评议。学生及责任导师应当认真地回答与会人员提出的问题。

3.3.3 项目实施

项目实施是指实施申请书中的设计方案的执行过程。它包括调整项目组成员,分配研究任务,搜集文献资料或组织实证调研,监督、审查和纠正阶段性任务的进展情况,交付科研成果等过程。项目开题后,负责人应当严格根据申请书所列的研究方案或研究进度计划开展研究。

首先,负责人必须对申请书中的进度计划予以细化,制定专门的、具体的项目实施计划,明确各阶段的研究内容及任务。

其次,建立项目研究组织,将项目任务切块落实到组员,确立分级承包责任制。可以根据实际情况对申请书的项目组成员进行调整,剔除一些没有时间精力和意愿参与课题实际研究工作的成员,吸收一些有时间精力和意愿参与项目实际研究工作的工作者,并给新成员分配研究任务。

再次,查阅文献和实证调研,掌握在申请书提交到正式启动研究这段时间内,该领域的最新理论发展情况和社会问题变化情况,从而全面、准确地实施项目研究方案。

最后,从事调研报告或结题论著和项目小结的撰写,交付项目发布方予以验收。

3.3.4 项目验收

项目验收是指项目负责人实现了项目预期的各项指标和任务,项目发布方按照申请书和合同中的要求组织人员对该项目予以检查考核,看是否合格。从程序上看:

首先,项目负责人完成项目实施的所有阶段性任务后,要向项目管理方和发布方提出验收申请,提交结题申请表。

其次,项目管理方对该项目各项指标进行初审,下达验收通知和确定验收方式,看是否合格。验收方式可以是现场考察、书面评议、召开专家组会议、委托中介机构评估。小组成员由项目发布方、管理方、项目专家等人组成。

最后,项目发布方组织验收小组对项目进行验收。验收结果可以是优秀、合格、不合格和延期验收等结论。优秀和合格的就通过验收,予以结题;不合格的就没有通过验收;延期验收的则责令项目负责人予以整改、重作,以最终决定是否合格。合格的标准是,按照进度计划如期达到了预期的技术标准,实现了规定的任务,同时经费使用合理。

对于法学学科而言,验收方式通常是由项目发布方从该领域的专家库中挑选奇数专家对项目成果进行匿名评审,以多数专家的结论为准决定该项目是否验收合格。

思考与案例

1. 试从法学学科研究程序规范的角度谈谈你对"题好半篇文"这句话的理解。
2. 如果你想到一个好的法律选题,你该如何将它发展成一篇优秀的法学论文?
3. 张某在学术年会上听某青年学者谈到一个选题,觉得很好,于是回去后就组织学生以该选题撰写了一本著作出版。请问张某的行为符合学术规范吗?

附录

附录3-1 学位论文作假行为处理办法

第一条 为规范学位论文管理,推进建立良好学风,提高人才培养质量,严肃处理学位论文作假行为,根据《中华人民共和国学位条例》、《中华人民共和国高等教育法》,制定本办法。

第二条 向学位授予单位申请博士、硕士、学士学位所提交的博士学位论文、硕士学位论文和本科学生毕业论文(毕业设计或其他毕业实践环节)(统称为学位论文),出现本办法所列作假情形的,依照本办法的规定处理。

第三条 本办法所称学位论文作假行为包括下列情形:

(一)购买、出售学位论文或者组织学位论文买卖的;

(二)由他人代写、为他人代写学位论文或者组织学位论文代写的;

(三)剽窃他人作品和学术成果的;

(四)伪造数据的;

(五)有其他严重学位论文作假行为的。

第四条 学位申请人员应当恪守学术道德和学术规范,在指导教师指导下独立完成学位论文。

第五条 指导教师应当对学位申请人员进行学术道德、学术规范教育,对其学位论文研究和撰写过程予以指导,对学位论文是否由其独立完成进行审查。

第六条 学位授予单位应当加强学术诚信建设,健全学位论文审查制度,明确责任、规范程序,审核学位论文的真实性、原创性。

第七条 学位申请人员的学位论文出现购买、由他人代写、剽窃或者伪造数据等作假情形的,学位授予单位可以取消其学位申请资格;已经获得学位的,学位授予单位可以依法撤销其学位,并注销学位证书。取消学位申请资格或者撤销学位的处理决定应当向社会公布。从做出处理决定之日起至少3年内,各学位授予单位不得再接受其学位申请。

前款规定的学位申请人员为在读学生的,其所在学校或者学位授予单位可以给予开除学籍处分;为在职人员的,学位授予单位除给予纪律处分外,还应当通报其所在单位。

第八条 为他人代写学位论文、出售学位论文或者组织学位论文买卖、代写的人员,属于在读学生的,其所在学校或者学位授予单位可以给予开除学籍处分;属于学校或者学位授予单位的教师和其他工作人员的,其所在学校或者学位授予单位可以给予开除处分或者解除聘任合同。

第九条 指导教师未履行学术道德和学术规范教育、论文指导和审查把关等职责,其指导的学位论文存在作假情形的,学位授予单位可以给予警告、记过处分;情节严重的,可以降低岗位等级直至给予开除处分或者解除聘任合同。

第十条 学位授予单位应当将学位论文审查情况纳入对学院(系)等学生培养部门的年度考核内容。多次出现学位论文作假或者学位论文作假行为影响恶劣的,学位授予单位应当对该学院(系)等学生培养部门予以通报批评,并可以给予该学院(系)负责人相应的处分。

第十一条 学位授予单位制度不健全、管理混乱,多次出现学位论文作假或者学位论文作假行为影响恶劣的,国务院学位委员会或者省、自治区、直辖市人民政府学位委员会可以暂停或者撤销其相应学科、专业授予学位的资格;国务院教育行政部门或者省、自治区、直辖市人民政府教育行政部门可以核减其招生计划;并由有关主管部门按照国家有关规定对负有直接管理责任的学位授予单位负责人进行问责。

第十二条 发现学位论文有作假嫌疑的,学位授予单位应当确定学术委员会或者其他负有相应职责的机构,必要时可以委托专家组成的专门机构,对其进行调查认定。

第十三条 对学位申请人员、指导教师及其他有关人员做出处理决定前,应当告知并听取当事人的陈述和申辩。

当事人对处理决定不服的,可以依法提出申诉、申请行政复议或者提起行政诉讼。

第十四条 社会中介组织、互联网站和个人,组织或者参与学位论文买卖、代写的,由有关主管机关依法查处。

学位论文作假行为违反有关法律法规规定的,依照有关法律法规的规定追究法律责任。

第十五条 学位授予单位应当依据本办法,制定、完善本单位的相关管理规定。

第十六条 本办法自 2013 年 1 月 1 日起施行。

第 4 章

法学学科写作规范

4.1 标题的一般要求

标题(headline)又叫"题名",是指作品及其章节的题目,是作品或章节主要内容、中心思想的高度概括与凝练,被誉为作品的"眼睛"或"窗口"。根据《GB 7713—1987 科学技术报告、学位论文和学术论文的编写格式》第 5.5 条的规定,标题是以恰当简洁的词语反映作品最重要的特定内容的逻辑组合。标题是选定关键词、编制题录、索引等二次文献的重要依据和信息源。

标题从结构上看可以分为主标题(正标题)与副标题,当然作品可以只有主标题而没有副标题,通常前者是对作品主要内容或思想之概括,后者对前者有解释、限制或充实的作用。在主标题不足以概括、提炼作品内容,或无法对作品的不同篇章、阶段成果进行区分时,可以缀以副标题予以补充说明。标题按照作品的层级可以分为一级标题、二级标题、三级标题,如此等等。其中,一级标题就是作品的题目;二级标题是各部分的题目,俗称"小标题"或"分标题"。最理想的情况是,每级标题应该是对所辖部分内容、思想和论点的一种浓缩、提炼。不过,标题也可以是论题、论点和创新点的直接表达。

4.1.1 一般作品标题的要求

从总体上看,作品的各级标题应当符合如下 4 个方面的要求:

第一,题文对应,不能题不对文。如前所述,标题是对作品最重要的特定内容的反映,是作品内容的压缩、浓缩和结晶。对此编辑在审稿时通常会要求作者进行反复认真地修改,或自己直接修改和重定。

第二,简洁明了,不能啰嗦冗长,模糊不清,字数不宜过多(至多不过 20 个字,外文题名不宜超过 10 个实词)。标题虽然是作品最重要的特定内容的反映,但是不能太长,否则不易为读者记忆和把握,也不便于编制题录、索引和检索,因此只能是对作品内容的最简洁的浓缩。对此当下多数出版社和期刊社有一定的规定,不过也不能因为过于简洁而使人无法了解作品的内容或论题。

第三,新颖别致,生动有趣,不能陈旧俗套,让人提不起想看下去的兴趣。当然,一味追求标题的新颖而矫揉造作甚或弄虚作假,也是不可取的。简言之,标题应当是高度概括作品内容的显明标识。

最后,要符合编制题录、索引和检索的原则,以及便于确定关键词和撰写摘要。

俗话说"题好半篇文",一个好的标题能够让人过目不忘,而一个不适当的标题则可能糟蹋好的内容。构思、提炼和推敲一篇作品的各级标题,思考它们之间的逻辑关系,是作者必须下大功夫做的事。作者在写作时,不应抱有让编辑帮你修改、重定和构思标题的想法。在无"稿荒"之虞的情况下,编辑的审稿工作是从看标题开始的,如果标题不新颖,或不能概括作品的内容,那么作品就难有被采纳的可能。

4.1.2 法学作品标题的特殊要求

对于法学作品而言,标题除了应具备上述要求之外,还应当满足如下 4 点要求:

首先,各级标题之间应当构成一个严谨清晰的逻辑体系,各级标题之间应当具有涵摄关系;

其次,各级标题应当使用规范的法言法语,通常情况下尽量不要使用口头语言和艺术语言;

再次,各级标题虽然应当严谨规范,但是也不应过于呆板沉闷,而可以适当生动活泼和富有吸引力;

最后,著作尤其是论文应尽可能地不要重复使用他人或自己过去作品的标题。从法律上看,除了通用的标题(例如教材的标题、工具书的标题)外,其他诸如专著、论文的标题是受到《著作权法》的保护的。[①]

4.2 摘要的撰写标准

通常所讲的摘要(abstract)泛指摘录下来的要点,而学术论文的摘要是指对作品内容和主要论点的概括性论述。论文摘要应是作品主要内容的精练、浓缩,应当能够体现作品的主要论点和创新点。从语言种类上看,摘要可以分为中文摘要和外文摘要,前者

[①] 我清楚地记得,在一次全国性的学术会议上,我把要写作某个领域专著的想法及拟好的、比较新颖的标题跟与会专家说了。会后,一位专家就组织其博士研究生撰写了这方面的专著,然后冠以我提出的书名。严格地讲,这属于一种剽窃标题的背德行为。但是因为我的专著没有及时出版,也没有谁愿意证明我先于他提出了该标题,我无法追究他的背德行为。

是写给国内同行看的,后者则是写给国外同行看的。从内容上看,可以分为介绍性摘要与提示性摘要。前者是向读者介绍作品的研究目的、问题、方法、思路、结果和结论;后者是简单地向读者展示作品的创新点或基本结论。

就目前而言,摘要是论文的必备要素。摘要可以使读者迅速了解作品的主要内容和观点,以决定是否进一步阅读正文;可以使作品的体系或脉络显得更加完整、更加紧凑。实践中,引用摘要的情况不多,而转载摘要的情况则不少。

4.2.1 撰写摘要的标准

撰写摘要时,应当遵循如下 5 项标准:

(1) 概括性原则。摘要能够展现作品的内容梗概、中心思想和主要创新点,不能写成吸引编辑和读者去阅读正文的提要。对于学术论文而言,还应当体现写作的目的、问题、方法、思路、结果和结论。对于学位论文而言,摘要应突出论文的问题意识和解决方法。

(2) 独立性和自明性原则。摘要应具有独立性,即能够独立成篇,脱离作品也能存在,千万不能写成要点、摘录、节录集之类的东西。摘要有数据、有结论,其信息量应与作品相当。学术论文的摘要不能分段,应当是一个完整的整体;而学位论文的摘要则可以分段。摘要应具有自明性,即不阅读作品的全文就能获知该文的大致信息,例如研究工作的目的、实验方法、结果和最终结论。其中结果和结论为必不可少的信息。

(3) 摘要不能承载超出作品的内容,作者不能在摘要中添加内容或评论、图表图画、化学结构式、非公知公用的符号和术语,更不能添加参考文献和注释。[①]

(4) 著作摘要的字数应当控制在作品篇幅的 10% 以内;期刊论文摘要的字数应当控制在作品篇幅的 5% 或 3% 以内,通常以 200~300 字为宜,外文摘要以 250 个实词为宜;学位论文的摘要最长不应超过 1000 字,具体以学位授予单位的规定为准。当然,各出版社、期刊社和学位论文审查单位有自己的规定,通常应视作品的篇幅长短而论。就摘要的类型而言,对于介绍性摘要,通常以 300 字左右为宜;对于提示性摘要,则应以 100 字左右为宜;对于变异本式的摘要,字数视学位授予单位和会议举办方的具体要求而定。

(5) 摘要要符合《GB/T 6447—1986 文摘编写规则》和《GB 7713—1987 科学技术报告、学位论文和学术论文的编写格式》的规定,应当规范得体。

学位论文摘要的撰写可以采取"三三制"手法,即目的、意义和问题占整个摘要的 1/3 篇幅(300 字左右,下同),研究方法、解决问题的思路或论证脉络占 1/3 的篇幅,结论和创新点占 1/3 的篇幅。

[①] 在编辑部审稿和学位论文评审中,我偶尔收到少数在摘要中加注的作品。很显然,这样的作品即使写得再好,也给了编辑和评审专家一个不好的第一印象。

4.2.2 法学作品摘要的撰写标准

对于法学作品而言,在撰写摘要时除了要遵循上述标准之外,还应当遵守如下3个条件:

第一,摘要各句子之间应当能够形成一种逻辑上的关系,或总分式,或递进式,或归纳式,至于究竟使用哪种句式,要以与作品能够形成对应关系为准;

第二,撰写摘要时应当使用规范的法言法语,不能为了吸引编辑和读者而使用文学性质的语言;

第三,在确保不改变、不添加作品内容的前提下,摘要应当写得生动活泼,富有文采,以增加作品发表的几率和阅读量。

4.3 关键词的选用

关键词(keyword)是指从作品中抽取的、能够表达作品主要内容、中心思想或主要论点的词或词组。从抽取的范围上看,可以分为题内关键词与题外关键词。前者是指从作品题名中抽取的关键词,后者是指从作品正文中抽取的关键词。从词语结构上看,可以分为单词关键词、复合关键词,前者是一个单个的、独立的词(即单词),后者是由若干个(通常不超过3个)独立的词组成的复合词(即词组)甚或短语。

关键词可以更加集中地凸显作品的中心思想、主要论点和基本要素,可以便利读者迅速把握或理顺作者的论证要领和思路,可以便利其他作者在从事类似研究时的初步检索和进一步阅读,可以便利图书馆管理员进行文献标引。因此,选用关键词对于作者、编辑都非常重要。

4.3.1 一般作品关键词的选用

关键词不宜过多,最多不超过8个;也不宜过少,通常至少要有3个。因此,关键词应以3~8个为宜。关键词应是作品中最频繁出现的、体现作品论题或思想的独立词语。因此,从选用标准上看,要符合以下4点要求。

首先,关键词要能体现作品的内容、思想和论点,可以表示全文主题内容的信息。

其次,关键词是频繁出现的、联结作品脉络的节点词。

再次,关键词要具有实质意义,能够体现作品的内容。

最后,关键词应尽量从《汉语主题词表》(1980年)等词表中选取规范词。对于不得已而选取的新词,应当在正文或注释中予以详尽的解释和说明。

从选用技术上看,如前所述,我们可以从作品各级标题中抽取;也可以从内容摘要中提取;还可以通过词频检索工具找到出现频率最高的、能够体现作品主要内容的词语。

当然,当下许多作者仅从标题和内容摘要中提取关键词的偷懒做法,殊不可取。它在客观上阻碍了读者对作品主要内容和中心思想的把握和领会,不利于作品的传播和普及。

4.3.2 法学作品关键词的选用

对于法学作品而言,在选用关键词时除了要符合上述标准,还应当注意以下2点:

第一,当所选用的关键词是专业术语时,必须确保能够在《汉语主题词表》(1980年)或法律工具书(例如法学词典)中查找得到,不要轻易创造生词或自由词,以免引起理解上的困难;

第二,所选用的关键词应当与标题、内容摘要之间具有逻辑上的对应或相关关系。

4.4 责任者署名的要求

责任者是指对作品的真实性、合格性和合法性承担最终法律上、道德上的责任的个体或团体(法人或非法人单位)。《GB 7713—1987 科学技术报告、学位论文和学术论文的编写格式》第5.1.2g条规定:责任者包括报告、论文的作者、学位论文的导师、评阅人、答辩委员会主席,以及学位授予单位等。可见,"责任者"概念的外延比"作者"要宽泛得多,但"作者"无疑是最重要、最常见的"责任者",故也可称为"首要责任者"。现行《中华人民共和国著作权法》第十一条第三款规定:"由法人或者其他组织主持,代表法人或者其他组织意志创作,并由法人或者其他组织承担责任的作品,法人或者其他组织视为作者。"也就是说,团体要成为作品的"首要责任者"(即"作者"),必须同时具备以下3个条件:首先,必须由其主持该项创作工作;其次,必须代表其意志从事创作工作;最后,必须由其承担法律和道德责任。同时,作者也是作品的法定权利人,是享受作品的著作权的个体或团体。从法律上看,作者在作品中表明身份,是其权利(即署名权),[①]因此,他可以在作品上署名,也可以不署名(即匿名);可以署真名,也可以署假名或笔名。但是从道义上看,作者应当在作品上署名,否则有可能违背道义和社会义务。从经济学上看,作者在作品上署名,可以节省读者查询作者身份的成本,便利读者与作者之间的交流和沟通。从社会学上看,作者在作品上署名,可以扩大其影响度和知名度,为其积累社会资本。

4.4.1 责任者署名的原则

从学术规范上看,无论是论文、调研报告、咨询报告还是专著、编著、教材、辞书和工具书,都必须有明确的作者。根据前述《GB 7713—1987 科学技术报告、学位论文和学术论文的编写格式》第5.1.2g条的规定,责任者署名必须遵循如下3项原则:

---

① 参见现行《中华人民共和国著作权法》第十条第(二)项。

第一,真实性原则。在作品名称下方署名的责任者必须是实际参与创作工作的个体或团体,必须是作品主题内容的构思者、或具体研究工作的执行者、或具体内容的撰写者、执笔人。① 只是给作品提供过专业咨询、修改意见、资料、场所、资金和劳务帮助的人或组织,不能在作品上署名,他们的劳动应当在"鸣谢"或首页"脚注"中体现。

第二,合格性原则。作者署在作品名称下方的应是全名(含笔名),不应使用汉语简写,更不应使用外文简写。同时,署名的作者人数也不宜过多(至多10个)。如果人数过多,则在适当列举数名主要参加者之后,以"等"的形式概括后面的次要参与者;如果是某个团体(例如课题组、教研室、研究所)完成的,则宜署上该团体的名称或执笔人。署名的顺序应当按照在选定研究课题、制定研究方案、参加研究工作和撰写任务等方面的贡献大小排列名次。

第三,合法性原则。作者的名称应以较大的字体署在作品名称正下方。为了体现对作者著作权的保护,作品为专著、编著、教材的,作者的名称应当比作品名称的字体更大、更醒目;作品为论文、调研报告或咨询报告,应当注明性别、年龄、职称、职务等身份信息和工作单位、所在城市、邮编、E-mail等联系信息,以区别于其他姓名相同者,便于读者识别具体的作者和进行学术交流。

4.4.2 责任者署名中出现的问题

实践中,经常出现专著、教材和工具书封面一(即外封面)、封面三(即内封面)和版权页的作者署名不一致的情形。显然,这种做法是极其不规范的,作者和出版社对此都负有不可推卸的责任。为了确定法定的作者,处理的办法是以版权页上的署名为准;如果作品没有出版,那么则应以封面一上的署名为准。

还有个别作品在再版传播时调换署名作者的排序,这种做法也是极其不规范的。从学术规范上看,第一作者无疑是作品的主要责任者,第二作者则是次要责任者,如此类推。他们享受的著作权和承担的义务、责任是不一样的。实践中,个别学者为了职称评定任意调换排序,其做法不仅有违职业道德,而且也涉嫌欺骗管理单位和社会公众。更有甚者,个别没有实际参加创作工作的个人或团体,也利用职权或各种影响力强行在作品上署名,不仅涉嫌侵犯实际创作者的权利,而且也涉嫌欺骗管理单位和社会公众,其行为与"学术强盗"无异。②

---

① 曾经在法学界发生了一件在小圈子内流传甚广、即将退休的老一辈法学家仍记忆犹新的、对当事双方之间的学术协作关系和个人友谊造成严重负面后果的事件。在该事件中,某学者将与其师弟共同构思的作品整理、修改后单独署名发表到某重要期刊上。对方向其提出严正交涉后,侵权方不得不在该刊物上发表更正声明。这样的事件在法学界常有发生,但由于侵权行为发生的隐秘性,被侵权方通常极难举证,故侵权方极少受到真正的制裁,学者的构思权益也极难得到保障,故而在现实中妨碍了学术交流的正常进行。

② 现行《中华人民共和国著作权法》第十三条明令禁止此类行为。

同时，一些文艺作品、通讯和评论文章有时只署名"评论员"，甚或不署名。此种做法严格地讲是不规范的，它为读者寻找作品的作者人为地制造了障碍。但是，如果是知名作家撰写的作品，读者往往可以通过作品的风格推测作者是谁。法律并不禁止作者以匿名的方式发表、再版和传播自己的作品，其著作权受到同样的保护。①

4.5 鸣谢的注意要点

4.5.1 鸣谢撰写的要求

鸣谢（express gratitude）又叫"致谢"，在学术界是指作者向特定的、对作品写作有帮助的个体或团体的公开文字感谢。这里的"团体"通常是指各级政府发布的科学基金，各民间团体发布的资助研究工作的慈善基金，合同单位，资助或支持的企业、组织，协助完成研究工作和提供便利条件的组织。这里的"个人"通常是指资助或支持的个人，协助完成研究工作和提供便利条件的个人，在研究工作中提出建议和提供帮助的个人，给予转载和引用权的资料、图片、文献、研究思想和设想的所有者。这里的"帮助"包括"实质性帮助"与"辅助性帮助"两种形式，前者是指对作品的选题、构思、方法和撰写等给予过指导或建议；后者是指在与作品密切相关的社会调查中给予了介绍、支持和配合，或给写作提供过技术、信息、物质和经费等方面的帮助。给予过实质性帮助的鸣谢，可以参照以下格式撰写：

本文/书在写作过程中，承蒙我的导师××副教授/教授悉心指导，并得到××、××等几位老师的关心和帮助，在此一并谨致谢忱。

对于给予过实质性帮助的个体或团体，作者必须鸣谢，如果不予鸣谢，则不仅有失学者风范，严重的还可能涉嫌侵权。尤其是此种实质性帮助影响了作品的研究方法、写作思路或框架、主要思想等实质性内容时，鸣谢更是必不可少。对于给予过辅助性帮助的个体或团体，作者并不一定要鸣谢，但是对于给予经费支持的基金组织除外。

当然，鸣谢不是作品的必要组成部分，但对于学位论文而言，可能就是必要的了，因为它们是在导师的指导下完成的。为此，一些科研院所规定学生必须在学位论文中向导师鸣谢。② 同时，同学、同仁、父母、配偶都可能在论文的写作过程中给予实质性或形式性帮助，对此都可以鸣谢。如果只看过作品，没有提供任何指导或帮助的人，则不能予以虚假鸣谢。获得过经费支持则必须在作品中鸣谢相关个体或团体。例如下面这则鸣谢中

---

① 参见《中华人民共和国著作权法实施条例》（2013年1月30日）第二十四条。
② 例如：清华大学为硕士论文制定的注意事项//侯先荣，曹建新. MBA学位论文写作指南. 华南理工大学出版社，2006.

就表达了那些对作品写作提供实质性帮助与辅助性帮助的两类个体或团体:①

本研究的部分资助来自北美放射学会纽约分会、社区信托基金会和国家卫生研究所(NHLBI‐NIHP50‐HL‐54469,R01‐HL‐61801,R01‐HL‐61814)、Merck、Magna 实验室以及 GE 医疗系统;同时还受到 Zena&Michael A. Wiener 心血管研究院以及 Mount Sinai 医学院放射科的资金资助。感谢 Gilbert Aguinaldo,Juan J. Badimon,Robin P Choudhury, Roberto Corti, Burton Drayer, John T. Fallon, Valentin Fuster, Edward A. Fisher, Gerard Helft, Meir Shinnar, Ernane Reis, Jean Francosi Toussaint, Steve G. Worthley 等的帮助,还非常感谢 Thomas Foo,Herman Flick,Chris Hardy 博士,感谢 GE 医疗与合作研发部的 Bronwyn Medley 女士和 Manoj Saranathan 先生,感谢 Merck 的 Michele Mercuri 博士和 Magna 实验室的 Lawrence Minkoff 博士。Karen Metroka, Stella Palencia 和 Mary Ann Whelan-Gales 等帮助征募并挑选患者。最后,还要感谢 Frank Macaluso,Paul Wisdom 和 John Abela 在 MRI 扫描时提供的帮助。

从形式上看,如果是专著、编著、教材、辞书和工具书,鸣谢可以作为一个独立的部分单独起页,也可以夹在"前言""引言""后记"中。如果是单独起页,可以放在封面三,也可以放在封底三,还可以放在接受过帮助的章节或段落的页脚,以注释的形式表明;如果是论文、调研报告、咨询报告,鸣谢通常应放在首页页脚单独起行,也可以放在文末单独列出。② 从字数上看,鸣谢应当控制在 200 字以内,最好是 100 字以内。从内容上看,鸣谢要真诚、客观、简洁,杜绝言不由衷、矫揉造作、言过其实和拖沓冗长之弊。

如果是向长辈鸣谢,应该称"某某老师"或"某某老";向同辈鸣谢,则应称"某某学兄""某某学姐";向晚辈鸣谢,如对方是学生,应当称"某某同学",如对方是教师或研究人员,则称"某某老师"。

4.5.2 鸣谢撰写中出现的问题

实践中,鸣谢被一些学者用作推销作品、扩大知名度的宣传手段。③ 对此我们应做一分为二的评论:如果鸣谢是发自内心、恰如其分的,那么即使它客观上起到了广告宣传的效果,主观上作者亦有此意,那么则无可厚非;如果鸣谢是拉虎皮蒙大旗,借学术大腕以

---

① [美]Charles B Higgins,Albert De Roos. 心血管 MRI 和 MRA. 程敬亮,张兆琪,张勇,主译. 河南科学技术出版社,2008:476.

② 例如:杭州老虎洞窑青瓷原料的研究//秦大树,杜正贤. 南宋官窑与哥窑. 浙江大学出版社,2004:203. 致谢:"1.本文工作由香港城市大学研究基金赞助(City U project N0:7000867),以上试样测试都在香港城市大学完成,工作中得到 Mr. Mike Li and Ms M M Lau 的大力帮助,特此致谢! 2.试样的采集中曾得到杭州市考古所张玉兰、马东峰和杭州南宋官窑博物馆胡晓力等同仁的帮助和支持,并进行过有益的讨论。在此一并表示感谢!"

③ 参见朱正. 序跋中鸣谢的"广告术"//季羡林. 中国当代文学大系·上. 大众文艺出版社,2001:696.

自重的话,那么此种鸣谢则是不恰当的虚假广告,应当遭到谴责乃至唾弃。事实上,这些拉虎皮蒙大旗的鸣谢虽然一时能够欺骗那些初涉学术的后生小辈,但是时间一长,或读者认真翻阅几章几节,就知道作者功力的深浅,因此结果往往适得其反:作者的臭名远扬,作品也就乏人问津了。

由此可见,鸣谢最重要的是要实事求是,确有学术大家、重要领导阅读、指点乃至修改过作品的,确实到实务部门、基层农村乃至边疆民族地区做过深入细致的调研的,客观如实地在鸣谢中写上,即使作品遭人质疑,自己也会问心无愧。下面是一则我读到的比较得体的鸣谢,兹照录如下:①

笔者目下从事学术研究,担任监狱在押犯人调查工作,故曾有河北第三监狱参观记一文,介绍于读者。兹因调查工作,行将告竣;爰于工作之暇,得至天津地方法院看守所暨分所参观,归后就参观所得,勉为一文,介绍于读者诸君,藉知看守所内容之一斑。此次参观,承地检处翁检察官翙亭老师之介绍,得识黄所长及郭仲华与林安桐二位所官。辱承拨冗引导,参观一匝,并承郭所官详述内部组织,遂得一一记载。故略致数语,以鸣谢悃,而示敬意。

看守所中羁押犯人,施剑翘小姐,予乘参观之便,承黄所长允许,并经施氏同意,得有短时间之谈话。施氏态度安娴,齿锋犀利,固不信为杀人凶手?惟词色间微露激昂之慨,益信为将士后裔。惜予注重调查工作,偏重学术研究,故施小姐热诚肺腑之言,屡遭谢绝,至今思之,犹以为憾!微论施氏曾请其夫君代为复仇,而夫君不为谋,乃自己为之。兹目的已达,今后将度监狱生活,此诚为施氏幸矣。若施之夫君代为复仇,则一犯杀人罪,一犯教唆杀人罪,夫妇得同时入狱,则身心之痛苦,更甚于今日。兹则仅一人系身图圄,殆亦不幸中之大幸,质之施小姐,以为何如!此外看守所中羁押之郭菊村、方铭、刘广海等人,予亦分别调查之,或承主管先生之指明,得识庐山真面目,兹因篇幅所限,未便详为介绍,俟另为文以飨读者,想亦为诸君所乐闻者欤?

(二十四年十二月,王鸿勋识于河北法商学院二楼宿舍)。

在以上这篇调查报告的鸣谢中,作者对调查工作的介绍人、调查单位领导表示了感谢。同时,还对配合调查工作的嫌犯施剑翘、郭菊村、方铭、刘广海等人表示了感谢。虽然作者调查的嫌犯有很多,却单独鸣谢上述著名嫌犯,其动机不言而喻。但作者的鸣谢是实事求是,想必时人亦无责难之处。

下面的这篇鸣谢则非常简洁,但作者表达谢意的目的也达到了,兹照录如下:②

非常感谢 Drs. Ay-Ming Wang, Mauricio Castillo 和 James Mastromatteo 三位同事

---

① 王鸿勋. 天津地方法院看守所参观记//天津市地方志编修委员会办公室,天津图书馆编;郭凤岐,陆行素,主编.《益世报》天津资料点校汇编·三. 天津社会科学院出版社,2001:232-233.

② 《致谢》,载[美]阿里·什库达. 体部成像的正常变异与误判. 程敬亮,李树新,主译. 河南科学技术出版社,2004:568.

对本章所做的复核审校工作和给予的建设性意见。对 Betty Trent 女士在本章原稿准备过程中所做的工作也一并致谢。

4.6　文献综述的写法要点

文献综述(literature review)是指为了全面了解某领域、方向或专题的学术脉络和发展动态,对该领域、方向或专题内的重要文献进行简明扼要的综合叙述,并评论其得失的学术发展报告。从内容上看,可以分为描述性综述、评论性综述和预测性综述三大类。其中,描述性综述只对该领域、方向或专题内的重要文献进行搜集、整理、归纳、概括和提炼,不对它们的进步与不足之处进行任何评论。评论性综述则在此基础上还对它们进行分析、评论,指出其得失臧否。预测性综述则又在此基础上分析其发展动态和预测其未来发展趋势。搜集、整理和概括是文献综述的初级层次,而分析和预测则是其高级层次。当然,不同的类别并无高下优劣之分,它们分别适应不同类型的写作需要。例如年度学术报告可能需要的恰恰是初级层次的综述,而项目申请书所需要的可能是高级层次的综述。

文献综述不是作品的必要构成部分或要素,却是作者在写作过程中必须从事的一项工作。如果作品较短,没有单独放置文献综述的位置,通常可以放在引言(又称前言、导论、导言、绪言)中,但必须至少单独占一节。对一个论题的研究总有一段历史,即使是全新的论题,也有相关的研究历史及文献。这些文献在多大程度上涉及论题,又对论题进行了怎样的研究,有什么可取之处,又有什么不足之处。文献综述是作者在择定选题后,正式从事创作前的重要步骤或环节。如果说择定选题是在作者占有一定的研究资料的基础上对该领域、方向或专题内的特定问题的直觉性判断,那么文献综述则是对该直觉性判断的初步调查与验证,同时也是对既有研究资料的补足、修正和扩展。在从事学术研究的道路上,任何问题都必须在广泛而深入的调查基础上提出和确定。充分了解论题的国内外研究历史、现状、发展趋势、进步与不足,敏锐地把握关系论题的症结或关键问题,才能在前人的基础上有所提升和长进。在科研院所,撰写文献综述是培养学生自学能力尤其是科研能力的重要方法,更是研究生走向学术创作的第一步。从篇幅上看,文献综述通常要占整个学位论文的三分之一篇幅。①

4.6.1　文献综述的基本要求

开展研究对文献综述的基本要求是相关、全面和简明。

首先,作者搜集、整理的资料必须与论题具有实质相关性,不具有相关性或仅具有形

---

① 参见孙义燧.研究生教育辞典.南京大学出版社,1995:300.

式相关性的资料不要徒耗精力去搜集,即使搜集到了也要果断地舍弃,以免增加日后阅读时选择的成本和阅读的工作量。但要判断资料是否与论题相关,则必须对论题进行分析,拟写出相关的假设、关键词和写作框架,以此作为判断的主要依据,否则在写作中极易遇到某些应当搜集的资料而未予以搜集的问题。在决定是否收集某个文献时,必须依次阅读其题目、摘要、关键词、全文和参考文献。①

其次,作者搜集、整理的资料必须全面,至少应穷尽涉及论题主要问题的资料,否则在此基础上做出的评论就是片面的,进行的预测就是不准确的。搜集的方法有卡片、目录、索引、文摘和参考文献等检索工具,同时,平时的阅读积累也非常重要,甚至更重要。②不过,任何搜集和整理都难免挂一漏万,而且事无巨细的搜集也会耗费作者大量的时间精力,因此这里的"全面"是指必须搜集到与论题相关的"主要"问题的"主要"文献,尤其是权威文献。

最后,作者必须对所搜集、整理的资料进行简明扼要的叙述,不要采取简单罗列的方式,而应当采取分门别类的方式进行概括和提炼。对于社会科学而言,分类的标准是理论观点、解决思路、技术方案等方面的分歧、差异。

在文献综述写作的原则上,作者必须遵循以下3个原则:

(1) 系统全面原则。作者必须系统全面、实事求是地叙述该论题在国内外的研究动态及进展情况,并在此基础上进行不偏不倚的评价和有理有据的预测。

(2) 浓缩概括原则。作者必须对文献资料进行分析鉴别和大胆舍弃,以精练的语言概括出该论题既有成果所达到的研究水平、发展趋向及存在的问题,从而凝练出一两个(最多不超过三个)最重要、最关键的问题。

(3) 清晰简洁原则。作者以概括的语言系统全面地叙述该论题在学界的研究动态固然重要,但同时更重要的是,必须让读者能够把握综述的行文脉络和所针对的关键问题。尤其是在评论和预测部分,作者必须有强烈的问题意识和定向能力。

4.6.2 文献综述的基本技术

在文献综述写作的技术上,作者必须掌握以下3项技术:

第一,在通读所有重要文献之后,按照问题、方法、观点等标准拟定一个写作提纲,按照这一提纲对文献进行归纳和概括,并随时准备调整该提纲以接纳重要的文献。

第二,将不同的文献放在一起予以综述的标准是相似性,即方法、结论和观点等要素相似的文献可以归为一类予以概括叙述,但同时可以辅以与之相对的文献,以形成鲜明

---

① 参见:系统评价//中西医结合实用传染病学. 天津科学技术出版社,2008.
② 现在的研究生倾向于采取计算机检索的方式获取文献资料,但其实通过此种手段获取的文献只是全部文献的冰山一角。除此之外,传统的人工手工检索工具、参考文献追踪检索工具、电子光盘检索工具和人际检索工具(通过与同事、专家和实务部门的联系获取未发表的文献资料或内部资料),也非常重要。

的对比,并为随后的问题分析埋下伏笔。

第三,不要单单对文献进行形式描述,而应当从方法论的角度透视不同观点之中的实质相同点,以及相同观点之中的实质不同点。

实践中,作者往往只对搜集到的文献进行压缩和排列,没有对之进行归纳、概括和提炼,因而作者大都将综述写成了"文摘"之类的东西。尤其是将评论性和预测性综述写成"文摘",就更不可取了。相对于原始文献而言,"文摘"属于二次文献,而文献综述则属于三次文献。后者是对前者的发展和提高,不可同日而语。

对于篇幅不长的学术论文而言,作者仅需客观清晰地叙述和概括本领域内的重要甚或权威文献的重要观点或方案就可以了。而对于篇幅较长的学术论文,尤其是学位论文和著作而言,作者还要尽可能全面地叙述和概括出该领域内的一般文献中较有影响的观点或方案。

严格地讲,文献综述作为一篇学术动态报告,并无字数限制。但是,为了节约评审专家的时间精力和方便整理归档,绝大多数项目申请书都对之做了字数上的限制。同样,对于学术论文,期刊社也做了类似的限制。对于学位论文,各学位授予单位也有相应的字数限制,但显然较前者要宽松得多。至于学术著作,则由出版社和市场决定其文献综述的篇幅。

4.7 学术观点表达的要求

4.7.1 表达学术观点的方式

学术观点是指学者对于理论的不同见解,例如学者关于某门学科体系的不同意见、看法,关于某门学科的术语、概念、范畴、命题、理论、史实等的不同认识。表达自己的学术观点对于学者锻炼个人的表达能力、获得学术声誉、提高学术修养和促进学术进步,都是非常重要的。学术繁荣是在每个人都自由地、积极地、理性地表达其看法和见解的争鸣环境中实现的。但是,表达学术观点也是要讲究方式方法的,也就是说,它是有条件的,大致而言,要注意以下5点:

首先,要以清晰的语言、流畅的文字、不紧不慢地、系统地表达自己经过充分思考的学术观点。如果学术观点比较深奥难懂,那么最好将它分成几个小观点,分别加以表述。

其次,语气要委婉和缓,不要对相左的学术观点大加鞭挞或贬低,更不要搞人身攻击。

再次,表达自己的学术观点时要有理有据,不要武断专横,更不要以大帽子、学术权威甚或个人武力压人。

复次,在不同的场合有不同的表达要求:在国际国内学术会议上表达自己的学术观点要严格遵守时间限制,最好以简短的语言表达自己的学术观点,而不要拖沓冗长,说到最后让人忘了你的学术观点是什么,这样的表达自然收不到什么效果;在专题报告会或个人讲座上可以先简明扼要地表明自己的学术观点,然后再条分缕析地予以细致阐述;在学术论文和著作中则可以更加从容不迫地、分章划节地表达自己的学术观点;在网络、尤其是个人博客上表达自己的学术观点时要避免情绪化和偏激化,因为此种表达缺乏一个适格的审查者,同时由于大众的直接参与,也容易使观点的表达形式乃至内容失控,从而走向诉诸语言暴力的极端。

最后,在表达自己的学术观点时不要抄袭、歪曲和套用别人的观点以为己用。如果是支持、修正和否弃既有的理论,那么一定要指明该理论的实体及出处。

4.7.2 表达学术观点的原则

学术观点是在实践中产生和形成的,也将随着实践的发展而变化。表达学术观点时,要遵循以下5项原则:

第一,客观中立原则。表达学术观点时应该尽量坚持客观中立、价值无涉的原则,尤其是不能让自己的学术观点受到私人利益、个人好恶的影响,更不能让自己的学术观点受到政治气候和权势的影响,以至使学术观点政治化和庸俗化。[①] 如果自知不能做到价值无涉,那么就要勇敢地、诚实地表明自己的价值立场,以使其他学者能够更容易、更清晰地发现自己学术观点的"理论硬核"。

第二,兼容并包原则。坚持和发展个人的学术观点固然重要,但同时也应宽容地、理性地对待他人、尤其是与自己相左的学术观点,让对方有机会和有时间跟自己展开充分的学术论辩,以维持多样化的学术生态和构建和谐的学术氛围。[②] 在发展和表达自己的学术观点时,应该笃信"海纳百川,有容乃大"的真理,笃信"自由争辩乃是学术的第一生命力"的真理,坚持"学术有派别,争鸣更重要"的原则,不要企图采取所谓"政治或民主的力量"来强行推销自己的学术观点。

第三,实验实践原则。任何一种学术观点都要先由提出者运用理论逻辑予以充分论证,然后采取实验或实践的方式予以验证,之后再在科学共同体面前予以公开复证,这样才能以理服人,以事实说服人。个人的学术观点应当建立在科学实验和社会实践的基础上,如果自己的学术观点受到了科学实验和社会实践的否定,就应当勇敢地放弃或对其假设加以修正,并用新的实验实践予以重新检验。只有这样,个人的学术观点才能得到发展并永葆生机。须知,只有发展和创新,才能使个人的学术观点更加坚

[①] 具体反面事例参见李超杰,边立新. 20世纪中国哲学著作大辞典. 警官教育出版社,1994:111.
[②] 具体反面事例参见《安徽文化史》编纂工作委员会,《安徽文化史》编委会. 安徽文化史·中. 南京大学出版社,2000:963-964.

实和富有魅力。

第四,公开公正原则。在科学实验和社会实践不能解决问题时,要服从科学家团体所进行的"人际"检验,即科学家团体对学术观点所做的公开、公正和公平的仲裁。但是,同时也要防止利用所谓的"学术民主"或"学术表决"来压制相左的学术观点,甚或为非理性的"学术喧嚣"所淹没,动摇自己的学术自信,放弃自己本来正确的学术观点。

第五,内部解决原则。围绕有关学术观点的争论应当在科学共同体内部通过实验、实践和讨论等方式加以解决,不能诉诸外部力量(比如大众呼声、宗教信仰、政治权力)加以解决。[①] 学术上的不同观点只涉及理论问题,千万不能延伸到人格、人身乃至家庭问题上,以至于采取不恰当的方法搞人身攻击,甚或搞政治斗争和群众运动,以打倒对手,保护和壮大自己。

表达自己的学术观点时就要做好接受他人批判的心理准备,因此在行文上要尽量和缓和留有余地,不要武断专横。同时任何学术观点都有薄弱或不足之处,也需要在批判中不断地发展和更新,因此要给自己的观点设置合理的"保护带"或"缓冲带",即留有改进的余地。

4.8 论证的基本要求

4.8.1 论证的含义

论证就是用论据采取一定的方式证实论点的行为或过程。从论证方式上看,它可以分为正面论证(立论)与反面论证(驳论),或直接论证与间接论证,等等。正面论证是指以充分的论据从正面直接证明自己的观点;反面论证是指以有力的论据证明自己的观点的反面不成立,从而间接证明自己的观点。立论是论证的基本形式,驳论是论证的辅助形式。这两种论证方式可以交叉使用,从而形成"边立边破"的论证格局。

4.8.2 论证的要求

学者在提出自己的学术观点后,就要从多个角度对之予以论证,以使人信服。那么,通常而言,论证有下列4点要求:

首先,遵循充足律。任何学术观点如欲成立,必须拥有充足的理由,即要建立在可信的客观基础上。假如用 A 来代表个人的学术观点,用 B 代表支持此观点的理由,那么用逻辑的语言表达是:A 真,因为 B 真,并且 B 能够推出 A。理由不能是空泛的,而应是具体的、真实的甚或可复现的,并且理由与观点之间应当具有逻辑上的必然联系。经过这

[①] 具体反面事例参见门岿.遗憾与教训总成·下.人民日报出版社,1993:1950-1951.

样论证了的观点,才是戴震所谓的"十分之见"。①

其次,遵循同一律。学术观点不但应当清晰明确,而且必须前后一致,始终同一。在实践中,一些学者为了方便论证,经常转换或改变观点,这是应当避免的。

再次,遵循客观真实原则。如前述所述,用以论证观点的理由必须是真实的,是已经为真的,而不是预知为真的。如果采取例证法,那么所用的例子必须是已经为真的事实;如果采取引证法,那么所引用的公理、定理、格言、谚语也必须具有权威性;如果采取归纳法,那么所陈述的个别事物必须真实典型且相互关联。在诉诸任何方法进行论证时,必须从学术共同体公知、认可的前提或假设出发。

复次,可理解性。论证的语言必须是学术共同体成员可以理解的,具体地讲至少是本领域内具有中等学术水平的学者可以理解的。如果论证的语言过于艰涩,则将影响论证的客观效果。用只有作者一个人可以理解的语言进行论证,此种论证从实质上不构成有效的论证。那么,何种论证语言是可理解的呢?我们认为,读者要能从叙述中发现论证的必要前提、推理结构、最终结论和基本思路,否则此种论证在语言上就是不清晰的。②

4.9 结语的写法要点

4.9.1 结语的含义和作用

结语(conclusion)又称小结,是指作品的结束语,既可以是作品的归纳性、总结性结论,也可以是作品未尽而留待以后作品继续研究之处。从内容上看,可以分为总结性结语、评论性结语和展望性结语。总结性结语是对正文内容的归纳、总结和深化,也可以提出一些未尽探讨的问题;③评论性结语是对正文所述事实的评论或感慨;展望性结语是对正文存在的问题或未触及的其他问题的解决思路、方案等的提示。总结性结语可以标示为"结语""小结"或"总结",评论性结语可以标示为"评语""总评"或"意义",而展望性结语则可以标示为"结语与展望""总结与展望"。

结语不是作品的必要组成部分,但是对于学位论文和著作可能就是必要的了。学位论文和著作每章或每节可以有一个结语,整个作品最后也可以或必须有一个结语。例如一章结束时安排一个结语:④

---

① "所谓十分之见,必征之古而靡不条贯,合诸道而不留余议,巨细究究,本末兼查。"引自[清]戴震:《与姚孝廉姬传书》。
② 参见:论证的评估//彭漪涟,马钦荣.逻辑学大辞典.上海辞书出版社,2010.
③ 例如:黄卓越,桑思奋.中国大书典.中国书店,1994:961-962.
④ 方啸虎,邓福铭,郑日升.现代超硬材料与制品.浙江大学出版社,2011.

根据本章的实验和讨论,可以得出如下结论:在静压法合成金刚石的热力学条件下,金刚石形成的基本条件是合成体系内含有固相金属触媒和一定浓度的石墨碳网面。金刚石形成机制可以概括为反应中心论:即在一定压力下,当温度接近触媒熔点时,触媒与石墨界面发生局部熔化,为固相触媒晶粒的(111)面和石墨晶粒的(1000)面形成半共格界面提供条件。这样的半共格界面发生弹性畸变和异相原子间的化学交互作用,促使界面石墨网平面转化为金刚石结构,形成反应中心。该反应中心在压力的作用下不断向石墨内部传播,反应进行到一定程度即可形成稳定存在的金刚石晶核。这个过程同样反映在微熔区,该区域的碳网扩散到固相触媒粒表面同样可以形成反应中心而形成金刚石晶核。

4.9.2 书写结语的注意事项

书写结语时要注意以下5个方面:

第一,结语是最终结论性的,是对正文中各部分结论的归纳和总结,因此不能是正文各部分结论的简单罗列或重复,而应当在此基础上凝练出一个总体的最终结论。当然,如前所述,也有那种"没有结论的结论",即目前的研究还无法形成一个最终的结论,还有待以后的作品继续研究。因此,作者可以在本项研究的基础上,对以后的研究提出一些建议、设想、意见和有待探讨的问题。

第二,用语要简洁有力,不可拖泥带水。为达此效果,可以多用短句少用长句,多用整句少用散句。

第三,总结性结语的内容不可逸出正文,而评论性结语和展望性结语也必须基于正文而阐发。

第四,如果作品有"前言""引言""导言"或"绪论",那么结语在内容上应当与之形成呼应,甚至是,在一些情况(例如出版修订本)下,两者的内容应当可以合并。[①]

第五,字数不宜过多,精短的期刊论文以两三百字为宜,学位论文也应不超过一千字,著作可以稍长些,但也不宜超过二千字。

4.10 章节的安排、格式要求

4.10.1 章节的安排要求

章节安排是为了更好地展示作品的中心思想、论证脉络和知识结构,使作品层次清楚,结构合理,表达效果显著,因此在学术研究中非常重要。章节安排的要求是以下

---

① 例如陈远,于首奎,梅良模. 世界百科名著大辞典·社会和人文科学. 山东教育出版社,1992:534.

4点：

首先，必须紧紧围绕作品的中心思想和论证结构，务必使中心突出，论证清晰有力。各章节之间应当相互联系、呼应、印证和补充，章节之间应当有承转起合，不让人产生突兀之感。论题是章节安排之纲，这是应该始终牢记的。①

其次，各章节的比例和字数应当大体相当，不可畸多畸少。如果某章篇幅很长，可以分裂为两章甚至三章，务使各章之间比例均衡。

再次，应当层次清楚、逻辑严谨、详略得当和重点突出，至于采取哪种结构形式则应依论证需要而定。例如理论与应用相结合型的作品，或运用演绎论证方法的作品可以采取总分式结构；运用归纳论证方法的作品可以采取分总式结构；运用类推论证方法的作品可以采取递进式结构。对于期刊论文来说，比较适合采取逻辑递进式结构，由浅入深，层层深入，这样容易吸引编辑。总之，论证脉络必须清晰明确，前后一致，不能让人感觉是一团乱麻。

最后，章节数不宜过少，精短的期刊论文至少要有两个章节（部分），通常以三个章节（部分）为宜，学位论文和著作则至少要有三个章节。但是章节过多也不好，容易冲淡中心思想，并不易为作者所把握。

4.10.2 章节的格式要求

虽然章节的格式可以由作者自定，或由杂志或出版社给定，甚或由作者与杂志、出版社协商确定，但是通常而言，作品的章节在格式上有如下5点要求：

首先，应当有一个类似"引言""序言"或"绪论"之类的部分作为开头，而以一个"结语"或"余论"之类的部分作为结论。其中，"引言"部分用以介绍本项研究工作的目的、范围、前人的相关研究及其不足或空白、本项研究的理论基础、本人的研究设想、研究方法和方案、预期结果和基本结论等；"结语"部分用以对以上主体部分的内容进行总结，对有待展开的内容予以提示。对于学位论文，"引言"和"结语"部分是必不可少的。对于硕士尤其是博士学位论文，上述部分应当单独成章，以介绍前人的相关研究工作、本项研究的理论基础、本人的研究方法、方案和结论。对于篇幅较短的学术论文，可以不单独安排"引言"和"结语"章节，但是至少应用一小段文字予以代替。

其次，正文是作品的核心部分和主要部分，是论题的展开和对中心观点的论证。正文可以包括研究对象、研究方法、论证材料、基本原理、研究结果和结论。不能放到摘要中的图表、化学结构式、非公知公用的符号和术语，可以在正文中得到充分展现。对正文的总体要求是"实事求是，客观真切，准备完备，合乎逻辑，层次分明，简练可读"。②

再次，应该单独起页，通常应放在右页。当然，如果为了节省篇幅或纸张，节可以不

---

① 参见杨岗,栾建民.图书报纸期刊编印发业务辞典.中国经济出版社,1990:34.
② 《GB 7713—1987 科学技术报告、学位论文和学术论文的编写格式》第6.4条"正文"。

单独起页。但无论如何,至少章应当单独起页。

复次,在目录中,章是比论文名或书名(也就是一级标题)小一级的单元,虽然要用粗体或黑体,但字体至少要比后者小三到四号。同时,节又是比章小一级的单元,字体也应比后者小一号字,且不宜再用粗体或黑体,且首行要缩进两格。节以后的单元应与节保持相同的字号和字体,这样更美观大方些。

最后,作品的章节的格式应当整齐划一,章与章、节与节之间在字号、字体、版式上应当分别一致。

4.11 文字表达的基本要求

文字表达(literal expression)对于作品是否能够得到编辑和读者的青睐并迅速传播非常重要。思想的表达、知识的传播、信息的交流离不开语言文字,如果有好的思想而没有恰当的文字加以表达,那么思想的影响力将受到严重的影响。比较流行的说法是,文字表达的基本要求应是"信、达、雅",即"准确、通顺和优雅",它们依次构成文字表达的三个层次或三种水准。实事求是地表达作品的内容和思想,只是文字表达的最低层次;在此基础上,要力求通达顺畅,即文字脉络清晰,阅读轻松流畅;当然最高的层次是优雅,即在阅读时有一种美的享受。总之,客观、清晰、明确和文采飞扬是文字表达的一般要求。

要做到"雅"的境界,首先,作者要选择、设计好每一个层次的标题,例如一级标题要非常醒目和有吸引力;前言(或引言、导言、导论)要简洁明快,直指主题;正文要逻辑清晰,结构严谨;结尾要呼应主题和开头。其次,正文语言要准确、鲜明、生动、简洁和朴实。[1] 最后,写作时要非常认真仔细,完成后要反复修改润色。

在运用电脑写作的时代,错字出现的机会没有了,但别字出现的情形却不少见;语法、句法有问题,语句不通顺,标点符号不对,"的地得"不分等情形也普遍存在;更有作品不分章节、部分,段首不加缩进行,甚至不分段落,整个作品就是一段;还有的作品几乎通篇是引用他人的语句或段落,甚至是字体、字号、颜色都不加修改,使整个作品显得极不协调和刺眼。凡此等等,都是当下研究生写作在文字表达上的常见问题和硬伤,应当引起研究生(尤其是低年级研究生)的高度重视。

4.11.1 文字表达的修改

为了避免上述文字硬伤,作者在行文时应该字斟句酌,在完成初稿后要反复检查修改,修改好后要默读一遍。须知,文字是作品的脸面,是你与编辑、读者打交道的唯一渠道。在如何修改的问题上,通行的做法有以下 5 步:

---

[1] 参见张万兴,黄皖毅,樊慧颖.领导全书·第十四册 实务与操作卷.九州出版社,2001:107.

首先,检查是否有别字、冗词和词不达意之处,要做到每个字、词都恰如其分,生动鲜明。

其次,要检查是否有病句、残句和冗句,要将病句修改通顺,剔除或合并冗句,以使语句精练简洁。

再次,要检查句与句、段与段之间是否有承转起合,是否重复啰嗦,重复的地方要剔除修改,以使句子段落之间干净利索。

复次,要检查每个章节或部分的标题是否能够统领、概括其所辖文字,是否短小精炼突出,各级标题之间紧密衔接。

最后,要仔细检查标点符号,看是否有误用和缺失之处,要适当调整以加强或弱化语气。当然,修改完成以后要通读整个作品,看是否一气呵成,浑然一体,以决定是否最终定稿。

4.11.2 法学作品文字表达的要求

法学作品绝大多数是一种议论文,文字表达在此基础上还要求客观、严谨和规范。由于法学作品主要是靠理性论证说服人,所以并不一定要求文字表达形象生动。相反,在绝大多数情形下,作者还要主动剔除写作材料中的感情性文字,将之改写成理性文字。须知,法学作品不是文学作品,它不依赖优美、华丽、形象的文字说服人;法学作品也不是新闻作品,它不追求新鲜感、迫近感和时效性,更不凭借它们去说服人;法学作品更不是艺术作品,它应当远离夸张、讽刺和新潮等文字表达手法。在法学作品中忌用口语,除非是援引证人证言和进行人物专访;忌用文学语言,除非是援引带有文学色彩的证据;忌用模糊语言,除非所引事实或证据本身具有一定程度的模糊性。

法学作品由论点、论据和论证构成,它要求论点鲜明、论据翔实和论证充分。因此,具体地讲,对于论点而言,其文字表达要求是严谨、鲜明;对于论据而言,是客观、翔实;而对于论证而言则是严谨、充分。

作者在提出论点时,其文字表达方式可以是多种多样,比如判断、设问;在提出论据时,其文字表达方式有两种,即客观陈述或权威援引,前者是对事实的陈述,后者是对定理、定义、原理、经验的援引;在进行论证时,其文字表达方式是逻辑推理,即归纳、演绎、类比。

史实类、调查报告类、会议报告类和学科综述类的作品并不一定要进行议论,①或者说其中包含的议论性的成分相当稀薄。通常,这种作品只要进行事实层面的客观叙述就可以了。对于这类作品,其文字表达要求是客观如实的描述,是什么就说什么,不添加也不减少。但是,此类作品也不可能是对史实、法制状况、会议和学科发展的写实,而必须在特定主题的指引下有选择地进行记录。

期刊论文由于有字数上的限制,因此这类作品应当精心安排结构,反复锤炼语言,力

---

① 它们的表现形式有"法制资讯""立法报告""司法报告""法学人物""法律史话"等。

求以最少的文字传递最大的信息量。如果一篇论文中废话、重话太多,那么不仅会削弱作品传递信息的力度,而且会让编辑生厌,从而导致作品不被录用。当然,清晰是作者的美德,文字的精炼应当以不影响清晰为限。

思考与案例

1. 法学作品的标题、摘要、关键词在撰写上有何特殊要求?

2. 结合当前中国法学界的现状,谈谈虚假署名的危害及其治理对策。

3. 与其他作品相比,法学作品的论证有何特殊要求?

4. 陈某与其师弟共同讨论、构思了一篇论文,嗣后他将该文整理成型发表。对方得知后与其交涉,最后双方达成协议:由陈某负责在稍后的一期中发表更正启事。编辑部同意了陈某的请求。从责任者署名的原则的角度看,本案中陈某、其师弟及编辑部的行为妥当吗?如果你是陈某的师弟,你会怎么做?

5. 李某是某领域公认的实力派法学家,张某恰好在写一本该领域的著作。张某嫉恨李某,文献综述时刻意不提李某的著作。在编辑的要求下,张某勉强综述了李某著作的观点,但没有标明注释。从文献综述的基本要求的角度看,张某的做法妥当吗?在法学学科的写作中,我们应该如何对待竞争对手的学术成果?

6. 李某组织师生编写了一本教材。为了便于销售,他动员教授以下的编写者拿出部分章节给一些高校的教授挂名。不久,他又对该教材进行压缩,独立署名编著了一本教材。在鸣谢中,他只感谢那些挂名的教授,其他编写者就被"等"掉了。从鸣谢撰写的要求的角度看,李某的做法妥当吗?

附录

附录4-1 文摘编写规则(GB/T 6447—1986)

1 引言

1.1 本标准的目的是为了促进文摘编写的规范化。

1.2 本标准适用于编写作者文摘,也适用于编写文摘员文摘。

2 名词、术语

2.1 文摘 abstracts

以提供文摘内容梗概为目的,不加评论和补充解释,简明、确切地记述文献重要内容的短文。

2.2 报道性文摘 informative abstracts

指明一次文献的主题范围及内容梗概的简明文摘,也称简介。

2.3 报道/指示性文摘 informative-indicative abstracts

以报道性文摘的形式表述一次文献中信息价值较高的部分,而以指示性文摘的形式表述其余部分的文摘。

2.4 作者文摘 author's abstracts

由一次文献的作者自己撰写的文摘。

2.5 文摘员文摘 abstractor's abstracts

由一次文献作者以外的人员编写的文摘。

3 著录

3.1 一次文献上的文摘,凡登载于题名与正文之间的,不加著录事项;凡刊登在文摘页上的,必须逐条带有主要的著录事项。

3.2 检索工具上的文摘,必须逐条带有完整的著录事项。

3.3 必须统一遵照 GB 3793—83《检索期刊条目著录规则》进行著录。

4 文摘的详简度

4.1 文摘的详简须根据一次文献的内容、类型、学科领域、信息量、篇幅、语种、获得的难易程度和实际需要确定,其中文献内容是决定性因素。

4.2 报道性文摘和报道/指示性文摘一般以 400 字左右为宜;指示性文摘一般以

200字左右为宜。

4.3　英、俄、德、日、法以外语种的一次文献可适当详摘。

5　文摘的要素

5.1　目的——研究、研制、调查等的前提、目的和任务,所涉及的主题范围。

5.2　方法——所用的原理、理论、条件、对象、材料、工艺、结构、手段、装备、程序等。

5.3　结果——实验的、研究的结果,数据,被确定的关系,观察结果,得到的效果,性能等。

5.4　结论——结果的分析、研究、比较、评价、应用,提出的问题,今后的课题,假设,启发,建议,预测等。

5.5　其他——不属于研究、研制、调查的主要目的,但就其见识和情报价值而言也是重要的信息。

一般地说,对于报道性文摘,5.2、5.3、5.4宜写得详细,5.1、5.5可以写得简单,根据具体情况也可以省略;对于指示性文摘,5.1宜写得详细;5.2、5.3、5.4、5.5可以写得简单,根据具体情况也可以省略。

6　编写文摘的注意事项

6.1　要客观、如实地反映一次文献,切不可加进文摘编写者的主观见解、解释或评论。如一次文献有明显原则性错误,可加"摘者注"。

6.2　要着重反映新内容和作者特别强调的观点。

6.3　要排除在本学科领域已成常识的内容。

6.4　不得简单地重复题名中已有的信息。

6.5　书写要合乎语法、保持上下文的逻辑关系,尽量同作者的文体保持一致。

6.6　结构要严谨,表达要简明,语义要确切。一般不分段落。

6.7　要用第三人称的写法。应采用"对……进行了研究"、"报告了……现状"、"进行了……调查"等记述方法标明一次文献的性质和文献主题,不必使用"本文"、"作者"等作为主语。

6.8　除非该文献证实或否定了他人已出版的著作,否则不用引文。

6.9　要采用规范化的名词术语(包括地名、机构名和人名);尚未规范化的词,以使用一次文献所采用者为原则。新术语或尚无合适汉文述语的,可用原文或译出后加括号注明原文。

6.10　商品名需要时应加注学名。

6.11　缩略语、略称、代号,除了相邻专业的读者也能清楚理解的以外,在首次出现处必须加以说明。

6.12 应采用国家颁布的法定计量单位。

6.13 要注意正确使用简化字和标点符号。

国家标准局 1986－06－14 发布　　　　　　1987－06－01 实施

第 5 章

法学学科引文规范

5.1 引文、引用、参考文献、注释概念异同

5.1.1 引文

引文(quotation)又叫"引语",是指被引用的文献内容,具体地讲是从其他书刊、电子光盘、网络、会议报告和文件中引用的文字信息。之所以叫"引文",是因为通常要用引号标明所引内容,以区别于正文中的其他内容。但在实践中,如果所引文字前有冒号、字体不同或单独列出,则可以省略引号。引文有明引与暗引、直接引文与间接引文、段中引文与提行引文等种类。明引的内容是用引号加以标明并注明出处或作者,暗引的内容则融化在正文当中,既不加引号标明也不注明出处或作者。直接引文的内容是用引号加以标明原文并注明出处,间接引文的内容是经过引用者改造、转述,不用引号标明但注明出处。段中引文是夹在正文中的引文,提行引文是单独列出,自行　段的引文。[①] 引文可以作为论据使用,可以是直接证据,也可以是间接证据或佐证。

5.1.2 引用

引用则是指引用文献以表达自己的思想、观点或驳斥他人的观点的行为,故又称"引证""援引"。学者很早就注意引用以证明或强化自己的表达,也很早就注意引用的规范问题。如果引用不当或错误,轻则被同行嘲笑奚落,重则可能永远被学术共同体排斥。从形式的意义上讲,引用也有明引与暗引、直接引用与间接引用之分。从内容的意义上看,引用可分为正引、反引和化引。正引是引用文献从正面表达或佐证自己的观点;反引是指引用文献从反面证明、突出、强化自己的观点,或者对所引用的观点加以驳斥;化引

---

① 参见阎景翰.写作艺术大辞典.陕西人民出版社,1990:1218,1218-1219.

是指借引用文献推陈出新,可以对引文进行局部改造,故又叫"出新"。① 其中化引只能用在文学作品中。② 从对象上看,引用可以分为引言、引文、引事。引用的规则是要忠实原文,不要歪曲原意;要遵循必要性原则,不要滥引(俗称"掉书袋");要遵循相关性原则,不相关的内容不要引用;要遵循最新原则,如果有新版本的要引用新版本,除非是为了考据。

5.1.3 参考文献

参考文献又叫"参考书目""有关文献""参考资料",是指作者在创作过程中主要引用和参考了的文献资料,它并不一定出现在引文和注释中,而通常单独在段末、文末(节末、章末、卷末、书末)集中列出,有时也放在注释中,以便于读者进一步阅读和研究。③ 从内容上看,参考文献可以分为"引用性参考文献"("被引证文献")和"非引用性参考文献"、"引文出处性参考文献"和"观点出处性参考文献"。"引用性参考文献"也叫"引文出处性参考文献",是指标明引文出处的参考文献;非引用性参考文献则不是标明引文出处的,可能仅是作者参考了的文献;"观点出处性参考文献"是指作者在正文中阐述的某一观点的出处。参考文献是论著的必要要素,如果没有参考文献也不必勉强凑数写上。也有人将"引文"称为参考文献。④ 但严格地讲,这是不正确的。引文是被引用的文献甚或文字,而参考文献则是作者在创作过程中参考了的文献或文字。后者并不一定被引用在正文中,也并不一定出现在脚注中。实践中,还有为了节约篇幅和编排方便,将参考文献用作代替注释的行为,也是不严谨的。相比于注释,参考文献可以是作者参考了其研究成果并将之融化在论著中而没有在文字形式上体现出来的文献,还可以是提供给读者的延伸性材料,例如在正文中有提及而没有展开,甚或没有提及但与该研究有一定相关性的文献。

5.1.4 注释

注释又称"注解""注",是对引文出处的指明或对题名、作者和正文内容(例如概念、事件、人物、背景)的解释、说明或补充。简言之,注释是对作品文字的解释。注释是为读者答疑解惑,使其顺利理解作品的附属构件,也是使作品显得紧凑、不枝不蔓的重要工具。以不同的标准,注释可以有不同的分类。

首先,从内容上看,可以分为"出处注""篇文注""作者注""正文注"和"补充注"。其中"出处注"是对正文中引文出处的说明;"篇名注"是对论文产出背景、基金项目等的说

---

① 参见马文熙,等.古汉语知识辞典.中华书局,2004:660.
② 参见孙慕天,杨庆旺,智忠.实用方法辞典.黑龙江人民出版社,1990:702-703.
③ 但是,"参考书目"的提法并不恰切,因为参考文献的外延包括不是以"书"而是以"刊"为载体的论文。
④ 参见马国泉,张品兴,高聚成.新时期新名词大辞典.中国广播电视出版社,1992:897.

明,同时也可以在篇名中对得到相关支持的单位和个人进行鸣谢;"作者注"是对作者姓名、出生年月、性别、民族、籍贯、工作单位或住址、职称、职务、学位和研究方向等的说明;"补充注"是对正文中有关特定内容的补充说明。

其次,从排放的位置上看,注释可以在正文中随引文用括号标明,也可以在每页地脚或文末(章末)标明。前者叫作"夹注",后者叫作"呼应注"。夹注也叫"随文注""文内注"或"文中注""段中注""行中注",可以分为"句内夹注"和"句外夹注"。前者是紧挨着被注释词语,用以补充说明该词语的夹注;后者是放在句子之后,用以补充说明全句内容的夹注。① 当使用夹注标明出处时,要在引文后的括号内标明作者、书名或文章名、出版机构、版本、发表年份和页码。② 在大量、频繁引用某一文献的时候,可以使用夹注以减少注释篇幅。夹注的优点是方便作者加注和读者阅读注释,缺点是使作品变得很臃肿,很枝蔓。"呼应注"是先在正文中对需要加注的地方按照出现的先后顺序标明特定的顺序码,然后集中在某处予以说明。根据具体位置的不同,"呼应注"又分为"脚注"和"尾注"。脚注又叫"当页注""页下注""页末注""边注"。③ 相比于尾注,脚注更便于读者阅读引文出处和注释内容,优点是便于读者阅读正文,缺点是不便于编辑排版。脚注前的序号应与正文引文后的序号对应。尾注又叫"书后注""书尾注""章尾注""段尾注""篇尾注""文末注"。相比于脚注,尾注使作品变得紧凑、清晰和浑然一体,优点是便于作者编排注释和读者阅读,缺点是不便于读者追踪注释内容。④

最后,从功能上看,注释可以分为"出处性注释"与"解释性注释""内容注释"与"音义注释"。其中,说明出处的注释可以称为"出处性注释"或干脆简称为"出处",解释正文内容的注释可以称为"解释性注释",对作品内容予以解释、补充和修正的注释称为"内容注释",对作品文字音义予以说明的注释称为"音义注释"。

5.2 引文使用规则

5.2.1 引文使用的历史

在所有学科中,法学学科是最讲求引文使用规则的。这不仅是因为它是一门规范科学,而且也是因为引文索引最早是从该学科中发展起来,最后才推广到遗传学等其他学

---

① 参见王春林.科技编辑大辞典.第二军医大学出版社,2001:177.
② 如果一个作者在论文内只有一个引文,则可以省略出版年份及月份;如果一个作者在同一年甚或同一月内有一个以上的引文,那么就必须加一个识别符,如 a,b,c。
③ 在中国内地的书籍中很少或几乎见不到"边注"这种注释形式,它是指将注释印在书页的左边,故多见于直排书之中,例如民国时期和当代台湾地区的书籍。
④ 参见孙树松,林人.中国现代编辑学辞典.黑龙江人民出版社,1991:65.

科之中的。世界上首部引文索引——1873年的《谢泼德引文》就是一部供政法人员查找判例引用史的法律索引工具。① 在中外历史上,通过旁注或间注对法律条文、规则和原则等加以解释、说明和补充,也是一种行之久远的治学方法,对司法实践的影响也非常大。② 同时《中华人民共和国著作权法》及《中华人民共和国著作权法实施条例》也对引文的使用做了比较具体的规定。

5.2.2 引文使用的规则

引文的目的是为了便于读者查找引文的出处和某一观点被发现或发展、应用或修正的过程。法律引文最初是为了方便法律人查找某一判例被引用、推翻、修改的历史。同时,引文能够反映科学知识继承、利用、修正和发展的一般规律,表明学者的研究水平。因此,在使用引文过程中,学术共同体发展出了如下8条使用规则:

第一,区别规则。引文要加引号标明,或以冒号、其他字体区别于正文,较长的引文也可以采取提行的形式单独列出,自成一段。在提行的情况下,通常要改用其他字体、字号,且不加引号。

第二,出处规则。引文要在文中或页脚、文末标明出处,也可以只标明作者、书名或文章名、出版机构、版次或卷次、发表年份及页码。在采用"随文注"的情况下,通常要采用不同的字体、字号,并加双括号。在采用只表明作者、出版或发表年份及页码的"随文简注"的情况下,要在文(篇、书)末表明文献的完整信息。在采用"脚注"和"文后注"的情况下,要使用与正文中引文后面相同的序号加以标明,序号通常要使用上标字体,阿拉伯数字,注文通常要比正文小一号字。

第三,追溯规则。注释或参考文献至少要标明作者、书名或文章名、集名、出版机构、版次或卷次、出版年份或月份、页码。其中,出版年份或月份、页码要采用阿拉伯数字。③ 同时,可以直引原文的不要转引,即使转引也要引用最新的权威文献,以免在转引中出现讹误。

第四,客观规则。要尽可能引用不同地域、机构、学派、版本就同一问题发表的不同观点或见解,以增强引文的客观性和公正性。同时,也要尽可能引用国内外公开发行出版的书刊上的文字,尽量减少对内部资料、保密资料和会议资料的引用。

第五,权威规则。同一位学者对于一个观点的表达可能有多种版本,或有多个学者表达过同一个观点,对此,应当引用权威版本和权威学者的表达。虽然有时野史比正史可能更真实,新锐学者可能比权威学者更有真知灼见,但是,只有引用后者的文字,才能使作品更容易得到学术共同体和编辑的认同,这又是不争的事实。

---

① 参见马国泉,张品兴,高聚成.新时期新名词大辞典.中国广播电视出版社,1992:897.
② 参见孙国华.中华法学大辞典·法理学卷.中国检察出版社,1997:136.
③ 参见《中华人民共和国国家标准 GBT 15835—2011 出版物上数字用法》。

第六,及时规则。如果同一观点有不同的版本,那么应当引用最新的版本。如果同一作者的论著有修订版,那么应当引用修订版,即使修订版的出版机构不那么权威。因为,人们一直假定,作者新近的思想通常要比以前的思想有所进步和发展。

第七,节约规则。过多引文和注释会占用论著过多的篇幅,影响读者阅读和论著的美观,因此要力求引文与正文之间比例恰当。同时,为了节约纸张和方便阅读,也需要对引自同一书刊而仅仅页码不同的文献做出处理,第二个及以后的引文可以简写为"同上,第×页""同上注,第×页""同前注×,第×页""同前注×,×书,第×页""同前注×,×文""同前注×,×文,第×页"。页码相同的,可以直接简写为"同上""同前注×"。如果引自同一书名和文集但作者不同的,则需要指出具体的作者,再做如上处理。

第八,必要规则。引文应以表达的需要为原则,不可滥引,更不可大段地引用文献,以免有侵权之嫌。[①] 如果引文长至使原作的发表成为不必要的程度,那么就有侵权之嫌了。通常而言,引文最多不超过被引用作品的 1/10,例如,引用一篇论文不能超过2 500字,引用一篇法学随笔不能超过 800 字。[②]

前述《中华人民共和国著作权法实施条例》第二十七条第(一)至(三)项对引文使用中的"适当原则"做了比较具体的解释:首先,引文之使用仅限于介绍、评论被引用作品或者说明某一问题;其次,引文不能构成引用人作品的主要或实质部分;最后,引文之使用不得损害被引用作品著作权人的利益。

5.3 引文书目的著录、格式要求

引文是为了向同行和读者表明什么样的文献资料对于本项研究有帮助,什么样的文献资料是没有价值的,以此节约研究时间和精力。同时,引文也是向编辑表明本项研究在已有理论的基础上做出了哪些推进和创新。当然,引文也是为了尊重前人的智力成果,展示相关研究的清晰脉络。引文书目的著录是指对论著创作、撰写过程中所引用或参考了的文献资料进行标注的行为。标注的对象包括相关学术观点、实验数据、实验材料等在正文中出现的地方,著录的对象则是被征引或参考的文献资料的作者、论著名称、出版信息和页码。

5.3.1 引文书目的著录原则

引文书目的著录和格式应当遵守《国家标准 GBT 15835—2011 出版物上数字用法》和《国家标准 GB/T 7714—2005 文后参考文献著录规则》。同时,出版社、杂志社和学术

[①] 参见邹瑜,顾明.法学大辞典.中国政法大学出版社,1991:281.
[②] 参见刘建明.宣传舆论学大辞典.经济日报出版社,1993:715.

共同体在引文书目的著录和格式上也发展出了如下3条原则性要求：

首先，完整性原则。引文书目的著录要完整，通常要著录责任者、书名、版次、卷次、页码、出版地、出版者、出版年等信息。① 如是作为参考文献使用，不必标明页码，因为在正文中已经标明页码。

其次，统一性原则。引文书目的体例、格式和编码要统一，否则就会影响书刊外观的美观，也会影响阅读的流畅性。要根据书籍的类型来确定体例和格式，例如教材书目的体例格式宜采用"参考文献"体例，同时每章后面缀以一定数量的"参考书目"，"解释性注释"置于正文页下脚；学术书目的体例格式宜采用"页下注释"，可以省略掉每章后面的参考书目，只是在全书后面缀以"参考文献"或"参考书目"。

最后，可靠性原则。要引用最新、最可靠的、正式公布的版本，不是正式出版的坊间"小抄"不能著录，不是第一手的文献最好不要著录。如果书籍有修正版或再版的，一定要引用修正版和再版。在修正版和再版中，作者对原版中文字上的错讹之处做了修正；因新资料的发现和理论认识的提高，作者对原来的观点、见解做了修改或发展。如果不引用最新的版本，自然无法站在作者最新的立场、观点上有所进步和提高。但是，最新的版本有时也并不是最可靠的版本，版本的可靠性主要取决于作者在该领域的权威性、治学的严谨性和资料的翔实性。尤其是古籍类书刊，往往流传着几种版本，有些最新的版本可能并不比老版本更权威，更严谨。

5.3.2 引文书目著录、格式要求

从具体规则上看，不论是脚注、尾注和文后参考文献，引文书目的著录、格式有如下要求，实际上是对前述著录原则的细化：

1. 对于专著（含电子图书，下同）、连续出版物（含电子报刊，下同）及其中的析出文献，其著录项目与格式与专利文献及电子文献有所不同，具体有如下2点要求：

第一，在著录项目上，专著要标明如下项目：主要责任者（即第一作者）、题名项、题名（即书名）、②版本项、出版地、出版者、出版年、引文页码，③其中出版年、页码要使用阿拉伯数字（下同）；专著中的析出文献则在此基础上增加析出文献的对应信息即可。连续出版物在此专著的基础上于出版项前增加卷、期、年、月或其他标志即可；连续出版物中的析出文献则在此基础上增加析出文献的对应信息即可。期刊可以省略出版地、卷两个项目，但以书代刊的连续出版物则不可省略这两个项目。

第二，在著录格式上，专著通常采取如下格式：主要责任者. 题名：其他题名信息［文献类型标志］. 其他责任者. 版本项. 出版地：出版者，出版年：引文页码［引用日期］.

---

① 参见《中华人民共和国国家标准 GBT 15835—2011 出版物上数字用法》。
② 如果是电子文献，则必须标明文献类型标志。
③ 如果是联机文献，则必须标明引用日期、获取和访问路径。有的还要求标明最后访问日期。

获取和访问的路径。其中,主要责任者、题名、出版者、出版年和引文页码为各种注释的必备项;专著中的析出文献则在此基础上增加析出文献的对应信息即可。连续出版物在专著的基础上于版本项前增加年、卷(期)即可;连续出版物中的析出文献则在此基础上增加析出文献的对应信息即可。

2. 对于专利文献而言,其著录项目与格式具体有如下 2 点要求:

第一,在著录项目上,专利文献要标明如下项目:专利申请者或所有者、题名项、专利题名、专利国别、专利号、①出版项、公告日期或公开日期,②其中专利号、公告日期或公开日期要使用阿拉伯数字。

第二,在著录格式上,专利文献通常采取如下格式:专利申请者或所有者.专利题名:专利国别,专利号[文献类型标志].公告日期或公开日期[引用日期].获取和访问路径.

3. 电子文献是近 20 年来才涌现出的、为学者普遍使用的文献。对于这类文献而言,其著录项目和格式与专著(及其中的析出文献)、专利文献有所不同,具体有如下 2 点要求:

第一,在著录项目上,电子文献要标明如下项目:主要责任者、题名项、题名、其他题名信息、文献类型标志(含文献载体标志)、出版项、出版地、出版者、出版年、更新或修改日期、引用日期、获取和访问路径,其中出版年、更新或修改日期、引用日期要使用阿拉伯数字。

第二,在著录格式上,电子文献通常采取如下格式:主要责任者.题名.其他题名信息[文献类型标志/文献载体标志].出版地:出版者,出版年(更新或修改日期)[引用日期].获取和访问路径.

5.4　引文、参考文献的标注与排序

引文、参考文献的标注与排序要遵循前述《国家标准 GBT 15835—2011 出版物上数字用法》和《国家标准 GB/T 7714—2005 文后参考文献著录规则》,同时也要便于阅读和适合读者检索的习惯,还要顾及学术共同体在排序上的惯常做法。在当下,参考文献的排序有如下几种做法:

(一)顺序编码制

这是一种文后参考文献的标注体系,即正文中的引文采用序号标注,参考文献表按照正文中的引文的序号排序。其中,序号要使用阿拉伯数字。按照正文中引用文献出现的先后顺序连接编码时,要将序号置于方括号中;同一处引用多篇文献时,只需将各篇文

---

① 如果是电子文献,则必须标明文献类型标志。
② 如果是联机文献,则必须标明引用日期、获取和访问路径。有的还要求标明最后访问日期。

献的序号在方括号内全部列出;多次引用同一著者的同一文献时,在正文中标注首次引用的文献序号,并在序号的"[]"外著录引文页码或章节号,其中页码和章节号要使用阿拉伯数字。

此种做法最常见,也最便于阅读,但并不一定便于检索,且只适合于在正文中被直接引用的参考文献(即"引用性参考文献"),而不适合于作者参考了但并没有出现在正文之引文中的参考文献(即"非引用性参考文献")。

(二)著者—出版年制

这也是一种文后参考文献的标注体系,即正文中的引文采用著者姓氏和出版年标注,参考文献表则首先按文种集中分为中文、日文、西文、俄文、其他文种5部分,然后按照著者字顺序和出版年排序。中文文献可以按照汉语拼音字母顺序排序,也可以按照笔画笔顺排序。

采用著者—出版年制时,要将各篇文献的著者姓氏与出版年置于"()"内,如果正文中已提及著者姓名,则在"()"内只须著录出版年;在参考文献表中著录同一著者在同一年出版的多篇文献时,出版年后应用小写字母 a,b,c……区别;多次引用同一著者的同一文献时,在正文中标注著者与出版年,并在"()"外以角标的形式著录引文页码。

通常而言:

(1) 如果行文时已经表明了作者,那么在"()"内只须著录出版年;

(2) 如果行文时没有表明作者,那么在"()"内要著录作者和出版年,中间用","号隔开;

(3) 如果引用多位作者的多篇文献,那么在"()"内按出版年由近至远依次排列标引;

(4) 如果引用两个以上同姓名作者的文献,那么在姓名后要加 1,2,3……区别。

此种做法不大常见,多见于社会学杂志和一些出版社的规定之中,它便于检索,但不便于阅读。

思考与案例

1. 请列举当前中国法学杂志中有代表性的引文规范类型,并比较其优劣。
2. 为什么人们说从引文中可以看出作者的学品和学问?
3. 何某及其弟子将他人的论文及译文编入自己主编的2本书中,在海内外出版发行。对方得知后与之交涉,何某辩称是整合而非抄袭,且已做了注释,不算侵权。从引文使用的规则的角度看,何其及其弟子的做法妥当吗?

附录

附录5-1 文后参考文献著录规则(GB/T 7714—2005)

1 范围

本标准规定了各个学科、各种类型出版物的文后参考文献的著录项目、著录顺序、著录用的符号、各个著录项目的著录方法以及参考文献在正文中的标注法。

本标准适用于著者和编辑编录的文后参考文献,而不能作为图书馆员、文献目录编制者以及索引编辑者使用的文献著录规则。

2 规范性引用文件

下列文件中的条款通过本标准的引用而成为本标准的条款。凡是注日期的引用文件,其随后所有的修改单(不包括勘误的内容)或修订版均不适用于本标准,然而,鼓励根据本标准达成协议的各方研究是否可使用这些文件的最新版本。凡是不注日期的引用文件,其最新版本适用于本标准。

GB/T 3469 文献类型与文献载体代码

GB/T 7408 数据元和交换格式 信息交换 日期和时间表示法(GB/T 7408—1994,eqv ISO 8601:1988)

ISO4 信息与文献 出版物题名和标题缩写规则

3 术语和定义

下列术语和定义适用于本标准。

3.1 文后参考文献 bibliographic references

为撰写或编辑论文和著作而引用的有关文献信息资源。

3.2 主要责任者 primary responsibility

对文献的知识内容或艺术内容负主要责任的个人或团体。主要责任者包括著者、编者、学位论文撰写者、专利申请者或所有者、报告撰写者、标准提出者、析出文献的作者等。

3.3 专著 monographs

以单行本形式或多卷册形式,在限定的期限内出版的非连续性出版物。它包括以各种载体形式出版的普通图书、古籍、学位论文、技术报告、会议论文集、汇编、多卷书、丛书等。

3.4 连续出版物 serials

一种载有卷期号或年月顺序号、计划无限地连续出版发行的出版物。它包括以各种载体形式出版的期刊、报纸等。

3.5 析出文献 contribution

从整本文献中析出的具有独立篇名的文献。

3.6 电子文献 electronic documents

以数字方式将图、文、声、像等信息存储在磁、光、电介质上,通过计算机、网络或相关设备使用的记录有知识内容和艺术内容的文献信息资源,包括电子书刊、数据库、电子公告等。

3.7 顺序编码制 numeric references method

一种文后参考文献的标注体系,即引文采用序号标注,参考文献表按引文的序号排序。

3.8 著者—出版年制 first element and date method

一种文后参考文献的标注体系,即引文采用著者—出版年标注,参考文献表按著者字顺和出版年排序。

3.9 合订题名 title of the individual works

由两种或两种以上的著作汇编而成的无总题名的文献中各部著作的题名。

3.10 并列题名 parallel title

在文献著录信息源中出现的对应于正题名的另一种语言文字题名。它包括对应于正题名的外文题名、少数民族文字题名等,但不包括汉语拼音题名。

4 著录项目与著录格式

本标准规定文后参考文献必备项目与选择项目。凡是标注"任选"字样的著录项目系参考文献的选择项目,其余均为必备项目。本标准分别规定了专著、专著中的析出文献、连续出版物、连续出版物中的析出文献、专利文献以及电子文献的著录项目和著录格式。

4.1 专著

4.1.1 提要著录项目

主要责任者

题名项

题名

其他题名信息

文献类型标志(电子文献必备,其他文献任选)

其他责任者(供选择)

版本项

出版项

出版地

出版者

出版年

引文页码

引用日期(联机文献必备,其他电子文献任选)

获取和访问路径(联机文献必备)

4.1.2 著录格式

主要责任者.题名:其他题名信息[文献类型标志].其他责任者.版本项.出版地:出版者,出版年:引文页码[引用日期].获取和访问的路径.

示例:

[1] 余敏.出版集团研究[M].北京:中国书籍出版社,2001:179-193.

[2] 昂温 G,昂温 P S.外国出版国史[M].陈生铮,译.北京:中国书籍出版社,1988.

[3] 全国文献工作标准化技术委员会第七分委员会.GB/T 5795—1986 中国标准书号[S].北京:中国标准出版社,1986.

[4] 辛希孟.信息技术与信息服务国际研讨会论文集:A 集[C].北京:中国社会科学出版社,1994.

[5] 孙玉文.汉语变调构词研究[D].北京:北京大学出版社,2000.

[6] 顺炎武.昌平山水记:京东考古录[M].北京:北京古籍出版社,1982.

[7] 王夫之.宋论[M].刻本.金陵:曾氏,1845(清同治四年).

[8] 赵耀东.新时代的工业工程师[M/OL].台北:天下文化出版社,1998[1998-09-26].http://www.ie.nthu.edu.tw/info/ie.newie.htm(Big5).

[9] PIGGOT T M. The cataloguer's way through AACR2:from document receipt to document retrieval[M]. London:The Library Association,1990.

[10] PEEBLES P Z,Jr. Probability,random variable,and random signal principles[M]. 4th ed. NewYork:McGraw Hill,2001.

[11] YUFIN S A. Geoecology and computers:proceedings of the Third International Conference on Advances of Computer Methods in Geotechnical and Geoenvironmental Engineering,Moscow,Russia,February 1-4,2000[C]. Rotterdam:A. A. Balkema,2000.

4.2 专著中的析出文献

4.2.1 著录项目

析出文献主要责任者

析出文献题名项

析出文献题名

文献类型标志(电子文献必备,其他文献任选)

析出文献其他责任者(任选)

出处项

专著主要责任者

专著题名

其他题名信息

版本项

出版项

出版地

出版者

出版年

析出文献的页码

引用日期(联机文献必备,其他电子文献任选)

获取和访问路径(联机文献必备)

4.2.2 著录格式

析出文献主要责任者.析出文献题名[文献类型标志].析出文献其他责任者//专著主要责任者.专著题名:其他题名信息.版本项.出版地:出版者,出版年:析出文献的页码[引用日期].获取和访问路径.

示例:

[1] 程伟根.1998年长江洪水的成因与减灾对策[M]//许厚泽,赵其国.长江渡域洪涝灾害与科技对策.北京:科学出版社,1999:32-36.

[2] 陈晋镳,张惠民,朱士兴,等.蓟县震旦亚界研究[M]//中国地质科学院天津地质矿产研究所.中国震旦亚界.天津:天津科学技术出版社,1980:56-114.

[3] 白书农.植物开花研究[M]//李承森.植物科学进展.北京:高等教育出版社,1998:146-163.

[4] 马克思.关于《工资、价格和利润》的报告札记[M]//马克思,恩格斯.马克思恩格斯全集:第44卷.北京:人民出版社,1982:505.

[5] 钟文发.非线性规划在可燃毒物配置中的应用[C]//赵玮.运筹学的理论与应用:中国运筹学会第五届大会论文集.西安:西安电子科技大学出版社,1996:468-471.

[6] WEINSTEIN L,SWERTZ M N. Pathogenic properties of invading microorganism[M]//SODEMAN W A,Jr.,SODEMAN W A. pathologic physiology:mechanisms of diseas. Philadelplila:Saunders,1974:745-772.

4.3 连续出版物

4.3.1 著录项目

主要责任者

题名项

题名

其他题名信息

文献类型标志(电子文献必备,其他文献任选)

卷、期、年、月或其他标志(任选)

出版项

出版地

出版者

出版年

引用日期(联机文献必备,其他电子文献任选)

获取和访问路径(联机文献必备)

4.3.2　著录格式

主要责任者.题名:其他题名信息[文献类型标志].年.卷(期)-年.卷(期).出版地:出版者,出版年[引用日期].获取和访问路径.

示例:

[1] 中国地质学会.地质论评[J].1936,1(1)-.北京:地质出版社,1936-.

[2] 中国图书馆学会.图书馆学通讯[J].1957(1)-1990(4).北京:北京图书馆,1957-1990.

[3] American Association for the Advancement of Science. Science[J]. 1883,1(1)-. Washington,D. C.:American Association for the Advancement of Science,1883-.

4.4　连续出版物中的析出文献

4.4.1　著录项目

析出文献主要责任者

析出文献题名项

析出文献题名

文献类型标志(电子文献必备,其他文献任选)

出处项

连续出版物题名

其他题名信息

年卷期标志与页码

引用日期(联机文献必备,其他电子文献任选)

获取和访问路径(联机文献必备)

4.4.2　著录格式

析出文献主要责任者.析出文献题名[文献类型标志].连续出版物题名:其他题名信息,年,卷(期):页码[引用日期].获取和访问路径.

示例:

[1] 李晓东,张庆红,叶瑾琳. 气候学研究的若干理论问题[J]. 北京大学学报:自然科学版,1999,35(1):101-106.

[2] 刘武,郑良,姜础. 元谋古猿牙齿测量数据的统计分析及其在分类研究上的意义[J]. 科学通报,1999,44(23):2 481-2 488.

[3] 傅刚,赵承,李佳路. 大风沙过后的思考[N/OL]. 北京青年报,2000-04-12(14)[2005-07-12].

http://www.bjyouth.com.cn/Bqb/20000412/GB/4216%5ED0412B1401.htm.

[4] 莫少强. 数字式中文全文文献格式的设计与研究[J/OL]. 情报学报,1999,18(4):1-6[2001-07-08].

http://periodical.wanfangdata.com.cn/periodical/qbxb/qbxb99/qbxb9904/qbxb990407.htm.

[5] KANAMORI H. Shaking without quaking[J]. Science,1998,279(5359):2 063-2 064.

[6] CAPLAN P. Cataloging internet resources[J]. The Public Access Computer Systems Review,1993,4(2):61-66.

4.5 专利文献

4.5.1 著录项目

专利申请者或所有者

题名项

专利题名

专利国别

专利号

文献类型(电子文献必备,其他文献任选)

出版项

公告日期或公开日期

引用日期(联机文献必备,其他电子文献任选)

获取和访问路径(联机文献必备)

4.5.2 著录格式

专利申请者或所有者. 专利题名:专利国别,专利号[文献类型标志]. 公告日期或公开日期[引用日期]. 获取和访问路径.

示例:

[1] 姜锡洲. 一种温热外敷药制备方案:中国,88105607.3[P]. 1989-07-26.

[2] 西安电子科技大学. 光折变自适应光外差探测方法:中国,01128777.2[P/OL]. 2002-03-06[2002-05-28]. http://211.152.9.47/sipoasp/zljs/hyjs-yx-new.asp?Recid=01128777.2&leixin=0.

[3] TACHIBANA R, SHIMIZU S, KOBAYSHI S, et al. Electronic watermarking method and system：US, 6,915,001[P/OL]. 2002-04-25[2002-05-28]. http://patftuspto. gov/netacgi/nph-Parser? sect1=PTO2& sect2=HITOFF&p=1&u=/netahtml/search-bool. html&r=1&f=G&1=50&col=AND&d=ptxt&sl='Electronic+watermarking+method+system'. TTL. &OS=TTL/.

4.6　电子文献

凡属电子图书、电子图书中的析出文献以及电子报刊中的析出文献的著录项目与著录格式分别按4.1、4.2和4.4中的有关规则处理。除此而外的电子文献根据本规则处理。

4.6.1　著录项目

主要责任者

题名项

题名

其他题名信息

文献类型标志（含文献载体标志）

出版项

出生地

出版者

出版年

更新或修改日期

引用日期

获取和访问路径

4.6.2　著录格式

主要责任者.题名.其他题名信息［文献类型标志/文献载体标志］.出版地：出版者,出版年（更新或修改日期）［引用日期］.获取和访问路径.

示例：

[1] PACS-L：the public-access computer system of forum[EB/OL]. Houston,tex：University of Houston Libraries，1989[1995-05-17]. http://info. lib. uh. edu/pacsl. html.

[2] Online Computer Library Center, Inc. History of OCLC[EB/OL]. [2000-01-08]. http://www. oclc. Org /about/history/default. htm.

[3] HOPKINSON A. UNIMARC and metadata：Dublin Core[EB/OL]. [1999-12-08]. http://www. ifla. org/IV/ifla64/138-161e. htm.

5　著录信息源

文后参考文献的著录来源是被著录的文献本身。专著、论文集、学位论文、科技报告、专利文献等可依据书名页、版本记录页、封面等主要信息源著录各个著录项目;专著、论文集中析出的篇章与报刊上的文章依据参考文献本身著录析出文献的信息,并依据主要信息源著录析出文献的出处;缩微制品可依据题名帧、片头、容器上的标签、附件等著录;光盘依据标签、附件著录;网络住处依据特定网址中的信息著录。

6　著录用文字

6.1　文后参考文献原则上要求用文献本身的文字著录。

6.2　著录数字时,须保持文献原有的形式,但卷期号、页码、出版年、版次等用阿拉伯数字表示。外文书的版次用序数词的缩写形式表示。

6.3　个人著者,其姓全部著录,而名可以缩写为首字母(见8.1.1);如用首字母无法识别该人中时,则用全名。

6.4　出版项中附在出版地之后的省名、州名、国名等(见8.4.1.1)以及作为限定语的机关团体名称可按国际公认的方法缩写。

6.5　西文期刊刊名的缩写可参照 ISO 4《信息与文献——出版物题名和标题缩写规则》的规定。

6.6　著录外文文献时,大写字母的使用要符合文献本身文种的习惯用法。

7　著录用符号

7.1　本标准中的著录用符号为前置符。参考文献中的第一个著录项目,如主要责任者、析出文献主要责任者、专利申请者或所有者前不使用任何标志符号(按顺序编码制组织的参考文献表中的各篇文献序号可用方括号,如:[1]、[2]……)。

7.2　参考文献使用下列规定的标志符号:

．用于题名项、析出文献题名项、题名、其他责任者、析出文献其他责任者、连续出版物的"卷、期、年、月或其他标志"项、版本项、出版项、出处项、专利文献的"公告日期或公开日期"项、获取和访问路径以及"著者—出版年"制中的出版年前。每一条参考文献的结尾可用"."号。

：用于其他题名信息、出版者、引文页码、析出文献的页码、专利国别前。

，用于同一著作方式的责任者、"等"或"译"字样、出版年、期刊年卷期标志中的年或卷号、专利号、科技报告前。

;用于期刊后续的年卷期标志与页码以及同一责任者的合订题名前。

//用于专著中的析出文献的出处项前。

( )用于期刊年卷期标志中的期号、报纸的版次、电子文献更新或修改日期以及非公元纪年。

[＃]用于文献序号、文献类型标识、电子文献的引用日期以及自拟的信息。

/用于合期的期号间以及文献载体标志前。

—用于起讫序号和起讫页码间。

8 著录细则

8.1 主要责任者或其他责任者

8.1.1 个人著者采用姓在前名在后的著录形式。欧美著者的名可以用缩写字母,缩写名后省略缩写点。欧美著者的中译名可以只著录其姓;同姓不同名的欧美著者,其中译名不仅要著录其姓,还需要著录其名。用汉语拼音书写的中国著者姓名不得缩写。

示例1:李时珍(原题:李时珍)

示例2:韦杰(原题:伏尔特·韦杰)

示例3:EINSTEIN A(原题:Albert Einstein)

8.1.2 著作方式相同的责任者不超过3个时,可全部照录。超过3个时,只著录前3个责任者,其后加",等"或者与之相应的词。

示例1:马克思,恩格斯

示例2:YELLAND R L,JONES S C,EASTON K S,et al.

8.1.3 无责任者或者责任者情况不明的文献,"主要责任者"项应注明"佚名"或者与之相应的词。凡采用顺序编码制排列的参考文献可省略此项,直接著录题名。

示例:Anon. 1981: Coffee drinking and cancer of the pancreas[J]. Br Med J, 283:628.

8.1.4 凡是对文献负责的机关团体名称通常根据著录信息源著录。用拉丁文书写的机关团体名称应由上至下分级著录。

示例1:中国科学院物理研究所

示例2:贵州省土壤普查办公室

示例3:American Chemical Society

示例4:Stanford University. Department of Civil Engineering

8.2 题名

题名包括书名、刊名、报纸名、专利题名、科技报告名、标准文献名、学位论文名、析出的文献名等。题名按著录信息源所载的内容著录。

示例1:化学动力学和反应器原理

示例2:Gases in sea ice 1975—1979

示例3:J Math & Phys

示例4:袖珍神学,或,简明基督教辞典

8.2.1 同一责任者的多个合订题名,著录前3个合订题名。对于不同责任者的多个合订题名,可以只著录第一个或处于显要位置的合订题名。在参考文献中不著录并列题名。

示例1:自己的园地;雨天的书(原题:自己的园地 雨天的书 周作人著)

示例 2:美国十二名人传略(原题:美国十二名人传略 Twelve Famous Americans)

8.2.2 文献类型标志依据 GB/T 3469《文献类型与文献载体代码》著录;对于电子文献不仅要著录文献类型标志,而且要著录载体标志。本标准根据文献类型及文献载体的发展现状作了必要的补充,参见附录 B。

8.2.3 其他题名信息可根据文献外部特征的揭示情况决定取舍,包括副题名,说明题名文字,多卷书的分卷书名、卷次、册次等。

示例 1:地壳运动假说:从大陆漂移到板块构造

示例 2:世界出版业:美国卷

示例 3:ECL 集成电路:原理与设计

示例 4:北京大学学报:哲学社会科学版

示例 5:中国科学:D 辑地球科学

8.3 版本

第 1 版不著录,其他版本说明需著录。版本用阿拉伯数字、序数缩写形式或其他标识表示。古籍的版本可著录"写本"、"抄本"、"刻本"、"活字本"等。

示例 1:3 版(原题:第三版)

示例 2:新 1 版(原题:新 1 版)

示例 3:5th ed(原题:Fifth edition)

示例 4:Rev. ed. (原题:Revised edition)

示例 5:1978 ed. (原题:1978 edition)

8.4 出版项

出版项按出版地、出版者、出版年顺序著录。

示例 1:北京:科学出版社,1985

示例 2:New York:Academic Press,1978

8.4.1 出版地

8.4.1.1 出版地著录出版者所在地的城市名称。对同名异地或不为人们所熟悉的城市名,应在城市名后附省名、州名或国名等限定语。

示例 1:Cambridge,Eng.

示例 2:Cambridge,Mass.

8.4.1.2 文献中载有多个出版地,只著录一个处于显要位置的出版地。

示例 1:北京:科学出版社,2000

(原题:科学出版社 北京 上海 2000)

示例 2:London:Butterworths,1978.

(原题:Butterworths London Boston Sydney Wellington Durban Toronto 1978)

8.4.1.3 无出版地的中文文献著录"出版地不详",外文文献著录"S. l.",并置于方括号内。如果通过计算机网络存取的联机电子文献无出版地,可省略此项。

示例1:[出版地不详]:三户图书刊行社,1990

示例2:[S. l.]:MacMillan,1975

8.4.2 出版者

8.4.2.1 出版者可以按著录信息源所载的形式著录,也可以按国际公认的简化形式或缩写形式著录。

示例1:科学出版社(原题:科学出版社)

示例2:Elsevier Science Publishers(原题:Elsevier Science Publishers)

示例3:IRRI(原题:International Rice Research Institute)

示例4:Wiley(原题:John Wiley and Sons Ltd.)

8.4.2.2 著录信息源载有多个出版者时,只著录一个或处于显要位置的出版者。

示例:Chicago:ALA,1978.

(原题:American Library Association/Chicago Canadian Library Association/Ottawa 1978)

8.4.2.3 无出版者的中文文献著录"出版者不详",外文文献著录"s. n. ",并置于方括号内。如果通过计算机网络存取的联机电子文献无出版者,可以省略此项。

示例:Salt Lake City:[s. n.],1964

8.4.3 出版日期

8.4.3.1 出版年采用公元纪年,并用阿拉伯数字著录。如有其他纪年形式时,将原有的纪年形式置于"()"内。

示例1:1947(民国三十六年)

示例2:1705(康熙四十四年)

8.4.3.2 报纸和专利文献需详细著录出版日期,其形式为"YYYY‐MM‐DD"。

示例:2000‐02‐15

8.4.3.3 出版年无法确定时,可依次选用版权年、印刷年、估计的出版年。估计的出版年需置于方括号内。

示例1:c1978

示例2:1982印刷

示例3:[1936]

8.5 页码

专著或期刊中析出文献的页码或引文页码,要求用阿拉伯数字著录(见8.6、10.1.3、10.2.4)。

8.6 析出文献

8.6.1 从专著中析出有独立著者、独立篇名的文献按4.2的有关规定著录,其析出文献与源文献的关系用"//"表示。凡是从报刊中析出具有独立著者、独立篇名的文献按4.4的有关规定著录,其析出文献与源文献的关系用"."表示。关于引文参考文献的著录与标注参见10.1.3与10.2.4。

示例1:林穗芳.美国出版业概况[M]//陆本瑞.世界出版概观.北京:中国书籍出版社,1991:1-23.

示例2:张传喜.论面向知识经济时代科技期刊编辑的知识积累[J].中国科技期刊研究,1999,10(2):89-90.

示例3:TENOPIR C. Online databases:quality control[J]. Library Journal,1987, 113(3):124-125.

8.6.2 凡是从期刊中析出的文献,应在刊名之后注明其年份、卷、期、部分号、页码。

示例1:2000,1(1):5-6

年 卷 期 页码

示例2:2000(1):23-26

年 期 页码

8.6.2.1 对从合期中析出的文献,按8.6.2的规则著录,并在圆括号内注明合期号。

示例1:1999(9/10):36-39

年 合期号 页码

8.6.2.2 凡是在同一刊物上连载的文献,其后续部分不必另行著录,可在原参考文献后直接注明后续部分的年份、卷、期、部分号、页码等。

示例1:1981(1):37-44;1981(2):47-52

年 期 页码 年 期 页码

8.6.3 凡是从报纸中析出的文献,应在报纸名后著录其出版日期与版次。

示例1:2000-03-14 (1)

年 月 日 版次

9 参考文献表

参考文献表可以按顺序编码制组织,也可以按著者—出版年制组织。

9.1 顺序编码制

参考文献表按顺序编码制组织时,各篇文献要按正文部分标注的序号依次列出(参见10.1.3)。

示例:

[1] BAKER S K, JACKSON M E. The future of resource sharing[M]. New York: The Haworth Press,1995.

[2] CHERNIK B E. Introduction to library services for library technicians[M]. Littleton,Colo.:Libraries Unlimited,Inc.,1982.

[3] 尼葛洛庞帝.数字化生存[M].胡冰,范海燕,译.海口:海南出版社,1996.

[4] 汪冰.电子图书馆理论与实践研究[M].北京:北京图书馆出版社,1997.

[5] 杨宗英.电子图书馆的现实模型[J].中国图书馆学报,1996(2):24-29.

[6] DOWLER L. The research university's dilemma:resource sharing and research in a trans instructional environment[J]. Journal Library Administration,1995,21(1/2):5-26.

9.2　著者—出版年制

参考文献表采用"著者—出版年"制组织时,各篇文献首先按文种集中,可分为中文、日文、西文、俄文、其他文种 5 部分;然后按著者字顺和出版年排列。中文文献可以按汉语拼音字顺排列(参见 10.2.4),也可以按笔画笔顺排列。

示例:

尼葛洛庞帝.1996.数字化生存[M].胡冰,范海燕,译.海口:海南出版社.

汪冰.1997.电子图书馆理论与实践研究[M].北京:北京图书馆出版社.

杨宗英.1996.电子图书馆的现实模型[J].中国图书馆学报(2):24-29.

BAKER S K, JACKSON M E. 1995. The future of resource sharing[M]. New York:The Haworth Press.

CHERNIK B E. 1982. Introduction to library services for library technicians[M]. Littleton, Colo.:Libraries Unlimited, Inc.

DOWLER L. 1995. The research university's dilemma:resource sharing and research in a transinstitutional environment[J]. Journal Library Administration,21(1/2):5-26.

10　参考文献标注法

正文中引用的文献的标注方法可以采用顺序编码制,也可以采用著者　出版年制。

10.1　顺序编码制

10.1.1　顺序编码制是按正文中引用的文献出现的先后顺序连接编码,并将序号置于方括号中。

示例:

……德国学者 N. 克罗斯研究了瑞士巴塞尔市附近侏罗山中老第三纪断裂对第三系褶皱的控制[235];之后,他又描述了西里西亚等第三条大型近南北向构造带,并提出地槽是在不均一的块体的基底上发展的思想[236]。

……

10.1.2　同一处引用多篇文献时,只须将各篇文献的序号在方括号内全部列出,各序号间用","。如遇连续序号,可标注起讫序号。

示例:引用多篇文献

裴伟[70,83]提出……

莫拉德对稳定区的节理格式的研究[255-256]

10.1.3 多次引用同一著者的同一文献时,在正文中标注首次引用的文献序号,并在序号的"[]"外著录引文页码。

示例:多次引用同一著者的同一文献

主编靠编辑思想指挥全局已是编辑界的共识[1],然而对编辑思想至今没有一个明确的界定,故不妨提出一个构架……参与讨论。由于"思想"的内涵是"客观存在反映在人的意识中经过思维活动而产生的结果"[2]1194,所以"编辑思想"的内涵就是编辑实践反映在编辑工作者的意识中,"经过思维活动而产生的结果"。……《中国青年》杂志创办人追求的高格调——理性的成熟与热点的凝聚[3],表明其读者群的文化的品位的高层次……"方针"指"引导事业前进的方向和目标"[2]354。……对编辑方针,1981年中国科协副主席裴丽生曾有过科学的论断——"自然科学学术必须坚持马列主义、毛泽东思想为指导,贯彻为国民经济发展服务,理论与实践相结合,普及与提高相结合,'百花齐放,百家争鸣'的方针。"[4]它完整地回答了为谁服务,怎样服务,如何服务得更好的问题。

……

参考文献:

[1] 张忠智.科技书刊的总编(主编)的角色要求[C]//中国科学技术期刊编辑学会建会十周年学术研讨会论文汇编.北京:中国科学技术期刊编辑学会学术委员会,1997:33-34.

[2] 中国社会科学院语言研究所词典编辑室.现代汉语词典[M].修订本.北京:商务印书馆,1996.

[3] 刘彻东.中国的青年刊物:个性特色为本[J].中国出版,1998(5):33-39.

[4] 裴丽生.在中国科协学术期刊编辑工作经验交流会上的讲话[C]//中国科协学术期刊编辑工作经验交流会资料选.北京:中国科学技术协会工作部,1981:2-10.

10.2 著者—出版年制

10.2.1 正文部分引用的文献采用著者—出版年制时,各篇文献的标注内容由著者姓氏与出版年构成,并置于"()"内。倘若只标注著者姓氏无法识别该人名时,可标注著者姓名,例如中国人著者、朝鲜人著者、日本人用汉字姓名的著者等。集体著者著述的文献可标注机关团体名称。倘若正文中已提及著者姓名,则在其后的"()"内只须著录出版年。

示例:The notion of an invisible college has been explored in the sciences (Crane 1972). Its absence among historians is noted by Stieg(1981)…

参考文献:

Cranc D. 1972. Invisible college[M]. Chicago:Univ. of Chicago Press.

STIEG M F. 1981. The information needs of historians[J]. College and Research Libraries,42(6):549-560.

10.2.2 在正文中引用多著者文献时,对欧美著者只需标注第一个著者的姓,其后附"et al";对中国著者应标注第一著者的姓名,其后附"等"字,姓氏与"等"之间留适当空隙。

10.2.3 在参考文献表中著录同一著者在同一年出版的多篇文献时,出版年后应用小写字母 a,b,c... 区别。

示例:引用同一著者同年出版的多篇文献

KENNEDY W J, GARRISON R E. 1975a. Morphology and genesis of nodular chalks and hardgrounds in the Upper Cretaceous of southern England[J]. Sedimentology,22:311-386.

KENNEDY W J, GARRISON R E. 1975b. Morphology and genesis of nodular phosphates in the Cenomanian of south-east England[J]. Lethaia,8:339-360

10.2.4 多次引用同一著者的同一文献,在正文中标注著者与出版年,并在"()"外以角标的形式著录引文页码。

示例:多次引用同一著者的同一文献

主编靠编辑思想指挥全局已是编辑界的共识(张忠智,1997),然而对编辑思想至今没有一个明确的界定,故不妨提出一个构架……参与讨论。由于"思想"的内涵是"客观存在反映在人的意识中经过思维活动而产生的结果"(中国社会科学院语言研究所词典编辑室,1996)1194,所以"编辑思想"的内涵就是编辑实践反映在编辑工作者的意识中,"经过思维活动而产生的结果"。……《中国青年》杂志创办人追求的高格调——理性的成熟与热点的凝聚(刘彻东,1998),表明其读者群的文化的品位的高层次……"方针"指"引导事业前进的方向和目标"(中国社会科学院语言研究所词典编辑室,1996)354。……对编辑方针,1981年中国科协副主席裴丽生曾有过科学的论断——"自然科学学术必须坚持马列主义、毛泽东思想为指导,贯彻为国民经济发展服务,理论与实践相结合,普及与提高相结合,'百花齐放,百家争鸣'的方针。"(裴丽生,1981)它完整地回答了为谁服务,怎样服务,如何服务得更好的问题。

……

参考文献:

裴丽生.1981.在中国科协学术期刊编辑工作经验交流会上的讲话[C]//中国科协学术期刊编辑工作经验交流会资料选.北京:中国科学技术协会工作部:2-10.

刘彻东.1998.中国的青年刊物:个性特色为本[J].中国出版(5):33-39.

张忠智.1997.科技书刊的总编(主编)的角色要求[C]//中国科学技术期刊编辑学会建会十周年学术研讨会论文汇编.北京:中国科学技术期刊编辑学会学术委员会:33-34.

中国社会科学院语言研究所词典编辑室.1996.现代汉语词典[M].修订本.北京:商务印书馆.

附录 A

（资料性附录）
顺序编码制文后参考文献表著录格式示例

A.1 普通图书

［1］广西壮族自治区林业厅. 广西自然保护区［M］. 北京：中国林业出版社，1993.

［2］蒋有绪，郭泉水，马娟，等. 中国森林群落分类及其群落学特征［M］. 北京：科学出版社，1998.

［3］唐绪军. 报业经济与报业经营［M］. 北京：新华出版社，1999：117－121.

［4］赵凯华，罗蔚茵. 新概念物理教程：力学［M］. 北京：高等教育出版社，1995.

［5］汪昂.（增补）本草备要［M］. 石印本. 上海：同文书局，1912.

［6］CRAWFPRD W, GODMAN M. Future libraries: dreams, madness, & reality［M］. Chicago: American Library Association, 1995.

［7］International Federation of Library Association and Institutions. Name of person: national usages for entry in catalogues［M］. 3rd ed. London: IFLA International Office for UBC, 1977.

［8］O'BRINE J A. Introduction to information system［M］. 7th ed. Burr Ridge, III.: Irwin, 1994.

［9］ROOD H J. Logic and structured design for computer programmers［M］. 3rd ed. ［S. l.］: Brooks/Cole-Thomson Learning, 2001.

A.2 论文集、会议录

［1］中国力学学会. 第3届全国实验流体力学学术会议论文集［C］. 天津：［出版者不祥］，1990.

［2］ROSENTHALL E M. Proceeding of the Fifth Canadian Mathematical Congress, University of Montreal, 1961［C］. Toronto: University of Toronto Press, 1963.

［3］GANZHA V G, MARY E W, VOROAHTSOV E V. Computer Algebra in scientific computing: CASC 2000: proceedings of the Third Workshop on Computer Algebra in Scientific Computing, Samarkand, October 5－9, 2000［C］. Berlin: Springer, c2000.

A.3 科技报告

［1］U. S. Department of Transportation Federal Highway Administration. Guidelines for handling excavated acid-producing materials, PB 91－194001［R］. Springfield: U. S. Department of Commerce National Information Service, 1990.

［2］World Health Organization. Factors regulating the immune response: report of WHO Scientific Group［R］. Geneva: WHO, 1970.

A.4 学位论文

［1］张志祥. 间断动力系统的随机扰动及其在守恒律方程中的应用［D］. 北京：北京大学数学学院，1998.

［2］CALMS R B. Infrared spectroscopic studies on solid oxygen［D］. Berkeley: Univ. of California, 1965.

A.5 专利文献

[1] 刘加林. 多功能一次性压舌板:中国,92214985.2[P]. 1993-04-14.

[2] 河北绿洲生态环境科技有限公司. 一种荒漠化地区植被综合培育种植方法:中国,01129210.5[P/OL]. 2001-10-24[2002-05-28]. http://211.152.9.47/sipoasp/zlijs/hyjs-yx-new.asp?recid=01129210.5&leixin.

[3] KOSEKI A, MOMOSE H, KAWAHITO M, et al. Computer:US,828402[P/OL]. 2002-05-25[2000-05-28]. http://FF&p=1&u=netahtml/PTO/search-bool.html&r=5&f=G&l=50&col=AND&d=PG01&sl=IBM. AS. &OS=AN/IBM&RS=AN/IBM.

A.6 专著中析出的文献

[1] 国家标准局信息分类编码研究所. GB/T 2659—1986 世界各国和地区名称代码[S]// 全国文献工作标准化技术委员会. 文献工作国家标准汇编:3. 北京:中国标准出版社,1988:59-92.

[2] 韩吉人. 论职工教育的特点[G]// 中国职工教育研究会. 职工教育研究论文集. 北京:人民教育出版社,1985:90-99.

[3] BUSECK P R, NORD G L, Jr., VEBLEN D R. Subsolidus phenomena in pyroxenes[M]//PREWITT C T. Pyroxense. Washington, D.C.:Mineralogical Society of America, c1980:117-211.

[4] FOURNEY M E. Advances in holographic photoelasticity[C]// American Society of Mechanical Engineers. Applied Mechanics Division. Symposium on Applications of Holography in Mechanics, August 23-25, 1971,University of Southern California, Los Angeles, California. New York:ASME, c1971:17-38.

[5] MARTIN G. Control of electronic resources in Australia[M]//PATTLE L W, COX B J. Electronic resources:selection and bibliographic control. New York:The Haworth Press,1996:85-96.

A.7 期刊中析出的文献

[1] 李炳穆. 理想的图书馆员和信息专家的素质与形象[J]. 图书情报工作,2000(2):5-8.

[2] 陶仁骥. 密码学与数学[J]. 自然杂志,1984,7(7):527.

[3] 亚洲地质图编组. 亚洲地层与地质历史概述[J]. 地质学报,1978,3:194-208.

[4] DES MARAIS D J, STRAUSS H, SUMMONS R E, et al. Carbon isotope evidence for the stepwise oxidation of the Proterozoic environment[J]. Nature, 1992,359:605-609.

[5] HEWITT J A. Technical services in 1983[J]. Library Resource Services, 1984,28(3):205-218.

A.8 报纸中析出的文献

[1] 丁文祥. 数字革命与竞争国际化[N]. 中国青年报,2000-11-20(15).

[2] 张田勤. 罪犯DNA库与生命伦理学计划[N]. 大众科技报,2000-11-12(7).

A.9 电子文献(包括专著或连续出版物中析出的电子文献)

[1] 江向东. 互联网环境下的信息处理与图书管理系统解决方案[J/OL]. 情报学报,1999,18(2):4[2000-01-18]. http://www.chinainfo.gov.cn/periodical/qbxb/qbxb99/qbxb990203.

[2] 萧鲸. 出版业信息化迈入快车道[EB/OL]. (2001-12-19)[2002-04015]. http://www.

creader. com/news/20011219/200112190019. html.

[3] CHRISTINE M. Plant physiology：plant biology in the Genome Era[J/OL]. Science，1998，281：331－332[1998－09－23]. http：//www. sciencemag. org/cgi/collection/anatmorp.

[4] METCALF S W. The tort Hall air emission study[C/OL]//The International Congress on Hazardous Waste，Atlanta Marriott Marquis Hotel，Atlanta，Georgia，June 5－8，1995：impact on human and ecological health[1998－09－22]. http：//atsdrl. atsdr. cdc. gov：8080/cong95. html.

[5] TURCOTTE D L. Fractals and chaos in geology and geophysics[M/OL]. New York：Cambridge University Press，1992[1998－09－23]. http：//www. seg. org/reviews/mccorm30. htm.

[6] Scitor Corporation. Project scheduler[CP/DK]. Sunnyvale，Calif. ：Scitor Corporation，c1983.

附录 B

（资料性附录）
文献类型和电子文献载体标志代码

B.1 文献类型和标志代码

表 B.1 文献类型代码表

文 献 类 型	标 志 代 码
普通图书	M
会议录	C
汇编	G
报纸	N
期刊	J
学位论文	D
报告	R
标准	S
专利	P
数据库	DB
计算机程序	CP
电子公告	EB

B.2 电子文献载体和标志代码

表 B.2 电子文献载体和标志代码

载 体 类 型	标 志 代 码
磁带(magnetic tape)	MT
磁盘(disk)	DK
光盘(CD-ROM)	CD

附录 5-2 信息与文献 参考文献著录规则(GB/T7714—2015)略

2015年已经颁布 GB/T7714—2015,并开始执行。2015年版与2005年版有少许修改,但由于本书已经成稿,未及修改。请读者按照2015年版执行。

第 6 章
法学学科学术交流与学术批评规范

6.1 期刊投稿注意事项

学术作品要为人所知,其方式通常有五:其一是私下里朋友、同仁之间的传阅;其二是外出参加学术会议,以文与会,甚或做会议主题报告;其三是贴到网络平台上,供网友欣赏批评指正;其四是委托出版商出版;其五是向期刊投稿。私相传阅,毕竟范围有限,主要用于为作品的修改润色征求朋友同仁的意见;以文与会,需要车马食宿之费,且往返颠簸,多有劳顿不便之处,同时传播范围也不是很大;网络发表虽然迅速及时,但易遭侵权且难以救济;委托出版需要数量不菲的经费支持,且周期较长,难以在短时间内使作品迅速传播到学术圈乃至社会公众之中。只有期刊投稿,可以比较迅速、大范围地传播作品,且没有筹措出版经费之忧。

上述 5 种作品传播方式均有作品被抄袭剽窃之忧,关键是作者要从技术上做好防范和救济的措施,学术界要树立理性的学术道德和学术规范,法律界要设计严密的学术不端惩罚机制。只有作者、学术界和法律界携手防范、惩治学术不端行为,学术交流才能正常、充分地进行下去。

6.1.1 期刊编辑关注的事项

从形式上看,期刊是一种以印刷、光盘、网络或其他形式逐次定期刊行的,按数字或年月顺序编号的,计划无限期地发行下去的连续出版物。从实质上看,期刊是学者之间进行正式、公开的学术信息交流的重要工具。期刊多由学会、协会、研究机构、民间基金乃至学者个人编辑发行。最主要的编辑机构是各种专业学会、协会、研究机构、政府部门、国际组织和高等院校。如要向上述期刊投稿,必须了解这些编辑机构的组成人员的知识结构、编辑方针、编辑风格、编辑水平、刊文取向、投稿形式。例如,专业学会、协会、研究机构编辑的期刊专业性强,大多倾向于发表反映本领域内基础理论和前沿问题的研究论文、报告和学术活动;当前法学类期刊绝大多数要求有中英文摘要、关键词、分类号。同时要注意先从专家角度将论文、报告撰写好后,再从编辑角度对论文、报告进行修改润色。甚至在很多时候,对于初次投稿、名气不大的学者来说,一开始就要从编辑角度撰写论文、报告,想编辑之所想,忧编辑之所忧。通常而言,编辑比较关注论文的如下6个方面:

第一,论文、报告的信息量。期刊本来就是用来在学者之间进行学术信息交流的工具,信息量大的期刊及其论文、报告自然受到学术共同体的青睐。对于政府部门和国际组织编辑的期刊来说,信息量的多寡更是决定论文、报告是否应被采用的重要标准。因此,作者必须注意在有限的篇幅内注入最大的信息量。"以最少的文字承载最大的信息量",是作者始终要牢记的撰稿原则。如果一篇论文不能向编辑和学术共同体传递足够大的信息量,那么这篇论文即使选题、立意、论证和论据再新再奇,也难以促使编辑采纳。

第二,论文、报告的被转载、被引用和被使用率。众所周知,这3项指标是自近代以来衡量一份期刊质量高低的最重要的指标。当然,这跟期刊及其论文、报告的信息量和对前沿问题的反映又是密切相关的。通常而言,信息量越大的期刊,上述3项指标也就越高,反之就越低。不过,这跟书目文摘数据库摘录的方针、原则甚或偏好,学术共同体在特定时期的研究取向和作者在本领域内实际控制的各种资源等非学术性因素有关,并不必然能够反映期刊的学术价值。

第三,论文、报告对高精尖问题的反映。尤其是对于学术期刊而言,学术乃是期刊的生命。如果学术期刊不能吸收、刊载足够多的反映该领域最高雅、最精深和最尖端的论文、报告,那么这样的期刊也难以被视为"学术"期刊,也难以得到学术共同体的认同。因此,多数学术期刊都非常重视论文、报告的高度、深度和前沿性。当然,在学术评价机制尚未发育成熟的时代,期刊也可能由于其他原因(例如得到行政力量或经济力量的支持)而被认定为学术期刊甚或权威期刊,但很显然,这样的期刊难以在学术史上留下它的一席之地,迟早会被后人认定为学术"怪物"。

第四,论文、报告的读者群问题。尤其是对于重视经济效益和广告效益的期刊而言,适当的读者群是非常重要的。如果期刊及其论文、报告不能吸引足够多的读者来阅读和学者来引用,那么该期刊的知名度及其广告效应就会下降,发行量自然也会随之减少。因此,对于那些重视盈利的期刊而言,论文、报告对高精尖问题的反映固然重要,但更重要的可能还是对前沿和热点问题的反映,因为这样的问题更容易引起占学术共同体主体的中等专业水平的学者的关注。

第五,论文、报告的作者群问题。通常而言,如果期刊编辑机构内部拥有一个较大甚或巨大的学术团队,那么该期刊就倾向于发表内部人员的论文、报告,除非该团队的负责人明确要求内部成员优先向外刊投稿,或优先采用外部人员的稿件。同时,如果期刊编辑机构在编辑方针中规定了特定的作者群,那么此作者群之外的学者在该刊上发表论文、报告的机会也就非常渺茫,例如那些地区性的期刊、特定语种的期刊。因此,在向这些期刊投稿时,就必须对该期刊的作者群和内部规定有所了解。例如,当前国内大学的学报就倾向于发表本校教师和研究人员的论文、报告,以反映和宣传本校的学术研究状况。

第六,论文、报告的规范程度问题。格式规范的论文、报告可以节省编辑的时间精力,同时阅读起来也比较赏心悦目,有利于作品的标准化和流通。

6.1.2 期刊投稿的注意事项

当然,在向期刊投稿时,作者也应当遵守相关的法律法规的规定,例如作品不得违反宪法和法律,不得损害公共利益;改编、翻译、注释、整理已有论文或报告时,不得侵犯原作品的著作权;不能在没有参加创作的论文、报告上署名,更不得巧取豪夺他人的论文、报告;不得"一稿多投"甚或"一稿多用"。

实践中,编辑最忌讳作者剽窃他人的作品,或在作品中弄虚作假;也非常忌讳作者"一稿多投"甚或"一稿多用"。在"一稿多投"的情况下,编辑花费了一定的时间精力审阅了一篇稿件,发现还不错准备刊用,联系作者发现稿件已为其他期刊采用。在"一稿多用"的情况下,编辑征得作者的同意,已刊载了来稿,结果发现稿件已经、同时或不久又刊载在其他期刊上。如果"一稿多投"只是浪费了编辑的时间精力的话,那么"一稿多用"则侵犯了期刊的"先载权",已触犯了现行《著作权法》第三十三条的规定。

此外,在技术上,作者在向期刊投稿时,必须注意以下6点事项:

第一,尽量满足期刊社的一些特别要求。例如有些期刊社要求作者声明"专投本刊",或者只收纸质稿,或者只认电子稿或在线投稿系统,或者必须既投纸质稿又发电子稿,或者要求作者事先签订"著作权授权合同",承诺"优先引用本刊论文",甚或邮寄一定数量的"审稿费"。事实上,面对实力雄厚的期刊和编辑市场,作为弱势一方的作者只有好好配合,才能争取多发表作品。

第二,别出心裁美化各级标题,反复优化作品结构,注意凝练摘要和关键词,尽量全面系统地收集相关文献,仔细审查作品论证思路,用心锤炼作品语言。通常而言,初审编辑和外审专家筛选作品的程序是:论题→结构→摘要→文献→论证。也就是说,第一关是"选题审查关"。他们先看论题是否符合当年的选题要求和期刊风格,如果不符合就面临淘汰的危险,但是,如果论题非常新颖和有价值的话,那么还是有机会进入下一环节的。第二关是"结构审查关"。如果作品通过了选题审查关,那么他们再看作品的结构是否合理,每部分的节标题是否新颖,是否是对论题的逻辑展开或内在论证。是否符合逻辑、经验、情理和价值等方面的要求,是他们审查作品结构的主要标准。第三关是"摘要审查关"。如果作品通过了结构审查关,那么他们再看摘要是否能够体现作品的创新之处,关键词凝练是否精准,有没有闪光之处,如果没有就淘汰。第四关是"文献综述关"。如果作品通过了摘要审查关,他们就看看作品的文献收集、整理是否全面准确、系统、即时,是否反映了该领域的最新发展成果。第五关是"论证审查关"。如果作品通过了前四关,他们就要阅读全文,看作品的论证方法是否新颖、科学,是否能够解决论题所提出的问题;看论证是否充分合理;看与论题相关的学说的评价是否公允得当。当然,如果他们能够耐下性子看完全文,那么作品大体上也就能够得到采用。

第三,初入学术门径的学者可以选择一些自己和编辑都感兴趣、个人有能力解决的热门小话题,写成篇幅精短、语言华美的作品,先向一般期刊投稿,在获得一定的产出量后再向重点期刊甚或权威期刊投稿。当然这就要求作者平时要多留心那些重要期刊、文摘(例如《新华文摘》《中国社会科学文摘》《高校文科学报文摘》《人大复印书报资料》)发布的热门选题或重大选题,要多留心党和国家发布的各类重要文件和中央领导人的讲话,要多留心各大媒体新闻报道中的热门话题和热点词汇,当然也要密切关注实践和身边发生的各类敏感事件,从中寻找、凝练吸引编辑眼球的论题。

第四,作品要尽可能地加上基金资助,级别越高、经费越多越好,最好是国家社会科学基金重大攻关项目。因为除了极少数的几本文科类最高期刊和专业最高期刊外,绝大多数期刊都比较看重"基金资助论文在年度发文总数中的百分比"这一硬指标。

第五,作品要尽量引用近 3 年新出的文献,最好能够引用最新发表的文献。同时,权威期刊上的文献至少应占 1/3。通常而言,最新的权威文献能够反映科学发现和研究的最新成果,能够追踪国际国内重大热点问题。当然,如果没有这类文献,也要尽可能地引用最近 3 年发生的重大科学发现和重大社会事件。

第六,不要以为作品投出后就万事大吉,坐等结果出来,相隔一定时间后要积极跟编辑部和编辑联系。如果对方要求你修改作品,千万不要拒绝,而是要耐心地配合,直到改到他们满意为止。对于在专业内名气不大的学者而言,可以适当地一稿多投,但不可一稿多用。在作品得到一家期刊采用后,要及时通知其他期刊终止审稿程序。

6.2 出版社投稿注意事项

6.2.1 出版社投稿的优点

虽然期刊投稿具有周期短、见刊快和没有经费筹措之忧的长处,但是也有期刊风格不一、所载作品篇幅有限、作者难以自由发挥个人观点、作品极少数情况下可能被编辑及关系密切人群抄袭或剽窃等缺点[①],而出版社投稿则有不受篇幅限制、作者可以自由发表个人见解、作品基本不可能被编辑及关系密切人群抄袭或剽窃等优点,恰好可以弥补前者的缺点,因此也是作者投稿的一个重要途径。尤其是对于那些篇幅长、内在逻辑缜密、难

---

① 有国内著名法理学家向某重要专业刊物投稿,结果论文被责任编辑当作资料转给同院某青年学者,后者将该论文中的大量内容直接移入自己的作品中,然后发表到某权威期刊。

以拆分成较短篇幅的作品而言,出版社投稿更是拥有相较于期刊投稿来说无以比拟的优势。

6.2.2 出版社投稿的注意事项

不过,出版社毕竟是出版商,它是以追求利润为主要目的的经营出版物生产、销售的商人,"以最小的成本获取最大的回报"是它一贯的行事原则。因此,在向出版社投稿时,我们必须对此抱有非常清醒的认识。

首先,在形式上,作品的文稿或图稿、绘图、照片、拓片等要完整无缺,清楚明白,符合出版要求;作品必须编制好统一的页码、图表序码;作者简介、内容简介必须言简意赅,字数适合装帧要求;作品受众必须明确,经费预算合理。同时,作者还必须注意要在显著位置留下自己的通信地址、邮政编码、电话或手机。①

其次,在程序上,必须了解出版社的专业分工,比如法学作品必须向法律编辑部投稿,否则就是白费力;必须了解出版社的稿件要求,比如绝大多数出版社要求作品符合出版社的年度选题,至少必须完成一半以上的篇幅,而且要求书名、作者、版权无争议,目录、章节条目、前言后记、注释或参考文献完备清楚;必须了解出版社的编辑业务要求,比如绝大多数出版社要求自行投稿者提供一定的出版资助,甚或要求作者主动放弃稿酬;必须了解出版社的审读、修改程序和时限,及时联系编辑或向其他出版社投稿。

再次,在实体上,作者必须享有作品的著作权和处分权,作品在内容上不侵犯他人的著作权、名誉权、肖像权、姓名权等;作品不得含有违反宪法、法律、政策和社会公序良俗的内容;作品的内容完整、确定,专业术语的使用及引文准确规范、统一,引用宪法、法律准确无误,语法修辞、标点符号和数字的使用正确,文字、图表清晰,注释、参考文献的表示规范、统一、体例、格式规范统一。

最后,在道德上,作者承担着传承、创造社会和人类文明成果的重任,因此他必须做一个有良知、有公德的人,必须清楚自己的职责所在。在法律上,作者应当对自己的作品给社会造成的直接影响和后果承担责任,因此他应当在遵守宪法和法律的前提下,促进社会主义的精神文明和法治建设。对于出版社,作者不得"一稿多用",即不得授权将作品许可或转让第三方使用;不得拒绝乙方依据法律和合同提出的修改或补正要求。

总之,作者向出版社投稿时,必须了解出版社的商业属性,经济效益是其在追求社会效益过程中的重要目标;必须清楚出版社既是一个"文化人",也是一个"商人";必须清楚自己在文化产品生活中的基础和源头地位,既明白自己的神圣职责所在,又清楚自己的权利与利益所在,充分利用道德和法律的作用,捍卫自己的合法权益。当然,在创作和出版过程中,作者也应当与出版社密切合作,听取后者对自己创作提出的合理意见,共同推动社会和人类文明的进步。

---

① 参见杨岗,栾建民.图书报纸期刊编印发业务辞典.中国经济出版社,1990:32-33.

6.3 网络发表注意事项

6.3.1 网络发表的优点

虽然网络发表有易遭侵权且难以救济的缺点,但是在网络发表规范越来越健全、网络发表平台日益成熟的今天,这些缺点正逐渐得到克服。更何况,网络发表相比于期刊和出版社投稿而言,拥有迅速及时、不受期刊风格和出版社经费限制等巨大的优点,对于那些急于发表个人最新见解又不重视体制内的发表利益的学者而言,不失为一种便捷高效的发表途径。同时,网络发表平台具有读者群广泛、学术评价民主性强等特点,如果一种见解确实是真知灼见,那么它很容易得到读者和学术共同体的认同,从而能够迅速及时地提高作者的知名度和个人声誉。对于那些初入学术门径,但又确实见解非凡的学者而言,网络发表也是使自己迅速蹿红的重要途径。

而且,进入本世纪以来,网络出版物(包括期刊和著作)正成为拥有越来越多读者群和拥有越来越重要影响力的出版物,例如由美籍华人朱威廉于1997年12月25日创作的个人主页"榕树下"(www.rongshuxia.com),现今已经成为全球最具影响力的原创作品网。[1] 很多学者利用网络媒介,成功发表了许多高质量的学术作品,从而推动了学术创作的平民化和自由化。[2] 当然,有些网络出版物只是电子出版物的附属品,例如Apabi电子图书、超星电子图书、中国期刊网的全文数据库。但是,多数网络出版物是一种"全程电子媒体",即从投稿、编辑出版、发行订购和阅读等均在网络环境中进行,真正实现了"无纸化"的投稿、编辑和阅读。从载体上看,网络出版物可以分为软盘出版物、光盘出版物和联机/网络化出版物三种。"联机出版物"在当前的出版市场上占有越来越重的分量,也为越来越多的读者和学者所使用,必将成为日后出版市场的主力军。

相比于期刊和出版社投稿而言,由于网络传播具有低成本、易接触、公开透明、公正开放、即时互动等特点,网络发表迟早将取代前者成为知识传播市场的主渠道。不经过期刊社和出版社,作者直接到互联网上发表作品,也必将成为学者首选的发表方式。

6.3.2 网络发表的注意事项

不过,在当前的学术圈中,越来越多的学者在向那些由专业学会、协会、研究机构、政府部门、国际组织和高等院校编辑的"联机出版物"投稿的同时,也尝试着在自己申请开

---

[1] 参见段兴利,叶进.网络社会学词典.甘肃人民出版社,2010:283-284.
[2] 例如:法律博客 http://www.fyfz.cn/.

通的个人网页(例如 BBS、博客、QQ 空间)上便捷地发表论文、报告和学术随笔,并与网友进行学术交流。其中,博客是当代学者出版、发表和张贴作品的简易平台,其自由度和开放度无与伦比。虽然在个人网页上发表作品可以不受前述期刊和出版社投稿的诸多限制,但是也有一些应当引起作者注意的事项。

首先,如期刊、出版社投稿一样,作品不得违反宪法和法律,不得损害公共利益;改编、翻译、注释、整理、汇编已有作品时,不得侵犯原作品的著作权;不能在没有参加创作的作品上署名;发表合作作品时,不得侵犯合作作者的著作权;不得剽窃他人作品,或在作品中弄虚作假。

其次,作品应无别字、病句和内在逻辑矛盾,不得违背生活常识、科学原理和社会伦理道德。因为网络自发作品不像期刊和出版作品那样有编辑给作者把关,所以这些细致的编辑工作必须由作者自己来做。最好是在初稿写好后,先搁置一段时间,再进行修改定稿,以便发现语言文字、逻辑结构、精神价值等方面的不足或问题。只有在反复多次修改,至少令自己感到满意,觉得无修改余地之时,才能决定贴到个人网页上发表。①

最后,作品在个人网页上发表时,要注意凝练"标签"(相当于期刊论文的关键词),而且要注意根据作品的重要程度决定是否"置顶"。

6.4 学术交流与合作注意事项

6.4.1 学术交流与合作的作用

交流与合作是人类进行知识生产的基本形式,也是学术得以发生、成长和壮大的重要条件。个人由于识见的有限性,必然要从别人那里获取知识、经验和意见,才能够弥补自身知识的不足,从而推进对自身和客观世界的认识。同时,任何情报、信息和知识的提供、传递和获取都不是单向的,而是双向的、互动的和互惠的。思想交流与商品交换的不同之处在于,前者的结果是每人得到了两种思想,而后者的结果是每人仍只有一个商品。学术交流与合作的对象是学术共同体内的成员,主要是本专业的同行,同时也兼及其他领域的专家学者;学术交流与合作的内容是有关理论研究的成果、经验和教训;学术交流与合作的方式有面对面的对话,书信和 E-mail 往来,QQ 聊天和博客互动,学术会议上的发言、提问和互动,发表出版学术论著,个人或单位之间的科技情报和资料交换,学术访问和交流,理论咨询服务,学术论文讲演。②

---

① 参见陈会昌. 中国学前教育百科全书·心理发展卷. 沈阳出版社,1995:338.
② 参见萧浩辉. 决策科学辞典. 人民出版社,1995:543.

从某种程度上讲,前述期刊和出版社投稿也可以算是一种学术交流与合作,即与期刊和出版社编辑进行学术交流与合作,在他们的指导下对作品进行修改、补充和确定。同时,那些就某一观点或理论,以"商榷""交流""探讨"为名,跟同行进行学术争论的作品也可以算是一种学术交流与合作。但是从社会学的角度讲,严格意义上的学术交流与合作应当是一种以面对面(face-to-face)为基础和核心的交流与合作,因此,前述期刊和出版社投稿很难算是一种严格意义上的学术交流与合作。从社会学的角度看,只有基于一种面对面的交流与合作,人与人之间才能产生一种真正意义上的互信。当然,也不能由此否认通过书信、电话、网络等其他方式进行的交流与合作的重要意义。

人类社会在极古的时代,就开始了小范围内的学术交流与合作,例如古希腊的雅典学园派、三国两晋的"竹林七贤"。到了近代,学术交流与合作开始走出国门,走向世界。改革开放以来,党和国家高度重视学术交流与合作,并在各个方面给予积极充足的支持。例如1977年8月8日,邓小平在《关于科学和教育工作的几点意见》中指出,"文革"的遗毒是学术不交流,不合作,这严重影响了学术的发展。他提出,学术不可能是个人在封闭状态下努力的结果,而是在开放状态下与前人、今人、中国人、外国人"交流合作"的结果。因此,他提倡学术交流、学术批评,以形成良好的学风。[①] 在知识爆炸的今天,已经很难想象一位学者不进行学术交流和合作就能创作出好的作品。

6.4.2 学术交流与合作的注意事项

从总体上看,在开展学术交流与合作时,要注意以下6点事项:

第一,学术交流与合作是一种双向互动和互惠的行为,因而,在此过程中既要向对方提供、传递学术情报、信息和知识,又要从对方那里获取对自己有帮助的学术情报、信息和知识,否则,只发生其中一种行为的学术交流与合作就变成了单方面的传经授道、理论宣传和知识付出,而没有获得对等或相应的情报、信息和知识资源,难以称得上是真正的学术交流与合作。因此,那种理论宣传、邀请外来专家或对口帮扶、决策咨询、政策建议等很难说是真正的学术交流与合作,因为它是单向的、非交互性质的。

第二,学术交流与合作是学术得以存在、发展和壮大的前提条件,同时也是一种学术形式和劳动形式,因此它可以计入年度科研工作量,以"科研积分"的形式体现学者的劳动价值和酬劳。例如,年会论文、研讨会论文可以计入年度科研评分,作为年度评优和职称晋升的参考依据。同时,要积极将学术交流与合作的成果转化为生产力,投入实践当中,以产生经济效益和社会效益,造福人类。

第三,开展学术交流与合作前,应当认真筹备、精心设计,例如派谁或与谁去开展交流与合作、跟谁交流合作、在什么时间和地点、交流合作什么、方式是什么、交流合作需要付出多少费用,都必须提前想好和设计好。应当选择至少与本人或本单位学术水平相

[①] 参见杨凤城.共和国领袖大辞典·邓小平卷.成都出版社,1993.

当,或者高出一点的个人或单位开展学术交流与合作;应当选择在双方都有充足的时间、闲暇内进行学术交流与合作;应当选择交通比较便利、环节比较幽静、安全的地点开展学术交流与合作;应当多采取受聘讲学、学术会议、合作研究、专题报告会等方式开展学术交流与合作。如果是交流与合作的对象或地点在异地,或者采取互通书信,或者举行学术会议、发表出版学术论著的方式,那么还牵涉到支付自身(到对方那儿去)或对方(请对方到这儿来)的差旅、食宿、邮寄、电话、发表出版、劳务、会务、场地租赁、观光旅游等费用的问题。学术交流与合作既然涉及工作时间调整、科研经费支出和人员派遣等事务,那么就要跟本单位主管领导、导师提前请示汇报,甚或开会讨论决定,编制预算清单,以免临时仓促草率,得不到领导、导师和单位的支持。

第四,开展学术交流与合作,如果签订合作协议,一定要明确双方的权利、义务和不履行义务应当承担的责任,千万不要遮遮掩掩,羞于言利。只有事先订有详细具体的协议条款,"丑话说在前头",并对可能的突发事件有所预计和防范,才能够真正顺利地执行协议,开展学术交流与合作。

第五,开展学术交流与合作,无论是代表个人还是单位,在与对方接触时,都要不卑不亢,有礼有节,言谈举止都必须十分注意,特别是不要随便评议本单位或对方单位的人事,更不要泄露本单位的秘密或机密。在学术交流与合作中,恰当的言谈举止无论是对于树立个人还是本单位的正面形象,都是非常重要的。

第六,开展学术交流与合作,一定要注意本人和与会人员的安全保障问题。无论是个人还是双方单位,都要采取必要的医疗、卫生、饮食、住宿、安保、交通、通信等方面的措施,保障个人的生命财产安全。尤其是到外地开展学术交流与合作时,由于不熟悉当地的地理、自然和人文环境,很容易发生人身和财产方面的安全事故,造成人身和财产方面的损失。因此,在进行正常的学术交流与合作的同时,要确保个人的人身与财产安全,杜绝一切事故、尤其是人身安全事故的发生。

6.5 学术批评的原则与方式

"批评是学术的生命",这话无论放在哪个时代,都是一个颠扑不破的真理。但是学术批评不是骂架,它有其内在的特点和发展规律,必须遵循一定的原则,采用约定俗成的方式。例如历史上墨子主张"兼爱",于是孟子就骂他"无父无子"。从学术的角度看,这就不是在批评,而是在骂架了。因为俩人是在不同的情境或论域下说话,又怎能进行正常的学术批评呢?

学术批评应该是学术共同体内部的事情,它应当遵循一定的原则,采取一定的方式进行。新中国成立以后,我们秉承执政党指导意识形态领域内的活动的方针,党和国家对学术共同体内部的学术批评提出了一些指示。例如1955年3月1日发布的《中共中央关于宣传唯物主义思想批判资产阶级唯心主义思想的指示》(以下简称《指示》)提出,为了实现社会主义建设和改造,建成社会主义社会,要在知识分子和人民群众中宣传辩证和历史唯物主义,批判资产阶级唯心主义。基于对当时国际国内、党外党内阶级斗争形势的错误估计,党中央从1954年开始对胡适、俞平伯、胡风等人的唯心主义进行批判,由此在学术和文化领域内开展了声势浩大的反对唯心主义运动。这场消灭思想和意识形态的对立面的运动,在客观上使思想趋于单一化和僵化,尤其是当它进入学术领域时,在消灭学术的多元性的同时,也扼杀了学术的生命力。《指示》将一些学术争论问题看作是唯心和唯物、姓社与姓资两股思潮之间的对立,不过还没将之绝对化。不仅如此,《指示》还提倡在科学和研究工作的基础上,以自由讨论的方法解决学术争论;反对将行政命令和民主表决的方法应用到学术争论当中,提出要尊重少数意见;提出在分清资产阶级思想队伍中的敌友我三方力量,分清政治上的反革命分子和学术思想上的错误分子,分清含有错误观点的著作和反动的著作。① 在学术领域开展思想运动,固然是党指导意识形态领域内的活动的方式之一,但采取灌输单一意识形态的方式予以贯彻,可能就有违学术本身的内在发展规律。同时,那种全民学哲学的运动不仅费时费力费物,而且还收效甚微,甚至适得其反。② 党中央及时认识到此种意识形态单一化给学术界造成的危害,并对之进行了总结和反思。到了1956年4月28日,党和国家正式提出了由毛泽东发展形成的学术领域的"百花齐放,百家争鸣"的"双百"方针,提出独立思考、自由辩论、开放批评对于学术研究的重要性。由于"双百"方针跟前述《指示》相比更加开放学术批评,引起了党内一些同志的担忧,于次年初围绕着该方针展开了一场较大范围的辩论。到1957年反右派斗争,"双百"方针受到了破坏,至"文革"开始则完全废弃。到了改革开放以后,"双百"方针重放光芒。③

6.5.1 学术批评的本质

学术批评与学术一样,其实也是一种学术活动,也要遵循学术的内在本质、基本规律和方式方法开展。例如,学术的本质是揭示事实、发现真相,从而追求真理。同样,学术批评也是为了发现真相和真理。又如,学术是人类的一种精神生产方式,它必须基于主体内心的自觉自发才能产生;学术是主体之间的一种交往方式,它必须建立在人格平等和相互尊重的基础上才能顺利开展;学术在具有精神性本质的基础上,也具有一定的物质性特点,亦即可以给主体带来一定的物质或经济利益,同时其开展也需要一定的物质条件或经济基础。同样,学术批评也是基于主体的内心自觉而发生的思想交往,同时也

---

① 参见刘海藩.历史的丰碑:中华人民共和国国史全鉴·一 政治卷.中共中央文献出版社,2004:255-256.
② 参见刘海藩.历史的丰碑:中华人民共和国国史全鉴·一 政治卷.中共中央文献出版社,2004:282-286.
③ 参见魏宏运.国史纪事本末·第二卷 社会主义过渡时期.辽宁人民出版社,2003:485-494.

受物质利益和经济基础的影响。

但是,学术批评毕竟不同于一般的学术活动,可以说它是一种特殊的学术活动。其特殊性表现在如下4个方面。

首先,学术批评的主体是复数的,亦即至少是两个主体之间的精神交往,这使其迥异于一般的学术活动:后者可以是单个主体的精神实践,可以只在单个主体与社会实践之间发生,可以只是单个主体的思想创造。很多时候,学术批评开始只是两个主体之间的小规模的思想交锋,到后来可能扩展到整个学术界。例如有关人治与法治孰优孰劣的讨论,开始只是限于高层领导之间的思想交锋,到后来扩及整个法学界乃至学术界。

其次,学术批评的对象是学术,具体地讲是某种特定的学术,亦即某种思想、理论和观点,或者某个学派及其支派。学术批评是基于已有的、且大多正在发生的学术活动而产生的,是批评者基于特定的价值立场和方法论,认为某种学术在逻辑、价值和情理等方面存在问题,而主动地发起的。如果说一般的学术活动是"一次学术"的话,那么学术批评就是"二次学术";如果说一般的学术活动是"思想生产",那么学术批评就是"思想检验"。

再次,学术批评的过程是两种不同的学术思想之间的理论交锋,是学术思想之间的摩擦、交融或汇合。在此过程中,被批评的学术思想受到严格的主体间检验,被放置于公共空间中加以严格的讨论。同时,被批评者也可以向批评者发起"反批评",甚至用同样的方式对之予以公共检验。

最后,学术批评的结果具有开放性,亦即可能是一种学术思想战胜另一种学术思想,也可能是双方势均力敌,难分高下,还有可能是双方相互妥协甚或交融汇合,从而产生一种介于两种学术思想之间的新的学术理论。

6.5.2 学术批评的原则

(一)学术批评的消极原则

消极的学术批评原则会阻碍、抑制和中断学术批评的开展,会妨碍学术本身的发展和进步,会破坏学术共同体内部的团结,打击被批评对象从事学术研究的积极性。从历史上看,"单边主义""多数主义""毁灭主义"和"政治主导"是4种比较典型的、相互关联的,且给我们的学术发展造成极大负面影响的学术批评原则。

其一,单边主义。学术批评中的单边主义在批评对方的思想、理论和观点时,拒绝、反感或回避被批评者对己方关联思想、理论和观点及批评方式的批评。此种批评原则从根本上违反了党和国家一贯坚持的"批评与自我批评相结合"的原则,违反了学术自由与民主中的"反向批评"的原则,在实践中不利于批评的正常开展和持续深入,不利于营造和谐、健康的学术批评氛围和学术风气,更不利于批评者学术水平和批评能力的提升。此种批评原则在实践中经常武断地剥夺被批评者的辩护和反驳的权利,它常常以一种居高临下的姿态审视、审判对方,常常以大话、大帽子压服对方。在学术批评中,一些老同志、学术权威、政治权威和宗教权威容易犯此种错误,应当引起他们的警惕。

其二,多数主义。学术批评中的多数主义倾向于批评那些只有少数人拥护的思想、理论和观点,而往往不加区分地拥护那些得到多数人支持的思想、理论和观点。此种批评原则也从根本上违反了学术自由原则和学术民主服从学术自由的原则,因为自由的真谛就是宽容少数者的存在,承认他们存在的合理性和正当性。在实践中,此种批评原则不利于学术尊重力量的成长,不利于真理从少数者阵营脱颖而出。此种批评原则在实践中经常采取压制、忽视和剥夺少数者的辩护和反驳权的方式,以"众声嚣嚣"淹没"少数之声"。事实上,学术研究中的少数者与多数者无论是在人格、学格,还是在真理的可能性上都是平等的、同等的,绝对不应该有高下或多少之分。

其三,毁灭主义。学术批评不是战争,也不是政治,不存在"你死我活"的斗争。学术批评的本质是帮助被批评者从谬误的丛林中走出,从谬误的假象中发现真理。学术批评是一种帮助或互助,因为被帮助者反过来也会帮助帮助者,使后者更好地认识真理,更好学会批评。但是毁灭主义却一再试图从根本上颠覆被批评者的学术思想、理论和观点,因而常常罗织证据贬低、颠覆被批评者的学术理论,且不达目的绝不罢休。

其四,政治主导。此种原则是一种以政治为准据、标准来指导、审视和从事学术批评的风气,即凡是符合政治标准和利益的学术就是好的、值得扶植的学术,反之就是应当被压制、消灭和敌对的学术。此种原则从根本上违反了党和国家的"双百"方针和学术自由原则,它带给学术界的不是福音而是灾难。此种批评原则易于使学术批评变质为政治斗争和政治倾轧,易于造成学术和政治冤案,无形中毒化了学术批评的氛围。"泛政治化"的学术批评本身是与学术本身相违背的,它已经远离了学术而驶上政治斗争的轨道。

(二)学术批评的积极原则

学术批评的总体原则是要贯彻执行"百花齐放,百家争鸣"的"双百"方针,在学术共同体中广泛深入地开展批评与自我批评,贯彻学术自由与学术民主相结合、学术民主服从学术自由的原则,树立良好的学术批评与学术讨论风气。① "双百"方针是对学术自由和学术民主的政策诠释,是对学术批评的历史总结与现实考量,也是正常的学术批评开展的政策基础。② 在开展学术批评的过程中,我们要遵循以下5条具体原则。

第一,平等原则。要在尊重对方人格、学格和允许对方辩护、反驳的前提下开展学术批评,在争论中不得有侮辱对方人格、学格,剥夺对方辩护和反驳权的行为。学术批评不是行政执法,也不是司法审判,它是建立在平等互信、相互尊重的基础上的平等主体之间的沟通交流,是建立在普适价值和共识真理上的学者之间的砥砺共进。在学术批评中,

---

① 参见刘海藩.历史的丰碑:中华人民共和国国史全鉴·十科技卷.中共中央文献出版社,2004:65-66.

② 参见许征帆.社会主义论库·中卷.北京出版社,中国人民大学出版社,1998:773-774.

没有年龄、学龄、权威、等级和权力大小之分,没有"大人物"与"小人物"之分,人人都是平等的;只要学有专长、学识,人人都是专家学者。

第二,科学原则。学术批评既然是从学术出发,为了学术,那么就必须建立在科学的基础上,而不能建立在其他基础(例如资历、学历、权力、宗教)上。在这一点上,学术批评就有点像法庭辩论,需要坚实的、经得起检验和辩驳的证据。只有拥有确凿的证据,原告或控诉方才能声称被告理亏或有罪,如果证据不充分、捕风捉影甚或是凭空捏造的,那么非但证明不了对方理亏或有罪,反而自身要承担败诉或诬告罪责。当然,学术批评所倚赖的证据也可以是逻辑、情理和法理上的证据。例如对方观点在逻辑上存在漏洞,或者不合情理,违背人类的普适价值和基本人权。正如毛泽东所说的"没有调查就没有发言权"一样,同样,在学术批评上,"没有研究也没有发言权"。对于那种倚老卖老,或仗势欺人的学术批评,被批评者大可以不理,学术共同体也可以齐声讨伐,共同驱逐。

第三,宽容原则。在学术批评过程中,要宽容异己,尤其是少数人的意见、观点、理论和思想的存在,不要采取压制、肃清的方式以企图消灭异己学说。事实上,只有不同意见和对立面的存在,真理才能够在意见的丛林中脱颖而出,学术发展才能真正繁荣昌盛。例如,没有春秋战国时期诸子百家之间自由地、雄辩地和充分地讨论争鸣,也就不可能有秦汉时法儒两家的壮大和得势;没有汉昭帝时期贤良和文学之间就盐铁专卖政策的激烈论争,也就没有儒家思想发展的小高潮。在很多时候,真理确实是掌握在少数人手里,也确实是从涓涓细流发展成声势浩大的洪流的。真理在开始显现的时候,总是存在这样或那样的矛盾或局限,但是我们不能因为它有问题就拒斥或一把掐死它,而是要耐心等待它的成长,细心呵护它。当然,这种爱护不是溺爱,而是要在批评中帮助它不断完善、锤炼自身,不断超越自身。

第四,建设原则。在开展学术批评时,要多提些建设性的批评,少提或不提破坏性的批评。从根本上讲,学术批评是帮助对方发现隐藏在谬误中或被谬误覆盖了的真理,从对方的言论中区分什么是"真理",什么是"谬误"。学术批评不是轻视、小视乃至贬低对方,相反却是对对方的尊重和珍爱。学术批评不是骂架,更不是人身攻击和批斗。学术批评是一种帮助,不是一种破坏,要尽可能地从对方的学术观点和理论中发现"真理的颗粒",不要轻易或颠覆一种观点和理论,更不要"一棍子打死一个人"。正如郭沫若院长1954年12月8日在《在中国文学艺术界联合会主席团、中国作家协会主席团扩大联席会议上的发言》中提出的,要建立"建设性的批评",得"明辨是非,分清敌友,与人为善,言之有物"。如果我们根据时代需要淡化或去掉郭老的"分清敌友"的话,那么学术批评的建设原则就是指要"明辨是非,与人为善"。其实郭老恰恰是根据源自古希腊传统的"批评"的最初含义点出批评的精髓的。当然,他将"明辨是非"理解为马列主义和毛泽东的实事求是标准,有点迎合时势的味道,对此我们可以存而不论。但是,他同时又将"在真理面前一律平等"和人人都有"根据真理行使权利权"的思想附之于"明辨是非"一词,则与源自古希腊的"批评"的意义脉络相合拍。① 批评别人是为了提升对方的学术水平,提高他对于自身和客观世界的认识。对于被批评者来说,不能回避和厌恶批评,更不能压制和消灭批评。只有提出建设性的批评,新的思想才有机会和可能从旧的理论中生发出来,并从而蓬蓬勃勃,生机盎然。

第五,批评与自我批评相结合原则。在批评别人时要不留情面,全力以赴,坚决果断;在进行自我批评时,更应严格严厉,不能容忍自己哪怕微小的错误。在进行自我批评时,要反躬自省,更要积极接受别人的批评,改进自己的批评方式,提升自己的批评水平,这样自己的学术才能获得进步和发展。批评与自我批评相结合原则的直接目的是为了营造和谐的批评氛围和风气,终极目的是为了提升批评者发现和追求真理的能力。

6.5.3 学术批评的方式

与此同时,要根据学术及学术批评的内在本质、发展规律和基本特点采取合适的方式开展学术批评,才能形成良好的学术批评氛围,才能真正达到在批评中促进学术发展的初衷。

(一) 学术批评的消极方式

不恰当的、消极的学术批评方式会迟滞、阻碍和抑制学术的发展和社会的进步,会挫伤学者研究的动力和积极性,甚至在某些特定时期会对其人格、人身带来难以弥补的创伤。总结历史经验,我们发现,"标签化""阶级斗争"和"人身攻击"是三种有代表性的、具有内在关联的、消极的学术批评方式。

首先,从历史经验看,绝对不能采取"标签化"的方式开展学术批评。20世纪上半叶,社会主义阵营中开展了声势浩大的所谓"学术批评"运动。在这场以执政党和国家主导的运动中,运动的主导者采取贴标签的方式开展学术批评,凡是不符合其政治利益的学派、思想、理论和观点就被贴上"敌人"(例如资产阶级、资本主义、唯心主义、修正主义)的标签,加以彻底"打倒"和"批判",而且不允许被批评者辩护和反驳。凡是符合其政治利益的学派、思想、理论和观点就被贴上"自己人"(例如无产阶级、社会主义、唯物主义)的标签,对方予以大肆吹捧,也不允许人们批评和驳斥。诚然,此种标签化的批评方式有利于人们明晰批评目标和集中"火力"予以批评,对于节约批评的时间、精力和智慧等成本大有好处。但是很显然,此种强行贴标签的做法,既违背了马列主义所强调的实事求是和一分为二的原则,也有违学术及学术批评的内在目的、发展规律和特点,非但无助于正常的学术批评的开展,反而有害于学术的健康发展,挫伤学者尤其是被批评者的学术积极性。如果动辄给学者"贴标签",必然会使他们不敢发真声、讲真话、办真事,必然会造

---

① 参见刘海藩.历史的丰碑:中华人民共和国国史全鉴·十三 文化卷.中共中央文献出版社,2004:78-84.

成学术领域"万马齐喑"的衰败局面。同时,此种做法对于被推崇的学派、思想、理论和观点的健康发展也是不利的。学术批评本来是学术自由的外在表现形式,它要求人们实事求是地、一分为二地对待一种思想和观点,而不能先入为主,更不能动辄采取"贴标签"的方式对待异己思想和观点,以防学术批评变质为标签之争、口号之争。实质上,此种批评方式非常类似于政治斗争的方式:凡是阻碍自己获取政治利益最大化的力量就是邪恶的,相反则是正义的。事实上,学术问题不是一派压倒甚或"打倒"另一派,相反它是学派之间的正常交锋、交流和互通,在本质上则是学派在承认普适价值的基础上,为达成更广泛的共识而展开的学术互融和互汇。学术有其内在的本质、发展规律和表现形式与特点,学术及学术批评不是政治斗争。因此,在学术批评中要坚决拒绝标签化的做法,拒绝政治化的做法,自觉与政治问题保持距离,划清界限。

其次,从历史经验看,绝对不能采取"阶级斗争"的形式开展学术批评。20 世纪 50 年代中期,党和国家在领导意识形态的活动中,由于对国内外意识形态斗争的极端认识,误以为大量阶级敌人尚潜伏或已潜入学术领域,由此错误地将一些学派和个人打入"敌对阶级"阵营,造成了不少的学术和政治冤案(例如著名的胡风事件)。实际上,在和平时代,学术领域很少或极少存在所谓的"阶级敌人",尤其是一些著名的学者,本身是经受过时代和人民群众长期考验,得到广泛、高度认同的。他们极少或不可能有什么"反党""反人民"和"反社会"的思想或行动。同时,即使他们站在唯心主义的立场上从事学术研究,也并不必然就脱离党和人民,更并不必然是反社会的。"阶级斗争"作为一把政治利刃,如果开向学者,必然会阉割他们的学术独立精神,扑灭他们的创作和研究激情。毕竟,学者不是政治家,他们难以从事也不懂得如何进行政治斗争。在实际生活中,他们中的绝大部分人自觉地跟政治保持距离,远离政治"这趟浑水"。[①]

阶级斗争从根本上讲是一种利益之争、政治之争,如果发展到极端,则是一种"你死我活"的政治斗争。虽然学术批评在一定范围和程度上也涉及利益问题,也就可能带有利益争斗的痕迹。但是从本质上看,"学术者,天下之公器也。"学术批评是从学术出发、并为了学术的行为,它的终极目标指向的是全民族和全人类的利益,而不是某个学派或个人的一己私利。因此,从本质上看,绝对不能采取"阶级斗争"的形式开展学术批评。事实上,在学术上相互对立的两个学派在阶级利益上常常是一致的,甚或就是阶级利益上的坚定同盟。人们常常可以看到,同一阶级内部的个人、团体也经常地坚持、鼓吹不同的思想、理论和观点;同样,不同阶级之间的个人、团体也经常拥护同一种思想、理论和观点。这些在学术批评的过程中是再正常不过的事了,如果对于这一点没有足够清醒的认识,就可能"打错棍子认错人",做出有违学术现状和学术发展规律的事。

最后,从历史经验看,不能采取"人身攻击"的形式开展学术批评。在 20 世纪 50 年代中期至 70 年代末长达 20 余年的时间里,党和国家领导意识形态的方式出现偏差,往

[①] 参见魏宏运.国史纪事本末·第二卷 社会主义过渡时期.辽宁人民出版社,2003:238-253.

往将学术问题与思想问题、学术问题与政治问题不分,甚至联系到人身问题,从而使学术批评变质为思想批评、政治批评乃至人身攻击。例如,本来是法治与人治的学术之争,却被运动的领导者看作是思想之争、政治之争,与学者的个人和人身问题联系起来,并且采取人身攻击乃至人身限制和消灭的方式予以解决。实际上,学术问题并不必然和学者的思想、政治问题有必然的联系,至于与人身问题更是风马牛不相及。在学术批评中,如果将它们串联在一起,就会出现学术批评"泛政治化"的局面,就会制造荒唐透顶的学术和政治冤案。事实上,"泛政治化"和"人身攻击"的方式只会侮辱学者的人格,践踏学者的尊严,泯灭学者的良知,压抑学者的创造和研究能力,毒化健康的学术环境。

(二)学术批评的积极方式

恰当的、积极的学术批评方式会推动学术、提升学术的发展,会提高、鼓舞学者从事研究的积极性。观诸历史与现实,可以发现,"逻辑检验""价值检验"和"人际检验"是3种有代表性的积极的学术批评方式。

其一,采取"逻辑检验"的方式开展学术批评。从内容上看,概念的清晰和逻辑的严密是任何思想、理论和观点应当具备的基本品质,舍此就难以成为学术。因此,在学术批评过程中,可以从逻辑的角度检验一种思想、理论和观点是否成立。如果它在概念上是模棱两可,在逻辑上是前后矛盾和混乱不堪的,那么它就难以成立,也就应当接受学术共同体的公开批评。

其二,采取"价值检验"的方式开展学术批评。众所周知,学术研究具有促进学术本身发展的内在价值和促进社会发展的外在价值。如果一种学术不具有这两种价值,那么它本身就是有问题的。学术批评就是要从这两种价值出发,对特定的思想、理论和观点进行检验。当然,在两种价值之间,前者构成了后者存在的基础,但它要服务于后者。在采取价值检验的方式开展学术批评时,要注意上述两种价值之间的内在关系,以最终判定某种思想、理论和观点价值含量的高低。

其三,采取"人际检验"的方式开展学术批评。在逻辑检验和价值检验无法解决学术纷争时,可以在遵循学术自由与学术民主的前提下,在学术共同体内采取"人际检验"的方式开展学术批评,解决学术纷争。此种批评方式是力图通过学者的自由讨论和民主商议,就特定的学术问题达成共识,以继续推进正常的学术研究和探讨。

6.5.4　总结

毫无疑问,只有在正确的理论指导下,遵循正确的原则和采取恰当的方式展开的学术批评活动,才能从根本上促进而不是扼制甚或消灭学术;只有面向实践,回应实践的学术批评,才能真正推动那种言之有物而不是空洞乏味的学术批评。同时,只有把握了学术及学术批评本质、内在发展规律和基本特点的学术批评活动,才能正确把握学术批评的大局和方向,而不使之出现不应有的偏差或失误。当然,学术批评要讲究正确的立场、观点和方法,但是不能预先指定,甚或强迫学者服从某种立场、观点和方法,而是采取学术的方式推进学术,千万不能采取政治的方式推进学术。在总结历史与现实两方面经验的基础上,我们在此再次对学术批评的5个基本问题作出如下总结:

（一）学术批评的功能

学术批评是任何一个民族、国家和社会从事学术研究和知识生产不可缺少的重要工具,它给平淡的学术研究和知识生产不断提供刺激和反思的动力,使其无暇停留和倦怠。特别是当社会处于转型和突变时期,只有学术批评才能唤醒学者的责任感、使命感,才能激励学者去勇敢地突破传统的思维方式和学术范式,激励他们在把握历史发展脉络的前提下,创造新的、适应于社会发展规律和即将到来的时代所需要的思维方式和学术范式。学术批评是使学者、学术不脱离实践、密切联系实践和着眼未来的不二法门。正是借助学术批评,学者才得以在纷繁复杂的学术流派中,分析、甄别出那些代表时代前进方向的流派,才得以在眼花缭乱的现实面前不迷失自己的方向,不随波逐流,不人云亦云。

（二）学术民主与学术自由

在学术批评中,要尊重学术发展的基本规律和特点,尊重学者的学术自由和治学风格,发扬学术民主。只要不违背人类普适价值、社会的基本道德和宪法、法律上的强行性规定,学者可以自由选择从事任何学术研究,可以选择加入、认同,或者退出、反对某一学派。党和国家对意识形态和学术研究活动的领导要服从和服务于学者的学术自由,服从和服务于学术发展的基本规律和特点。党和国家对某一学派学术研究的支持不能以干扰、打压甚或牺牲对立学派的学术研究为代价,更不能以压制、钳制对立学派学者的言论自由为代价。在学术共同体中,学术民主要服从于学术自由,千万不能借民主之名压制、剥夺少数人的学术意见,更不能行使"多数人的学术暴政"。只有奉行学术自由与学术民主相结合的方针,才能在学术批评和讨论中以和风细雨、春雨润物的方式消除学派、学者之间的理论歧见。学术民主为学术自由服务,是学术批评的根本原则。

（三）学术批评与意识形态

历史一再告诉我们,不能采取运动甚或军令的形式开展学术批评,一切以达到特定政治目的为取向的学术批评运动,最终无一例外地会牺牲乃至践踏学术。事实上,任何思想、理论和观点都有它生存的条件和理由。刻意强调或拔高某一种思想、理论和观点,本身就是有违学术发展的内在规律的。正如真理只有在辩驳中成长一样,任何一种思想、理论和观点也只有在论争中才能逐渐成长。如果采取运动的形式刻意抬高某种思想、理论和观点,非但无助于它的成长和壮大,反而会贬低乃至侮辱它的本质。

无可否认,唯物主义因其内在的理论意蕴和外在的实践能力而拥有其他思想不能比拟的崇高地位,也应当享受无可比拟的尊荣。不过,从其自身的发展历程来看,它之所以能够安享此种尊荣,完全是在与其他思想(比如唯心主义)平等地、和平地竞争中获得的,完全是认识到其科学性的人们自觉认同和选择的结果,而不是某种政治力量刻意干预的结果。同时,恰恰是一些政治力量对它的敌视和贬低,反而彰显了其内在伟力和魅力,彰显了其必然获得整个世界的历史必然性。相反,也恰恰是一些政治力量对她的刻意抬升和偏爱,侮辱了它的令名,使其无端蒙羞。

(四)学术批评与政治批斗

在学术批评中,要严防批评变质为"批斗",变质为利益斗争和权力斗争。在20世纪50年代后期,由于党和国家领导全国范围内意识形态能力的不足和对当时国内外、党内外意识形态斗争认识的偏差,本来正常的学术批评活动在短短两三年时间内就演变为政治斗争乃至政治批斗。许多是学派之争的问题被错认为是阶级之争,许多学有专长的学者被错认为右派乃至反革命,其言论遭到禁止,其人身遭受折磨甚或摧残,致使神州大地在长达10余年的时间里出现"万马齐喑"的消沉局面。

(五)学术批评与学术运动

同时,那种"全民学哲学,全民搞学术"的做法也是有违学术发展的现状和规律的。事实上,在任何一个国家和时代,真正从事知识和学术生产的只能是一小部分人,其他大多数人要从事其他(譬如物质和商品)生产。"全民搞学术"就让不熟悉学术,甚或根本没有多少文化知识的人硬闯入学术领域,在该领域内横冲直撞,甚至肆意践踏学者的人格和尊严。让不懂学术的人来搞学术,只能是使人误入歧途;让不懂学术规律的人来搞学术批评,只能是侮辱和伤害学术的尊严。当学术变成一种意识形态时,学术也就变质变味了;当全体国民都成为学者时,学术也就成了"羊头狗肉"。①

思考与案例

1. 一篇法学论文写好后,如何从众多期刊中选择你要投稿的那家?
2. 你如何看待网络发表对于传播自己法学作品的作用?
3. 你与他人合写过法学作品吗?在此过程中遇到哪些问题?你又是如何解决的?
4. 你如何看待"学术批评是学术的生命"这句话?
5. 沈某将自己已经发表的多篇论文稍作修改后投送给杂志,被人举报后辩称没有侵权。请从期刊投稿规范的角度看,沈某的做法妥当吗?在你身边,这样的现象多吗?
6. 某网站发表指责沈某夫妇重复发表、自我抄袭的化名文章,对此沈某认为此举是院内利益争斗的表现,并对网站和相关人员提起名誉侵权诉讼。请从学术批评的原则和方式的角度看,网站、沈某夫妇的做法是否妥当?

---

① 参见刘海藩.历史的丰碑:中华人民共和国国史全鉴·一 政治卷.中共中央文献出版社,2004:255-256.

附录

附录6-1　关于进一步加强学术著作出版规范的通知

新出政发〔2012〕11号

各省、自治区、直辖市新闻出版局,新疆生产建设兵团新闻出版局,解放军总政治部宣传部新闻出版局,中央和国家机关各部委、各民主党派、各人民团体出版单位主管部门,各有关行业协会,中国出版集团公司,中国教育出版传媒集团有限公司,中国科技出版传媒集团有限公司:

为了进一步提高我国学术著作出版质量,推动学术著作出版繁荣发展,树立良好的学术风气,提升我国学术著作的创新能力,促进国内外学术交流,根据《出版管理条例》、《图书出版管理规定》、《图书质量管理规定》等法规规章的规定,现就进一步加强学术著作出版规范的有关事项通知如下:

一、学术著作是作者根据某一学科或领域的研究成果而撰写的作品。这些作品或在理论上有创新见解,或在实践中有新的发明,或具有重要的文化积累价值。本通知所指学术著作包括哲学社会科学、自然科学等学科的研究型著作,通俗理论读物、科普读物等不在其列。

二、学术著作出版必须坚持为人民服务、为社会主义服务的方向,贯彻"百花齐放、百家争鸣"的方针,促进学术创新、学术交流、学术积累,有益于经济发展和社会进步,有益于提高民族素质,弘扬优秀文化,促进国际文化交流。

三、出版单位应加强学术著作选题论证,组织相关学科领域专家学者,对学术著作的学术水平、创新成果、出版价值等进行认真评估,积极探索实行同行匿名评议等评审办法,提高学术著作出版质量。

四、引文、注释、参考文献、索引等是学术著作不可或缺的重要组成部分,体现了学术研究的真实性、科学性与传承性,体现了对他人成果和读者的尊重,是反映学术著作出版水平和质量的重要内容,必须加强出版规范,严格执行国家相关标准。

引文是引自他人作品或文献资料的语句,对学术著作的观点起支持作用。引文要以必要为原则,凡引用的资料都应真实、详细、完整地注明出处。

注释对作品中某些特定的内容、术语等起到必要的补充、解释或说明作用。注释应力求客观、准确、详实。

参考文献是为撰写或编辑著作而引用的有关文献信息资源,是学术研究依据的重要体现,对研究内容起到支持、强调和补充作用。参考文献应力求系统、完整、准确、真实。

索引是指向文献或文献集合中的概念、语词及其他项目等的信息检索工具,有助于学术内容的检索、引证、交流和传播。索引的编制应力求实用、简明、便捷、完备。

学术译著应尊重原作者研究成果,力求准确完整,不应随意删改原著的引文、注释、参考文献、索引等内容。

五、学术著作的出版必须弘扬科学精神,杜绝学术抄袭、剽窃;必须保障内容、编校、装帧设计、印制质量;必须符合《出版管理条例》《图书出版管理规定》《图书质量管理规定》和国家相关法律、法规、规章和标准。

六、学术著作出版规范的执行情况将作为中国出版政府奖评奖、国家级优秀图书推荐、国家重大出版项目和国家出版基金申报与验收,以及出版单位年检、等级评估等工作的重要条件。

七、出版单位应安排具备较强学科背景的专业编辑人员担任学术著作的责任编辑。责任编辑应积极主动了解相关学科领域的学术信息,加强与相关学科领域专家学者的联系和沟通,对学术著作中的学术信息进行必要的查证、核实,确保学术质量。

出版单位要认真落实学术著作出版规范工作,加强学术著作出版人才的培养,定期对从事学术著作出版的编辑人员进行培训,制订符合学术著作出版规范的编辑出版流程和考评体系,鼓励支持优秀学术著作的出版。

出版单位要积极探索数字出版背景下有利于加强学术著作出版规范建设、提高学术著作出版质量的各种途径。

八、有关学会、行业协会和有条件的出版单位,应结合自身特点,制定符合不同学科发展规律、适合不同学科领域的学术著作出版规范细则,逐步形成系统完整的具有中国学术著作出版特点、可与国际国内学术同行交流对话的学术著作出版规范体系。

九、各省、自治区、直辖市新闻出版局及各出版单位主管部门要从提高民族创造力、提升国家文化软实力、建设社会主义文化强国的战略高度,充分认识进一步加强学术著作出版规范工作的重要性,结合各地各部门实际制定实施办法,引导和鼓励出版单位出版更多学术精品,促进学术著作出版繁荣发展。

新闻出版总署
2012 年 9 月 4 日

附录 6-2　教育部科技发展中心关于执行《在线发表科技论文的学术道德和行为规范》的通知

(2005 年 10 月 10 日发布)

各有关高校:

在线发表科技论文,打破了传统出版物的概念,免去了传统的评审、修改、编辑、印刷等程序,给科研人员提供了一个方便、快捷的交流平台,以便及时发表成果和新观点,从而使新成果得到及时推广,科研创新思想得到及时交流。

根据文责自负的原则,只要作者所投论文遵守国家相关法律,为学术范围内的讨论,有一定学术水平,且符合中国科技论文在线的基本投稿要求,可在一周内发表。但是,由于在线发表科技论文没有传统的评审过程,难免有极少数学术道德缺乏的人进入了中国科技论文在线的作者群,在线发表了一些学术水平不高、研究内容单薄,甚至是有一定抄袭行为的论文,给中国科技论文在线网站及其他论文作者带来了不良影响。同时,我们在对部分论文进行后评审时,也发现有部分作者在线发表论文时,没有遵守在中国科技论文在线网站发表论文的学术要求,存在一些不正规的行为。

为此,我们制定了《在线发表科技论文的学术道德和行为规范》,希望在中国科技论文在线网站发表论文的作者能以此自律,规范自己的科技论文写作和发表行为,重视学术道德水平的提高,共同维护中国科技论文在线良好的学术交流环境。

如发现有作者违反上述学术道德和行为规范时,中国科技论文在线网站将在查实其不良行为的事实后,在网上发表声明,公开点名谴责,并取消其已在线发表的论文,收回刊载证明。同时将其列入有不良行为者名单,禁止其三年内在中国科技论文在线网站发表论文,同时通知其所在单位,建议对其进行其他处罚。

附录6-3 在线发表科技论文的学术道德和行为规范

1. 坚持实事求是的科学精神和严肃认真、一丝不苟的科学态度,严格遵守国内外公认的论文写作规范,诚实、求真,尊重他人劳动成果,遵守国家有关法律法规。

2. 坚持公开、公正、严谨、自律的论文创作过程,防止和杜绝发生抄袭、剽窃、造假等不良行为和重大学术失误。

3. 学术论文的署名应实事求是,署名者应对该项成果承担相应的学术责任、道义责任和法律责任。

4. 学术论文应该是作者亲自进行深入研究、周密思考、精心写作、反复核查后获得的创新性知识成果,防止和杜绝粗制滥造、改头换面和重复发表的不良行为。

5. 学术论文中所使用的他人研究成果,包括观点、结论、数据、公式、表格、图件、程序等必须一一注明原始文献的出处,不使用未经亲自阅读过的二次文献;所有使用过的文献应该在文后全部按文献标注规范详实列出,避免遗漏和错误,防止和杜绝侵害他人知识产权。

6. 学术论文已经有第一种文字发表后,如需要用第二种文字二次发表时必须注明其第一种文字已在何时何种文字版期刊、论文集、网站等媒体上发表。

7. 如发现有作者违反上述学术道德和行为规范时,中国科技论文在线网站在查实其不良行为的事实后,将在网上发表声明,公开点名谴责,并取消其已发表的论文,收回刊载证明。同时将其列入有不良行为者名单,禁止其三年内在中国科技论文在线网站发表论文,通知其所在单位,建议对其进行其他处罚。

中国科技论文在线
二○○五年十月十日

附录6-4　国务院办公厅关于优化学术环境的指导意见

国办发〔2015〕94号

各省、自治区、直辖市人民政府，国务院各部委、各直属机构：

良好的学术环境是培养优秀科技人才、激发科技工作者创新活力的重要基础。近年来，我国学术环境不断改善，为推动产出重大创新成果，促进经济社会发展发挥了积极作用。但目前我国支持创新的学术氛围还不够浓厚，仍然存在科学研究自律规范不足、学术不端行为时有发生、学术活动受外部干预过多、学术评价体系和导向机制不完善等问题。为进一步优化学术环境，更好调动广大科技工作者的积极性，深入实施创新驱动发展战略，推动大众创业万众创新，经国务院同意，现提出以下意见。

一、总体要求

（一）指导思想

全面贯彻党的十八大和十八届二中、三中、四中、五中全会精神，按照党中央、国务院决策部署，强化问题导向，坚持改革驱动，全面推进人才使用、吸引、培养的体制机制创新，加快实现政府职能从研发管理向创新服务转变，着力构建符合学术发展规律的科研管理、宏观政策、学术民主、学术诚信和人才成长环境，引导科技工作者自觉践行社会主义核心价值观，促进我国创新文化建设，为科技事业持续健康发展提供有力保障。

（二）基本原则

坚持创新导向。紧紧围绕创新驱动发展、推动大众创业万众创新、提高自主创新能力的要求，破除制约创新的观念和体制障碍，支持有利于激活创新要素的探索和实践，鼓励科技工作者增强创新自信，创立新学说，开发新技术，开拓新领域，创造新价值。

坚持学术自主。维护科技工作者在科研活动中的主体地位，激发科技工作者研究探索的主观能动性，充分发挥科学共同体在学术活动中的自主作用，建立科学、规范的学术自治制度，健全激励创新的学术评价体系和导向机制。

坚持自律为本。引导科技工作者发扬爱国奉献、创新求实、淡泊名利、追求卓越的优良传统，坚守学术诚信，完善学术人格，遵守学术规范，维护学术尊严，正确行使学术权力，履行社会责任，倡导崇实、唯实、求实的良好学风。

坚持依法治学。建立保障学术自由的法治基础，强化知识产权保护，依法保障科技工作者开展学术活动的权利，引导科技工作者自觉遵守宪法和法律法规，抵制学术不端行为，确保科研活动造福人民、服务国家。

坚持宽松包容。坚持人才是第一资源的理念，营造宽松的学术环境和敢为人先、宽容失败的学术氛围，尊重科技工作者个性，倡导科学面前人人平等，鼓励学术争鸣和质疑批判,培育竞争共生的学术生态。

（三）主要目标

到2020年,在影响学术创新的科技体制机制改革关键环节和重点领域取得突破性进展,与实施创新驱动发展战略的要求相适应的科研管理、人才培养等制度体系进一步完善,学术自治理念全面落实,学术评价更加科学规范,学术生态环境明显改善,创新人才竞相涌现,科技工作者探索研究的积极性显著提升。

二、任务要求

（四）优化科研管理环境,落实扩大科研机构自主权

推动政府职能从研发管理向创新服务转变,更好发挥政府顶层设计和公共政策保障功能,尊重科技工作者科研创新的主体地位,不以行政决策代替学术决策。优化科研管理流程,避免让科技工作者陷入各类不必要的检查论证评估等事务中,确保科技工作者把更多时间和精力用在科研上。改革科研院所组织机构设置和管理运行机制,消除科研院所管理中存在的"行政化"和"官本位"弊端,实行有利于开放、协同、高效创新的扁平化管理结构,建立健全有利于激励创新、人尽其才、繁荣学术的现代科研管理制度。在国家政策制度框架下,扩大高校和科研院所在科研立项、人财物管理、科研方向和技术路线选择、国际科技交流等方面的自主权,逐步推广以项目负责人制为核心的科研组织管理模式,赋予创新型领军人才更大的人财物支配权、技术路线决策权。打破科技工作者流动的体制机制障碍,鼓励高校和科研院所采用更加开放的用人制度,自主决定聘用流动人员。搭建学术交流和合作平台,推动科研团队开展多种形式的学术研讨、交流活动。放宽对学术性会议规模、数量等方面的限制,为科技工作者参加更多的国际学术交流提供政策保障和往返便利。

（五）优化宏观政策环境,减少对科研创新和学术活动的直接干预

完善稳定支持和竞争性支持相协调的机制,改变科技资源配置竞争性项目过多的局面,对国家实验室等重大科研基地以稳定支持为主,鼓励其围绕重大科技前沿和国家目标开展持续稳定的研究。充分发挥国家科技计划在促进学科交叉、跨界融合中的平台作用,推动跨团队、跨机构、跨学科、跨领域协同创新。推动科研基础设施等科技资源开放共享,克服科研资源配置的碎片化和孤岛现象。率先在国家实验室等重大科研基地开展人事制度改革试点,建立具有国际竞争力的人才管理制度,增强对高端人才的吸引力。实行以增加知识价值为导向的分配政策,提高科研人员成果转化收益分享比例,以科技成果使用处置收益权管理改革为突破口,全面激发高校、科研院所科技工作者创新创业的积极性。改革科技评价制度,对从事基础和前沿技术研究、应用研究、成果转化等不同活动的人员实行分类评价,对以国家使命为导向的科研基地建立中长期绩效评价体系,拓宽科技社团、企业和公众参与评价的渠道,切实避免评价过多过繁、评价指标重数量轻

质量和"一刀切"的现象。

（六）优化学术民主环境，营造浓厚学术氛围

倡导学术研究百花齐放、百家争鸣，鼓励科技工作者打破定式思维和守成束缚，勇于提出新观点、创立新学说、开辟新途径、建立新学派。不得以"出成果"名义干涉科学家研究工作，不得动辄用行政化"参公管理"约束科学家，不得以过多的社会事务干扰学术活动，不得用"官本位"、"等级制"等压制学术民主。允许科学家采用弹性工作方式从事科学研究，确保用于科研和学术的时间不少于工作时间的六分之五。鼓励开展健康的学术批评，发挥小同行评议和第三方评价的作用。科学合理使用评价结果，不能以各类学术排名代替学术评价，避免学术评价结果与利益分配过度关联。

（七）优化学术诚信环境，树立良好学风

坚持道德自律和制度规范并举，建设集教育、防范、监督、惩治于一体的学术诚信体系。完善科研机构学术道德和学风监督机制，实行严格的科研信用制度，建立学术诚信档案，加大对学术不端行为的查处力度，将严重学术不端行为向社会公布，并在项目申报、职位晋升、奖励评定等方面采取限制措施。教育引导科技工作者强化诚信自律，严守学术道德，不准在科学研究中弄虚作假，严禁计算、试验等数据资料造假；不准以任何形式抄袭盗用他人的论文等科研成果；不准为追求论文发表数量和引用量粗制滥造、投机取巧；不准利用中介机构或其他第三方代写或变相代写论文，或通过金钱交易在国内外刊物上发表论文；不准违反有关规定，在论文、科研项目、奖励、人才评价等学术评审中拉关系、送人情，亵渎学术尊严。广泛开展学术道德和学风建设宣讲工作，引导科技工作者严谨治学、诚实做人，秉持奉献、创新、求实、协作的科学精神，在践行社会主义核心价值观、引领社会良好风尚中率先垂范。

（八）优化人才成长环境，促进优秀科研人才脱颖而出

坚决破除论资排辈、求全责备等传统人才观念，以更广阔的视野选拔人才、不拘一格使用人才，创造人尽其才、才尽其用、优秀人才脱颖而出的人才成长环境。重视发挥青年人才在科研工作中的生力军作用，支持更多年轻科学家担任项目负责人、组建团队承担重点课题、成长为学术带头人。鼓励青年科技工作者平等开展学术讨论和争鸣，发表学术上的新观点、新学说。健全全国优秀青年科学家的奖励制度，引导社会力量加大对优秀青年科研人才的奖励力度，通过国家奖励、高级职称聘任、院士推荐等使一批有真才实学、成就突出的青年科研人才脱颖而出。进一步发挥青年科学基金的育苗功能，增加对青年科技工作者的资助强度并扩大覆盖面，支持其开展原始性创新研究。深入实施国家千人计划特别是青年项目，吸引更多海外人才回国工作。高度重视以领军人才为核心的科研团队建设，促进科研人员协作创新。

三、保障措施

（九）发挥政府部门的引导促进职能

把优化学术环境作为深化科技体制改革的重要方面，强化顶层设计和宏观指导，不断完善促进学术繁荣发展的法律法规和政策体系。在制定科技发展规划、部署重大专项等重大决策中，广泛征求专家意见，支持科技工作者参与科技决策、充分自由表达意见建议。推进简政放权，减少对学术活动的直接干预，依法保护科技工作者正常开展学术交流的权利，维护学术秩序。建立应对潜在技术风险的合理程序，制定管理计划与伦理规范，明确科技工作者对涉及社会利益与风险的科学争论应负的社会责任。研究建立引导社会资源支持公益性科研与学术活动的相关制度。支持科技社团依法依章独立自主开展活动、有序承接政府转移职能，加大向科技社团购买服务力度，提高其创新和服务能力。

（十）强化高校和科研院所的保障作用

坚持把优化学术环境作为高校和科研院所事业发展和管理创新的重要内容，加大推进科技管理改革力度，建立健全内部治理体系，构建科学合理的激励约束和评价机制，发挥理事会、学术委员会在学术环境建设中的重要作用。更加注重科研成果的质量水平、创新性和社会价值，推动各类公共资金资助的科研成果优先在我国中英文期刊上发表，推进已发表科研成果在一定期限内存储到开放的公共知识库，实现公共利益最大化。遵循科技发展规律与人才成长规律，促进学术与行政适度分开，最大限度发挥好科技工作者在科技布局与规划、学科建设、资源配置、人才培养与管理、科技评价等方面的重要作用。

（十一）增强科技社团的自律功能

支持科技社团组织开展学术活动，搭建自由表达学术观点、开展学术交流的平台，营造维护保障学术自由的良好环境。强化学会人才举荐和科技奖励功能，发挥好同行评议的基础性作用。及时研究更新相关专业领域的章程规范，加大对学术诚信、学术道德和学术伦理的监督力度，引导科技工作者加强自我约束、自我管理，维护科技工作者学术权益。发挥科技社团第三方评估作用，组织动员科技工作者为科技发展规划、项目指南、项目后评估、资质认证等方面提供支撑。

（十二）引导企业积极承担社会责任

要正确处理技术创新与市场需求的关系，支持企业开展公益性、探索性、创新性学术活动，激励大胆创造发明，鼓励提出新观点、新方案和新途径，积极开展研究开发和科技成果转移转化。支持企业科技工作者参与学术活动，提高学术水平和技术技能，依法保障其在知识产权、技术转让等方面的权益。

（十三）突出科技工作者的主体地位

加大对优秀科技工作者和创新团队的宣传力度，在全社会营造尊崇创新、鼓励探索、宽容失败、多元包容的良好学术舆论。号召广大科技工作者坚持从自身做起，恪守科学精神，树立底线思维，坚守学术操守和道德理念，推进学术环境不断优化。支持科技工作者参加学术争鸣，尊重同行发现的优先权，客观公正评价他人的学术成果，尊重他人理性怀疑的权利，不干扰和破坏他人的学术自由，自觉杜绝并坚决抵制学术不端行为。引导科技工作者正确行使学术权力，不打着学术旗号参与商业营利性活动。鼓励科技工作者积极参与国家和社会公共事务，为重大决策提供专业支持，面向社会关切主动释疑解惑，引导公众全面、正确地理解科学技术。引导科技工作者进一步规范科研行为，遵守科学伦理准则，谨慎评估科学技术风险，避免对科学技术的不当应用。

各地区和有关部门要增强大局意识、责任意识，把优化学术环境作为重要内容纳入工作日程，加强组织领导，强化协同合作，狠抓任务落实，以更好的学术环境，激励广大科技工作者投身创新实践，为建设创新型国家、实现中华民族伟大复兴中国梦作出更大贡献。

国务院办公厅
2015 年 12 月 29 日

第 7 章
法学学科研究方法论

7.1 方法与方法论之关系

方法与方法论之间的关系问题虽然并不复杂,但是在理论叙述中也常常迷惑了不少的学者,以为它们之间并无实质区别。其实在本质上,方法是有关具体学科的研究方法,而方法论则是该具体方法的理论化、系统化和体系化,是该具体方法的理论说明,它们之间的关系就好像是技术与原理、规则与原则之间的关系。如果说方法仅包含价值中立或价值无色的技术、规则的话,那么方法论则还包含具有特定偏好或立场的价值观。

7.1.1 方法的含义、特征、性质、功能、种类及选择

(一) 方法的含义

一般而言,方法是指主体为了达到特定的目的所借助的手段。从哲学上讲,方法则是主体为了认识和改造自身和客观世界所采取的方式、程序和手段。从认识论上讲,方法是主体认识客体的中介、步骤和方式。从实践论上讲,方法是主体从事物质实践和精神实践的特定方式或手段。

在古代,人们主要是在"用具"层面言说方法的;到了近代,方法则被赋予"因果关系"的含义。方法的含义依论域和时代而稍有变化,但万变不离其宗的是,方法是主体认识、改造客体的中介和手段。

从外延上看,方法包括仪器、工具、方式、模式、标准、原则、程序、道路、门路、途径、步骤、手段、措施等技术性和程序性信息。其基本要素有:目的或目标、前提或条件、方式或手段,其中人们主要是在第三种基本要素上言说方法,因为方式或手段可以相对独立于目的和前提而存在。但是,如果不设定一定的目标,也就谈不上方法问题;如果不具备一定的条件,也谈不上方法问题;因此方法与其他基本要素之间也关系密切。

(二) 方法的特征

从特点上看,方法具有实践性、中介性、问题性和可传授性等 4 大特点。

首先,方法具有实践性,它来自实践、作用于实践和指向实践。方法是人们从实践活动中总结出来的,是对实践的不断尝试、试错。实践性是方法的本质性特征,脱离实践的方法其实就不是方法,而是玄想。方法是从人类解决问题的实践经验中产生的,即使是抽象的方法(例如哲学方法)也是对实践经验的总结、提炼和抽象。方法是人类经验、教训和智慧的总结,也体现了特定民族的文化倾向或文化选择。

其次,方法具有中介性,它是促成主体认识和改造客体的手段,是联结主体与客体的中介,始终居于主体与客体之间,媒介主体与客体之间的关系。

再次,方法具有问题性,它依存于具体问题,是为了解决物质或精神实践中发生的问题,脱离了问题,也就不存在所谓的方法。正因为有了问题,才需要解决问题的方法,才去寻找合适的方法。

最后,方法具有可传授性,是可以被掌握它的人加以讲解、传授的。那些让人无法理解、无力接受和无人传授的神秘"方术",不是方法。

根据生产方式决定生产关系,经济基础决定上层建筑的基本原理,不同的生产力和科学发展水平有不同的方法与之相适应。例如,自然经济占主导地位的古代中国,占统治地位的是整体的方法;商品经济占主导地位的近代西方,占统治地位的是分析的方法。

(三)方法的性质

方法总是为了面对、解决某个具体问题而设,无问题即无方法。从性质上看,方法有正误之分,正确的方法可以促成主体达到认识和改造客观世界的目的,可以使人事半功倍;错误的方法无助于、反而妨碍主体达到认识和改造客观世界的目的,使人事倍功半。那么,什么样的方法是正确的方法,什么样的方法又是错误的方法呢?对此比较直接的检验标准是看一种方法能否促成主体达到预定的目的,但终极的检验尺度是该种方法所包含的实践性,即来自、面向实践和符合实践发展之规律的方法是正确的方法,反之就是错误的方法,即便该种方法一时或恰好能够促成主体达到预定目的。

在自然和社会科学的论域中,科学性作为实践性的一个替代物,可以成为检验特定方法正误的标准。在人文和精神科学的论域中,伦理性或价值性则常常作为实践性的一个替代物,成为检验特定方法正误的尺度。在人文和精神科学中,对于达到同一目的,不存在唯一正确的方法。

方法其实是人们面对世界和思考问题的特定视角或角度,是人们试图从不同角度解决同一问题时必然会触碰到的手段问题。例如,从政治学的角度看,人治与法治都是统治阶级实现其惬意的统治的方式;从经济学的角度看,人治与法治都是实现团体内部有序的、集约化管理的方式;从法学的角度看,人治与法治则是两种性质迥然不同的社会治理模式。

(四)方法的功能

方法的功能就是解决理论和实践上的某个具体问题,它是联结主体与客体的中介,没有它,主体就无法达到特定目的。

其一,认识功能。方法具有认识功能,它是主体认识自身和客观世界的工具、手段。在认识论上,它可以在主体思维中复制、再现对象世界。借助方法,主体才能够获得知识,理解和认识客观世界。方法从本质上反映了人类对客观世界的认识水平,也反映了对象世界的诸多本质和规律。

其二,实践功能。方法是在人类实践活动中逐步形成和发展起来的,改造客观世界是方法的基本功能。此种实践既包括物质实践,也包括精神实践;既包括经验实践,也包括认识实践。

(五)方法的种类

从抽象性程度上看,方法可以依次分为哲学方法、一般科学方法、具体科学方法或专门方法等类型。其中哲学方法是方法之方法,与方法论的含义接近或无异,对后面三类方法具有普遍指导意义。

从应用性质上看,方法可以分为认识方法和实践方法。前者又称为"思维方法""理论方法",是人们认识客观世界的方式方法,例如抽象方法、假说方法、逻辑方法、非逻辑方法;后者又称"工作方法""经验性方法",是人们改造客观世界的方式方法,例如观察方法、实验方法。

从实践领域上看,方法可以分为科学方法、技术方法、生产方法、管理方法、创作方法、教育方法、医疗方法、社交方法,等等。①

从时代条件上看,方法可以分为原始方法、古代方法、近代方法和现代方法。原始方法是人类在原始社会中采用的非常简单粗糙的方法,主要是经验的方法;古代方法是人类在古代社会中采用的比较低水平的方法,主要是综合的方法;近代方法是人类在近代社会中采用的具有较高水平的方法,主要是分析的方法或理性的方法;现代方法是人类在现代社会中采用的适应于市场经济和严密分工的方法,主要是分析-综合的方法或超理性的方法。

由于时代划分具有交叉性,所以并不是说前一时代就没有后一时代的方法,而是说在该时代有某种方法占据着主导地位,决定了该时代方法或技术的主要特征。例如,在实践论领域,古代社会的人们就开始使用观察的方法、实验的方法,这两种基本方法一直到今天仍然为人们普遍地使用。在认识论领域,古代社会的人们也开始使用归纳的方法、演绎的方法和类推的方法,这三种基本方法也一直到今天仍然为人们普遍地使用。只不过到了近代社会,人们普遍采用实验的方法,并以此为准据来判断某种假说是否合理和科学。实验从此成为检测某种假说是否成立的主导方法,乃至唯一方法。实践论领域的实验方法得到了认识论领域的归纳方法的支持,因为单个的实验难以充分证明某种假说的科学性,只有多个实验才能增加其科学性含量。不过,由于实验方法难以穷尽假

---

① 参见王海山,王续琨.科学方法辞典.浙江教育出版社,1992:1-2.

说的可能性,因此后来认识论领域的证伪方法产生出来,对归纳方法构成补充甚或替代,将人类实践领域的方法推进到了现代化的水平。

到了近代社会,实践论领域内的观察方法也因为新材料的发现和新仪器的发明而被赋予了新的含义,或者说插上了新的翅膀。例如望远镜、显微镜等新仪器的发明,使古代的观察方法突变为近代的观察方法。实践论领域的观察方法得到了认识论领域的数学方法的支持,因为观察数据不能自动呈现结果,它要得到数学方法的支持才能提高人们的认识水平。

到现代社会,实践论领域的实验方法、观察方法也因为新材料的不断发现和新仪器不断升级而力量倍增,同时它们也得到了现代思维方法、数学方法等的支持,经过一代又一代科学家的整合,产生了诸如控制论、信息论、系统论、耗散结构论、协同学、突变论等全新的方法。[①]

（六）方法的选择

方法的选择是由多种因素来决定的,其中最主要的是主体活动的目的或目标、活动的前提或条件,以及其他因素。活动的目的是主体对活动结果的预期;活动的前提是主体所拥有的资源或条件,例如社会历史条件。

但是方法学家发现,[②]解决同样的问题,人们可能、可以采取不同的方法。那么,是什么因素决定主体采取这一方法而舍弃那一方法呢？方法学家发现,下列3种因素实质上影响了主体对方法的选择。

其一,主体的因素,例如他的世界观、思维方式、认识水平、创造能力乃至个性或癖好。

先看主体的世界观。主体对世界的理解,往往决定了他在解决特定问题时采取的方法。换言之,对特定方法的选择,体现了主体对世界的理解。

再看主体的思维方式。如前所述,方法是主体面对世界、思考问题的角度,拥有不同思维方式,思考问题的角度也不同。例如,喜欢换位思考的人往往倾向于选择大众比较接受的方法解决问题,而抱守单边主义思维的人则易于采取直截了当的方法解决问题。

最后看主体的个性。它包括主体的知识储备、毅力、观察力、判断力、包容力。例如,偏爱冒险的人倾向于选择奇巧的方法来达到其目的;而做事平稳的人则倾向于选择稳妥的方法来实现其目标。

其二,人际的因素。社会学家发现,人们有从众的现象,看到身边的人解决某一问题采取特定的方法比较奏效,也会跟着选择相同或类似的方法解决该问题。很多时候,身边人的影响甚至会潜移默化地成为人们解决特定问题时选择方法的下意识。

---

① 参见孙慕天,杨庆旺,王智忠.实用方法辞典.黑龙江人民出版社,1990:1-2.

② 方法学又称"方法科学""科学方法学",是研究方法的形成和发展规律的科学。方法学主要研究方法学的原理、部门方法学、方法学体系等问题。参见孟宪鹏.现代学科大辞典.海洋出版社,1990:212-213.

其三,外部条件。它包括主体所处的时代、物质、精神环境,所处的经济、政治和文化条件。其中,最为重要的是当时的生产力水平、科学技术水平。例如,古代中国社会的人们就很难想到用分析的方法处理问题;近代西方的人遇到社会问题时常常想到用法律加以处理。同时,具体的环境对于主体方法的选择也有着重要的影响,即所谓"因地制宜""临事创制"是也。处于紧急状况下的人们倾向于选择最常见、留给他印象最深的方法解决问题。例如,发生火灾时人们首先想到的是用水扑灭,而不是沙子、干粉和泡沫。

7.1.2 方法论的含义、特征、性质、功能、种类及选择

(一) 方法论的含义

方法论是指在特定世界观的指导下,主体认识和改造客观世界之方式、方法的体系化与理论化。方法论是在哲学层面上探讨方法的一般理论,是对方法的体系化与理论化,是人们世界观的哲学表达。方法论是对自然界、社会现象和精神现象中的客观规律的直接参透。

从外延上看,方法论包括一般原则、原理、学说、看法、观点、体系等理论信息。其基本要素有:世界观、方法、客观世界。其中,世界观是方法论的核心要素,决定着方法论的理论属性和外在特征。

(二) 方法论的特征

方法论受特定世界观的指导,同时又处处表现着世界观,两者之间相互依存,相互彰显。从特征上看,方法论具有实践性、依存性、转化性和技术性等4大特点。

首先,方法论的根本特征是实践性,即它来自实践,又运用于实践,是实践的工具,在实践中发展、完善。方法论是主体在实践活动中对事物发展的最一般规律的总结、概括和抽象。方法论随着人类实践的扩大、深化而不断更新和发展,随着时代主旋律的变化而调整、变化。例如,古代哲学方法论的总体特征是直观主义,近代哲学方法论的总体特征是理性主义和经验主义,现代哲学方法论的总体特征是唯心主义与唯物主义的对立、融合和发展。

其次,方法论与世界观相互依存,相互体现。例如,马克思主义哲学方法论的世界观是辩证唯物主义和历史唯物主义,经验主义哲学方法论的世界观是形而上学。

再次,方法论总是体现为一定的原则,或者说它要具体化为一定的原则,才可以比较恰当地指导实践。例如辩证唯物主义的哲学方法论就体现为普遍联系、对立统一、一分为二、社会存在决定社会意识、一切从实际出发、实事求是、具体问题具体分析等原则。

最后,方法论也总要体现为一定的方法或技术,或者说它要释放出一定的方法或技术,才能够对客观世界发生作用。例如,辩证唯物主义方法或技术要体现为实事求是的方法、一切从实际出发的方法,才能对物质实践和精神实践产生作用。

(三) 方法论的性质

方法论是对诸方法最一般的原则、原理、规律的发现、提炼和抽象,是为"方法之原

理""方法之方法"。方法论是人们在认识和改造客观世界的活动中对事物发生、发展和变化的一般规律的概括、总结。方法论具有一般性、普遍性和理论性,处于相同世界观指导下的不同学者的方法论基本上是相似的。方法论不是对具体方法的简单综合、归纳或总结,而是对贯穿于诸方法之内在本质、规律和关系之探讨与说明。

方法论要回答如下两个问题或承担如下两个任务:一是知识是什么,或者说什么是真实可靠的知识;二是获取此种知识的方法是什么,或者说如何获取此种知识。前一个问题由方法论要素中的世界观来回答,后一个问题由方法论要素中的方法来回答。

(四)方法论的功能

从根本上讲,方法论解决人们认识、改造客观世界中遇到的诸问题,即要解决什么是真实可靠的知识和如何获取此种知识这两大问题。

(1) 从实践论的角度看,方法论则是为具体方法之运用提供一套理论、原理、原则和合理性标准,为具体方法贡献一个世界观。方法论的功能主要是理论上的、一般意义上的,而不是具体细节上的。

(2) 从认识论的角度看,方法论以具体方法为研究对象,是对具体方法之共性、普遍性、规律性的发现、总结和提炼。借助方法论,人们可以发现各种各样的方法在殊相之下的共相,在特殊之下的一般。

(3) 从科学学上看,方法论要解决对科学理论合理性的评估和接受标准问题,要解决检验辩护、发现和发展范围内的问题。不同时代、不同类型的方法论具有不同的功能,它们在各自设定的范围内都是科学的、有效的、普适的。

(4) 从学科上看,借助方法论,人们可以对学科的目的、概念、方法进行反思,并在此基础上进行重构。当然,其前提是该学科达到了一定的发展程度,从而出现了或多或少的一些问题。例如,法学方法论之所以在当代中国突然受到学界的格外重视,就是因为中国法学发展到今天,出现了诸如方向不明、道路不畅、体系紊乱等重症,一时难以找出恰当的治疗方法。

(五)方法论的种类

(1) 依抽象程度的不同,方法论可以分为哲学方法论、一般科学方法论、具体科学方法论,三者的抽象性逐渐降低。其中,哲学方法论在诸方法论中居于基础和指导地位,是人们认识、改造客观世界的最一般的方法理论,是对后两种方法论及其下的诸种方法的总结、概括和升华,是对各门具体科学的方法论成果的汲取和提炼。一般科学方法论是指适应于自然科学和社会科学领域中认识、实践活动的方法理论,它包括这两类科学领域的认识方法论、思维方法论和实践方法论。具体科学方法论是指各门具体科学的方法理论,例如理论数学的方法论、应用数学的方法论、实证法学的方法论、规范法学的方法论、经济分析法学的方法论、社会学法学的方法论、历史法学的方法论。

(2) 依世界观的不同,方法论可以分为逻辑主义方法论和历史主义方法论,两者在任务、特征上多有不同。如表7-1所示：

表7-1 逻辑主义方法论与历史主义方法论之区别①

方法论种类	逻辑主义方法论	历史主义方法论
核心任务	是解决对科学理论合理性的评估问题和科学理论的接受标准问题	还要解决科学理论的发现、发展问题
功能限定	只解决检验辩护而非发现范围内的问题	还解决发现范围内的问题
普遍标准	对于任何时代的一切科学理论,存在某种普遍有效的统一的标准和准则	不存在超时代的对一切科学都适用的普遍有效的统一标准和准则
科学方法	存在唯一的科学方法,科学方法是纯粹形式的、中立的	是多元的、非形式的,受理论内容的影响,随理论的演变和更替而变化
方法论特征	具有规范性	具有描述性

（3）依学科性质的不同,方法论可以分为社会科学方法论和自然科学方法论,两者在研究对象、体系等方面多有不同。如表7-2所示：

表7-2 社会科学方法论与自然科学方法论之区别②

方法论种类	社会科学方法论	自然科学方法论
研究对象	社会科学研究方法	自然科学研究方法
方法特征	差异性、特殊性	共性居多
方法构成	社会调查、资料收集、分析综合、归纳演绎、抽象概括	实验、观察、类比、筛选、分析综合、归纳演绎
方法发展	吸收了自然科学的系统方法、计量方法	数学方法、模型方法、计量方法、理想化法、系统方法

（六）方法论的选择

人们对方法论的选择从根本上取决于社会生产力水平、科学技术发展水平和当时占统治地位的生产关系,同时也受主体的世界观的强烈影响。

7.1.3 方法与方法论的关系

方法是一种工具、手段,而方法论是一种学说、理论。方法论与方法之间是一种指导与被指导的关系。方法论的任务是探讨方法产生、发展和变化的机制、规律,方法的应用规则、作用和功能,以及方法之间的关系、体系。③

---

① 参见汪馥郁,朗好成.实用逻辑学词典.冶金工业出版社,1990:161-163.
② 参见林崇德,姜璐,王德胜.中国成人教育百科全书·政治·法律.南海出版公司,1992:26.
③ 参见孙慕天,杨庆旺,王智忠.实用方法辞典.黑龙江人民出版社,1990:4-5.

（一）方法与方法论的联系

从总体上看，方法与方法论之间的联系表现为如下 4 个方面：

首先，方法论是方法的基础。如果说方法论是理论，那么方法就是应用，就是技术，两者之间是"理论－技术"的关系。如果说方法论是行动的方针或原则，那么方法就是行动的方式或方法，两者之间是"方针－方式"的关系。方法论是指导人们进行思维活动和实践活动的理论、方针和原则，而方法则是人们根据具体情况采取的技术手段、方式方法。可见，方法论是方法的理论基础，方法是方法论的具体运用。

其次，方法是方法论的运用。方法是方法论的具体运用和实践展开，是对方法论的现实化。没有得到正确方法论指导的方法难以达成主体认识、改造客观世界的目的，即使偶尔成功，最终也会以整体失败告终。

再次，方法论对方法的促进作用。方法论是方法的基础，新的方法论的产生将带来方法的更新，或者说，方法论的每次进步将促生许多新的方法。方法论以方法为研究对象，方法论的修正、改进和发展将生成更多、更新的方法。

最后，方法对方法论的反作用。方法是方法论的具体应用，但是，新的方法的出现将促使人们加深对方法论的认识，从而实现方法论上的重大突破。

表 7-3　西方方法论与方法之间的关系①

时代	方法论	方法	特征
古代	直观主义	观察、实验	笼统、直观
近代	培根的经验主义	经验归纳法	机械论、形而上学
	笛卡儿的理性主义	理性演绎法	
	洛克和休谟的经验主义	归纳法、直觉方法	
	斯宾诺莎和莱布尼茨的理性演绎主义	理性演绎方法	
	康德的先验唯心主义	先验批判法	
	黑格尔的辩证法	辩证法	
现代	胡塞尔的现象学方法论	现象学方法	唯心主义倾向
	索绪尔的结构主义方法论	结构主义方法	
	杜威的实用主义方法论	实用主义方法	
	伽达默尔的解释学方法论	解释学方法	
	皮亚杰的发生学方法论	发生学方法	
	波普尔的否证学方法论	否证学方法	

---

① 参见李淮春. 马克思主义哲学全书. 中国人民大学出版社，1996：137-138.

(二) 方法与方法论的区别

方法论不是方法的简单集合或总和,当然也不能等同于方法。① 虽然在作为认识和改造客观世界的根本方法之意义上,方法论与方法在词义上似乎找到了汇合点,但是两者之间毕竟不是一回事,也无法等而视之,它们之间存在如下3点区别。

其一,在与世界观的关系上,方法论与主体的世界观距离最近,而方法则与之距离较远。方法论直接受主体世界观的指导与影响,而方法则相对独立于主体的世界观。

其二,在所处的层次上,方法论处于主体的理论层次,而方法则处于技术层次。方法论带有学理的性质和色彩,而方法则带有操作的性质和意味。

其三,在稳定性问题上,方法论相对稳定,不易随着时代、社会和情境等的变化而变化,而方法则相对易变、灵活,经常随着社会政治、经济、文化、教育等条件的变化而调整。尤其是,方法也随着主体所面对的问题和情境而发生改变。

7.2 法学方法论的含义与作用

7.2.1 法学方法论的含义、特征、性质、意义、种类及选择

(一) 法学方法论的含义

法学方法论(methodology of jurisprudence)是对法学研究的方式方法的理论化与体系化,是对探索法律及法学现象所采用之方式方法的理论说明。

从外延上看,法学方法论包括法学研究的一般规律、原理和原则,各种法学学说和法学理论,法学理论体系等理论信息。其基本要素有:法学世界观、法学理论、法学方法、法律及法学现象。其中,法学世界观是法学方法论的核心要素,决定着法学方法论的理论属性和外在特征。

从词义或语言使用习惯上看,法学界有相当一部分也用"法学方法论"指代有关适用法律的方法论,即法律方法论(methodology of legal),但本书是在有关法学研究的方法论上使用该词。

(二) 法学方法论的特征

法学方法论既具有一般方法论的诸多特征,例如受世界观的指导或制约;也拥有一般方法论不曾有的特征,例如规范性。从总体上看,法学方法论比较重要的特征有如下3个。

首先,法学方法论具有实践性的特征。法学方法论不仅来自和运用于实践,而且也

---

① 参见邹瑜,顾明.法学大辞典.中国政法大学出版社,1991:1 052.

随着实践的发展而发展完善。某个时代或社会的实践简单重复,其法学方法论也就比较单纯,反之亦然。例如19世纪中叶至19世纪末的西方社会的发展相对平稳,经济、政治、文化和教育变化不大,那时的法学方法论也就比较简单;到了20世纪、尤其是二战以后,社会诸方面发生广泛而深刻的变化,科学技术突飞猛进,各国联系密切,交往频繁,此时的法学方法论开始变得异常复杂。

其次,法学方法论具有规范性的特征。法学方法论既是法学研究的方法,其实也是法学及法律实践的方法。法学本身的实践性和法学研究的成果要运用于实践这两个特点,要求法学方法论必须特别看重对特定的方法论规范的遵循,而不能像其他方法论(例如艺术学方法论)那样相对疏离方法论规范。

最后,法学方法论具有多元的特征。在社会经济、政治、文化和教育等方面发生深刻巨变的今天,法学方法论已不能保持其诞生之初的那种单一格局或单纯特征,它变得日益丰富、复杂和多维。复杂的社会条件催生了众多的法学理论问题,引发了日益广泛而深入的法学理论争议及纷繁复杂的法学流派。

(三)法学方法论的性质

法学方法论不是对法律及法学研究的方式方法的简单归纳、总结,而是有关它们的理论说明。法学方法论具有理论性,它是法学学科的理论"硬核"和"神经中枢",也是法学学科的世界观。法学方法论是否科学,将直接影响法学理论体系的科学含量,两者之间存在正向相关的关系。

(四)法学方法论的意义

法学方法论是关于法学研究的方式方法的一般规律、原理和原则等的理论说明,是法学研究的根本指针和理论基础。从历史上看,法学方法论是法学派别立宗之基石,也是不同派别之间相互标异之旗帜,更是其评价法律现象之尺度或态度。例如历史主义的法学方法论构成了历史法学立宗、立论之基石,分析实证主义的法学方法论构成了分析法学派立宗、立论之基石,实用主义的法学方法论构成现实主义法学派立宗、立论之基础。对于法学研究而言,法学方法论具有如下3项重要意义。

(1)从认识论上看,法学方法论是法学家开展法学研究的前提条件或先决问题,法学方法论问题确立不了或解决不好,法学家就无法或难以开展有效的法学研究,从而更难以建构起可以有效解释和重构实践的法学理论体系。可以说,法学方法论是法学研究的"大脑"或"中枢",如果它出了问题,那么所建构的法学理论体系也必然会出问题。例如,资产阶级法学家以唯心主义的法学方法论从事法学研究,其所建构的形而上学的法学理论体系也就不能、或至少无法完全解释法律及法学现象。

(2)从实践论上看,法学方法论是法学家开展法律及法学实践的精神前提和精神手段,是法学家在实践中不偏向、不犯错的精神指南和精神保障。不恰当、不科学的法学方法论在绝大多数情况下会导致法学家在理论实践或精神实践中出现偏差、困惑或迷惘,从而导致实践活动的混乱、失败或误入歧途。

（3）从发展论上看，法学方法论的每一次跃升、发展或突变，无不带来与之相应的法学理论体系的调整、更新和发展，无不产生数量可观的新的术语、概念、范畴、判断、命题和陈述。同时，新的理论要素的涌现又在时刻催生着新的法学理论体系的形成。

事实上，马克思主义法学理论的每次飞跃都是以其法学方法论的更新为前提或引导的。例如，在1838—1848年期间，马克思和恩格斯开始形成、发展了新理性批判主义的法学方法论，继而又在社会和理论实践中创生历史唯物主义的法学方法论，最终才创立了马克思主义法学理论体系。在1848—1871年期间，马克思、恩格斯将上述方法论及其理论体系运用于社会实践，检验、补充和发展了马克思主义法学理论体系。在1871—1883年期间，马克思、恩格斯对以前的经验教训进行了总结、反思，深化了其历史唯物主义的法学方法论，并对马克思主义法学理论体系进行了及时的调整、完善。

（五）法学方法论的种类

法学方法论是多元的，因世界观的不同，相应的法学方法论也不同；法学方法论的体系是复杂的，在相同的世界观下，因所处层次的不同，法学方法论也不同。

（1）以世界观的不同，法学方法论可以分为唯心主义的法学方法论与唯物主义的法学方法论、实证主义的法学方法论、历史主义的法学方法论、人文主义的法学方法论，等等。

（2）如同一般方法论一样，依抽象程度的不同，法学方法论也可以分为如下3个层次：哲学方法论、一般科学方法论、具体科学方法论。其中，哲学方法论是主体世界观在法学方法论上的投射或体现，对后两种方法论具有理论指导作用，在总体法学方法论体系中居于首脑或中枢地位。哲学方法论为法学方法论提供根本的价值立场、理论"硬核"和哲学基础，例如唯心主义的法学方法论、唯物主义的法学方法论。一般科学方法论是既普适于一般科学，也适用于法学学科的方法论，例如逻辑推理方法、价值判断方法、调查研究方法、分析比较方法。具体科学方法论是专门甚或只适用于法学学科的方法论，例如规范分析方法、法律技术方法、法律解释方法。①

（3）以主体所属职业共同体或职业属性的不同，法学方法论可以分为"哲学家的法学方法论""政治学家的法学方法论"和"法学家的法学方法论"，它们在理论语言、研究范式、理论成果等方面多有不同。其中，哲学家的法学方法论是以哲学的语言、哲学的范式、哲学的方法论和哲学的理论体系研究法律及法学现象，将法学当作哲学的一个门类或子类加以对待，从而在哲学理论体系中建构法学理论体系。政治学家的法学方法论则是以政治学的语言、政治学的范式、政治学的方法论和政治学的理论体系研究法律及法学现象，将法律现象当作一种政治现象，将法学当作政治学的一个门类或子类加以对待，从而在政治学理论体系中建构法学理论体系。只有法学家的法学方法论才将法学从前

---

① 参见邹瑜，顾明.法学大辞典.中国政法大学出版社，1991：1 052.

述哲学和政治学中拯救出来,使其成为一门独立的科学。从学科意义上看,法学家的法学方法论只有到19世纪中期才正式出现,其标志性人物是奥斯丁。[①]

（六）法学方法论的选择

法学方法论是有关法学研究的方式方法的理论化,事关法学研究的方向、价值和功能,因此在实践中,法学方法论的选择对于法学家来说非常重要。尤其是对于初入法学门径的学者来说,法学方法论的选择就更加重要:因为错误的法学方法论非但无助于达成一种科学的法学理论,反而有害于科学的法学理论之达成。

从科学性抑或客观性的角度看,我们应当选择唯物主义的法学方法论从事法学研究;从主体性抑或学科性的角度看,我们应当选择法学家的法学方法论从事法学研究。当然,只有确立正确的世界观、价值观和学术志向,我们才能选择恰当的法学方法论,也才能在此后的法学方法论运用中不迷失方向。

7.2.2 法学方法论的功能与作用

功能是指事物所具有的内在特性或能力,它取决于事物的内在结构和要素。作用则是指事物对环境或其他事物发生的影响、效果。可见,功能是内在的,而作用则是外显的。

（一）法学方法论的功能

（1）从价值论上看,法学方法论对法学研究具有理论指导和价值定向功能,决定了法学家所建构的法学理论体系的性质、方向和功能。

（2）从解释学上看,法学方法论对于一个时代或社会的法律及法学现象具有比较稳定的解释功能,能够在表面上有差异的法律及法学现象下发现其共性和规律性,从而维持理论语言、范式和体系的持续性、稳定性和统一性。

（3）从社会学上看,法学方法论对于某种特定的社会统治秩序具有证成或否证功能,符合其世界观的统治秩序就可能得到它的证成,反之亦然。在法学方法论的三个层次中,哲学方法论体现总体法学方法论的价值取向（例如对形式正义与实质正义的偏好）,其对社会统治秩序的作用更加直接而明显。

（4）从规范学上看,法学方法论可以在分析、解释和评价法律现象的基础上,改革法律制度,调整其结构,健全其功能,促进法律的发展与社会的和谐。

（二）法学方法论的作用

借助法学方法论,法学家可以发现法律现象之真相及规律,可以甄别法律及法学知识之真伪,可以催生新的法律及法学方法或技术。总体言之,法学方法论至少有如下3大作用。

---

① 参见[英]约翰·奥斯丁.法理学范围.刘星,译.中国法制出版社,2002.

(1) 从历史上看,法学方法论曾帮助法学从其他学科中分化出来,赢得了独立和自尊。此种法学方法论就是规范主义法学方法论,它曾促使法学从哲学、伦理学和政治学等学科中独立出来,一跃成为西方世界之显学。

(2) 从理论上看,法学方法论可以帮助法学家更好地发现法律之本质、规律、原理和原则,可以帮助他们建立逻辑自洽、脉络清晰和价值妥当的理论体系。例如理性主义法学方法论促使法学家注意到法律是人类理性自觉之产物,是社会正义感之外显的一面,注意到法律对某种特定理想图景的追求或谋划的一面。分析实证主义法学方法论促使法学家认识到法律所伴随的国家暴力的一面,认识到法律与其他诸如道德、宗教规范在性质上截然不同的一面。社会实证主义法学方法论促使法学家认识到法律作为一种社会现象的一面,认识到法律与其他诸如道德、宗教现象相类似的一面,认识到法律与其他社会因素之间的关联甚或因果关系。①

(3) 从实践上看,法学方法论作为与法律及法学世界观直接联系的理论,可以指导具体法律及法学方法或技术之运用,可以帮助法律家及法学家进行价值定位、实践定位。

7.3 法学研究一般方法的使用要求

7.3.1 法学研究一般方法的含义、特征、性质、功能、种类

(一) 法学研究一般方法的含义

法学研究的一般方法(method of jurisprudence)是指在法学研究中经常地、普遍地使用的方法,主要有逻辑学的方法、解释学的方法、哲学的方法、伦理学的方法、管理学的方法、政治学的方法、历史学的方法、社会学的方法、经济学的方法,等等。

(二) 法学研究一般方法的特征

法学研究的一般方法除了法学本身所独有的方法(例如规范分析方法、法律技术方法、法律解释方法),主要还包括那些法学以前所从属的学科(例如哲学、政治学)和与法学学科性质相近的学科(例如伦理学、管理学)的方法。

首先,法学研究的一般方法使用历史最长、频率最高、功效最显著,是法学研究的传统方法、惯用方法和核心方法。其中,规范分析方法、法律技术方法和法律解释方法是法学之所以成为法学的标志,是法学家之所以成为法学家的必备技能。

其次,法学研究的一般方法与相邻学科的关系密切,同时也随着相邻学科的发展而

---

① 参见张晋藩.中华法学大辞典·法律史学卷.中国检察出版社,1999:93.

发展。例如随着控制论、信息论、耗散结构论等学科的兴起,法学研究的一般方法也随之作出调整,积极吸收这些方法的加入。

（三）法学研究一般方法的性质

法学研究的一般方法是关系到法学学科性质的方法,其中一些方法(例如规范分析方法)是法学从哲学、伦理学、政治学中独立出来时倚仗的方法,因此熟练掌握如何运用这些方法的技巧,对于初入法学门径的人非常重要。

（四）法学研究一般方法的功能

借助法学研究的一般方法,人们能够解决传统法学提出的大多数问题,例如立法的问题、执法的问题、法律监督的问题、司法的问题。但是,随着社会政治、经济、文化和教育条件的变化,尤其是科学技术的发展,许多新的法律问题不断涌现,法学研究的一般方法已经显得捉襟见肘,难以应付。例如,航天技术、核技术、基因技术、安乐死、同性婚姻、互联网就向法学研究的一般方法提出了挑战,要求它做出全新的解答。

（五）法学研究一般方法的种类

用不同的观点观察、分析和研究法律及法学,就形成不同的法学研究方法。例如,用价值科学的方法来研究法律及法学,就形成"价值分析的法学研究方法";用哲学的原理、范畴和方法来研究法律及法学,就形成"哲学的法学研究方法";用实证分析的方法来研究法律及法学,就形成"实证的法学研究方法";用比较的视角来研究法律及法学,就形成"比较的法学研究方法";用社会学的观点来研究法律及法学,就形成"社会学的法学研究方法";用系统论的观点来研究法律及法学,就形成"系统论的法学研究方法",或"法学研究的系统方法";同时运用不同的观点观察、分析和研究法律及法学,就形成"综合的法学研究方法"。

(1) 哲学的法学研究方法。该种方法又常常被简称为"法哲学方法",它是采用哲学的原理、范畴和方法来研究法律及法学的方法。在传统法学中,哲学的法学研究方法被奉为法学方法论之核心,拥有至高无上的地位。[①] 但事实上,它是诸多法学研究方法的总称,例如它囊括了唯心主义和形而上学的方法、唯物主义和辩证法的方法,其中前者又包括所谓资产阶级法学家的研究方法,后者则包括所谓马克思主义的法学研究方法。

(2) 价值分析的法学研究方法。该种方法又常被简称为"价值法学方法",它是借助价值科学的一般理论、原理和原则研究法律的本质、实质或理想的法学研究方法。其基本主张有:其一,是法律内在的理想、目标而不是其外在的形式、结构决定了法律的本质;其二,法律的应然牵引和决定着法律的形式和结构,决定着法律发展演变的方向;其三,法的产生和运行的整个过程都贯注了人的价值诉求。价值分析的法学研究方法是法学

---

① 参见孙国华.中华法学大辞典·法理学卷.中国检察出版社,1997:148.

研究的传统方法,在传统法学方法论中占有非常重要的地位,为自然法学、马克思主义法学所力倡,而为实证法学所贬弃。

(3) 历史的法学研究方法。该种方法又常被简称为"历史法学方法",它是通过追溯法律产生、发展和演变的历史脉络来探索法律生成与运行的一般规律、过程和原理的法学研究方法。其基本主张有:其一,探寻法律之根源,以发现一种有机的原理和有生命力的事物;其二,法律是被发现而非创立的,它是民族精神之体现;其三,习惯法体现了民族的精神和意志,成文法是对习惯法的加工;其四,法的实现要依赖其背后的社会力量;其五,法的发展是一个"从身份到契约的运动"。① 在历史法学那里,该种方法是建立在唯心主义的基础上,而在马克思主义法学那里,则是建立在唯物辩证法的基础上,因而才真正能够发现法律生成与运行的内在规律。

(4) 实证的法学研究方法。该种方法又常被简称为"实证法学方法",它是通过观察、调查来分析、研究法律现象的法学研究方法。实证的法学研究方法自古就为学者所使用,因为人们希望把握确实可靠而不是虚幻想象的事物,希望对法律问题有一种真实的体验。该种方法与逻辑学相结合,曾经推动法学作为一门科学获得了独立,并在当时得到了厌倦了形而上学的法学研究方法的学者的青睐。其基本主张有:其一,只有通过观察、调查才能获得有关法律的知识,其他方法只能使人误入歧途;其二,人们能够认识的只能是经验事实,而无法认识诸如本质、实质、观念之类的事物;其三,分析归纳是唯一科学的法学研究方法,其他诸如抽象推理是诉诸人类联想的非科学的法学研究方法。以研究对象的不同,该种方法可以分为社会实证的法学研究方法、规范实证的法学研究方法和逻辑实证的法学研究方法。② 其中,社会实证的法学研究方法与社会学的法学研究方法相似或具有亲缘关系,它是通过观察、调查来收集、分析与立法、执法和司法相关的各种社会因素,以此研究法律的方法;规范实证的法学研究方法类似于规范分析的法学研究方法,它是将实在法当作真实存在的、唯一正当的法,从而判定其他规范是否具有法的属性及是否正当合法的方法;逻辑实证的法学研究方法则侧重于借助逻辑学的工具对实在法进行分析、研究的方法。

(5) 比较的法学研究方法。该种方法又常被简称为"比较法学方法",它是采取比较的视角,力图发现、分析和研究不同法系、法律体系、法律制度、法区和法律部门等法律单元之间的异同的法学研究方法。比较的法学研究方法从很早开始就为学者所使用,当然开始可能是不自觉的、偶然的,到后来就变成一种经常性的、自觉的法学研究方法,这个时代可能出现在 19 世纪初。当法学成为一门独立的科学,并逐渐发展壮大和内部越来越分化以后,比较的法学研究方法就成为一门专门的学问,被称为"比较法学"。该种方

---

① 参见饶鑫贤.北京大学法学百科全书·外国法律思想史.北京大学出版社,2000:470.

② 有人提出还有价值实证的法学研究方法,但此种提法仍未为学界所普遍接受,故为本书所不采。参见谢晖.论规范分析方法.中国法学,2009(2):36-44.

法比较的对象也从法条发展到法律文化、法律传统、法律效果等涉法因素。

(6) 社会学的法学研究方法。该种方法又常被简称为"法律社会学方法"，它是运用社会学的原理、观点和方法，研究法律及法学的法学研究方法。其基本主张有：其一，将法律看作一种社会现象，将其放置到整个社会系统中进行系统论、功能论和效果论等方面的研究；其二，研究法律对社会产生的作用和社会对法律的反作用（例如制约、促进、推动），研究法律与社会诸要素或力量之间的相互作用和相互关系；其三，采取双向的视角，通过法律来研究社会和通过社会来研究法律，从而达到对法律和社会问题的双向审视。其基本研究方法有：综合系统的方法、效果论的方法、工程论的方法、调查的方法、统计的方法、观察的方法、比较的方法、实验的方法。社会学的法学研究方法从很早就开始就为学者不自觉地、偶尔地使用，但真正成为一种流行的方法，是在近代。例如，孟德斯鸠、萨维尼、梅因等人就自觉地使用过该种方法，探讨法的精神、法与社会的相互关系等问题。20世纪初，该种方法达到鼎盛，并形成了一个独立的学派，被称为"社会学法学"，其至今方兴未艾。

(7) 系统论的法学研究方法。该种方法又常被简称为"系统法学方法"，它是采用系统科学的原理、方法来研究法律及法学的方法。此方法强调把法律及法学看作一个整体，采取综合的、动态的方法加以研究。① 例如，在现代西方诸法学流派中，社会学法学就比较注重把法律看作一种社会现象，将其放置到整个社会系统中进行发生学、功能论等方面的研究。又如，规范分析法学则比较注重把法律看作一个相对独立、自足的系统，研究其内部各子系统之间的相互关系（例如层次关系、制约关系、协调关系和影响关系）。又如，历史法学也注重把法律看作一种历史现象，看作特定历史条件下，各种因素相互作用的产物。系统论的法学研究方法发展到后来，形成了一门叫作"法律系统工程学"（简称"法律工程学"）的边缘的、交叉的、综合的学科，以研究法律的制定与运行中的功效问题。其基本主张有：其一，整体大于部分之和；其二，高度分化基础上的高度综合；其三，社会科学与自然科学一体化。②

(8) 综合的法学研究方法。该种方法综合运用社会学的方法、经济学的方法、心理学的方法、历史学的方法、伦理学的方法等研究法律现象，认为此前的各执一端，不能观法律之全貌，只有汲取各学科方法之长，才能发现、还原法律之真相。综合的法学研究方法是法学研究发展到一定阶段，法学学科分化到一定程度的必然产物，是人们认识到此前单一方法的局限性后的必然选择。

对于其他的法学研究方法，限于篇幅，兹不一一介绍，谨表示如表7-4：

---

① 参见孙国华.中华法学大辞典·法理学卷.中国检察出版社,1997:148,164-165.
② 参见孟宪鹏.现代学科大辞典.海洋出版社,1990:658-659.

表 7-4　法学研究的其他方法

法学研究方法	定义	基本主张
经济学方法	用经济学的原理、命题和方法来分析、解释和研究法律现象的方法。	行为人追求自身利益最大化;制度设计是以最小的成本获取最大的收益。
人类学方法	借助人类学的田野调查、案例分析等方法来探讨法律的起源、功能和流变的方法。	事物的胚芽决定其本质,法律的源头隐藏其流变的奥妙。
理想类型方法	借助自然主义社会学的"文化"概念和对历史事实的科学划定方法来描述法律秩序发展的一般模式的方法。	文化是一种社会—历史现象;法律体系的发展经过了神启法、特权法、专家法等类型。
心理学方法	用心理学的方法研究法律产生、发展和演变的规律的方法。	探索人们从事法律行为时的心理状态;反思已有法学理论的科学性。
符号学方法	用符号学的观点和方法研究法律现象的方法。	探索法律符号系统在使用者之间传递法律信息的机制;探索法律现象背后的深层结构。
法律成员方法	通过研究社会成员为创造一种有序感觉所使用的方法。	官方统计资料是收集者之常识判断的产物;通过对话分析来了解其自我归类、自我解释和行为动机。①

7.3.2　法学研究一般方法的使用要求

（一）法学研究一般方法的使用原则

在运用法学研究的一般方法认识法律及法学现象,改造法律世界时,要始终清醒地认识到以下 3 点：

首先,任何方法都有其生效的前提条件,脱离了这些前提,方法也就发挥不了什么功能,至少无法发挥原来的或正面的功能;任何方法都有其特定的作用方式,不遵循这些方式,也就无法使方法发挥应有的作用;任何方法都有其功能的边界,超越了此种边界,方法就无能为力。因此,运用法学研究的一般方法时,要留心该种方法生效的前提、作用的方式和功能的边界。②

其次,虽然任何方法都是从特定的立场、角度或视角观察、分析和研究法律及法学现象,但是作为研究者,我们必须首先选择一个恰当的立场来运用该种方法,并且时刻意识到能与不能之处,意识到其局限性。如果我们没有一个坚定的、恰当的立场,那么我们就会在面对纷繁复杂、千姿百态的法学研究一般方法时丧失本有的方向,出现迷惘、困惑和苦恼。

最后,在运用非马克思主义的法学研究的一般方法时,要注意学会辩证地、唯物地对

---

① 参见孙国华.中华法学大辞典·法理学卷.中国检察出版社,1997:91.
② 参见李可.法学方法论原理.法律出版社,2011:31-34.

待它们,扬其所长,弃其所短,汲取其合理的一面,为我所用。不过,同时也要认识到,任何方法都有其产生的特定历史条件,生效的前提条件和发挥作用的特定方式,因而要历史地、整体地和全面地对待、运用该种方法,切不可任意剪裁乃至阉割该种方法。

辩证唯物主义和历史唯物主义的世界观和方法论是历史上迄今为止最全面、最科学的一种方法论,在运用其他方法认识法律及法学现象,改造法律世界时,应当以之为指导和原则,才能不致迷失方向,误入歧途。

(二)法学研究一般方法的使用规则

在运用法学研究一般方法认识法律现象,改造法律世界时,要始终遵循以下3条规则:

其一,完整规则。如前所述,任何方法都有其生效的前提、作用的方式和功能的边界,都有其产生的历史背景或文化条件,因此在运用法学研究的一般方法认识和改造法律世界时,一定要将之当作一个有其产生、发展和演变历史的事物加以整体的对待,切不可脱离开特定的历史背景和文化条件去理解、运用法学研究的一般方法。

其二,结合规则。运用任何单一的方法去从事研究都只能观照到对象的某一个点或部分,而无法观其全局或全貌,因而也就难免失之偏颇。因此,在运用某种特定的主要方法从事研究时,一定要结合其他方法对研究对象予以审视,以弥补该主要方法的偏颇或不足。法律作为一个相互联系、错综复杂的系统工程,更是要求法学家在采用某种特定的法学方法研究的一般方法进行观察、分析时,一定要结合其他法学研究的一般方法予以补充性审视,以防止偏见和独断的产生。

其三,适合规则。在决定是否选择某种特定方法去研究对象时,一定要根据对象本身的性质进行取舍,否则就会出现工具与对象不合的尴尬局面。在选择法学研究的一般方法观察、分析法律现象时,也一定要反复考虑该种现象之性质和特点,然后选择适合的法学研究的一般方法。

7.4 法学研究专门方法的使用要求

7.4.1 法学研究专门方法的含义、特征、性质、功能、种类

(一)法学研究专门方法的含义

法学研究专门方法是指最早使法学从其他学科(主要是哲学、伦理学和政治学)中独立出来、在法学研究中长期使用,得到法学家普遍认同的研究方法,也可以称为"法学研究的传统方法"或"法学研究的惯用方法"。

(二)法学研究专门方法的特征

法学研究专门方法是法学研究方法中比较独特、能够体现和彰显法学的本质或特殊

性,并且得到法学界普遍认同的研究方法。

首先,法味很浓。法学研究专门方法必须具有浓厚的法律及法学意味,而不是具有其他(比如哲学、伦理学、政治学、社会学、经济学)意味。

其次,就法论法。法学研究专门方法是自立自足,不假外求的,借助它,法学家能够自圆其说地解释和分析法律现象。

最后,普遍认同。法学研究专门方法是在法学的长期的发展中生成的,它不断得到法学家的使用、修正和补充,认同率高、使用频繁、功效显著。例如,最早出现的法学研究专门方法——注释的法学研究方法到现在还为人们普遍使用。

(三)法学研究专门方法的性质

法学研究的专门方法"就法论法",带有强烈的规范实证和形式主义色彩。但是,此种方法能够体现和彰显法学的本质和特殊性,为法学研究所不可或缺,大凡初学法律者必须掌握此种方法,才得入法学门径。因此,法学研究的专门方法在法学方法体系中占有非常重要乃至核心的地位,亦为法律实务家必备之技。

法学研究的专门方法与法学研究特殊方法不是一回事,前者是指使法学学科获得独立、最常为人所使用并得到普遍认同的研究方法(例如规范分析方法);后者则是指法学学科所独有的、其他学科不具有或至少不常用的研究方法(例如法律技术方法、法律解释方法)。

(四)法学研究专门方法的功能

法学研究的专门方法"就法论法",具有还原法律文本之原貌、探寻立法者之原意、补充发展法律等重要功能。

(1)从认识论上看,法学研究的专门方法可以帮助法学家还原法律文本的原貌,探寻立法者的原意和发现法律的原则及目的。

(2)从实践论上看,法学研究的专门方法可以帮助法学家运用法律解决实际问题,从事法律汇编、法典编纂等活动。

(3)从解释学上看,法学研究的专门方法可以帮助政治家对实在法进行正当性和合理性论证,寻求最佳的、通过法律的统治方式。

(五)法学研究专门方法的种类

法学最早从属哲学、伦理学和政治学,当从这些学科中分化独立出来后,它也从它们那里借用了不少研究方法,在根据自身性质、特点加以修改、补充后,就成为其研究的专门方法。这些方法主要有注释的法学研究方法、解释的法学研究方法、逻辑推理的法学研究方法、规范分析的法学研究方法和系统化的法学研究方法。

(1)注释的法学研究方法。该种方法又常被简称为"注释法学方法",它是在法律文本(例如原始典籍)行间或边幅添加注解来研究法律的含义、发展和演变的法学研究方法。此种方法对还原法律文本之原貌,探寻立法者的原意和发现法律的原则及目的等多有帮助。注释的法学研究方法自古就为东西方学者所使用,并形成蔚为壮观的注释法学传统或注释法学派。在长期的学术发展中,此种方法先后演变为评注的法学研究方法、评论的法学研究方法,对于后来的规范实证分析的法学研究方法具有一定的启发作用。

(2) 解释的法学研究方法。从广义上看,注释也是解释,即用近义的、通俗的、日常的语言代替专业的、晦涩的语言。但在约定俗成的意义上,解释的含义比注释要广:不拘泥于语言内的含义,试图对语言外的意义进行阐释和引申,使法律文本主动适应于当下的社会生活。

(3) 逻辑推理的法学研究方法。该种方法又常被简称为"逻辑的法学方法",它是将逻辑学的基本原理、命题运用到法律研究中所形成的法学方法。此种方法为多种法学流派(例如自然法学、哲理法学)所使用,因为遵循逻辑是人们进行推理、思考和写作的基本要求,也是建构一门体系完善的学科的必备之技。但是在众多法学流派中,该种方法最常为逻辑实证主义法学所使用,从而形成分析逻辑的法学研究方法。其基本主张有:其一,只研究实在法,而不涉及道德规范、宗教规范;其二,只研究实在法的形式或逻辑面向,而不涉及其实质或价值面向。

(4) 规范分析的法学研究方法。该种方法又常被简称为"法律规范分析方法",它是"就法论法",只分析法律内部规范之间的各种关系(例如层级关系、等级关系、传递关系)的法学研究的专门方法。其基本主张有:其一,法律就是法律,而不是诸如道德、宗教、巫术等别的事物;其二,法学是一门规范实证科学,而不是诸如伦理科学、情感科学或道德科学等别的科学。

(5) 系统化的法学研究方法。该种方法又常被简称为"系统化的法学方法",它是将系统工程学的原理、理论和范畴运用到法律及法学研究中所形成的法学研究的专门方法。实践中,人们经常运用此种方法从事立法、执法、司法和法律监督等方面的制度设计或理论研究。例如,在立法之前,立法者常将已有的法律法规按照一定的原则或标准加以归类、梳理和综合,然后在此基础上进行法规汇编、法律清理以及后续的法典编纂等活动。

7.4.2 法学研究专门方法的使用要求

(一) 法学研究专门方法的使用原则

运用法学研究的专门方法从事法学研究时,除了要遵循在运用法学研究的一般方法的使用原则(例如立场先定原则、唯物辩证原则)外,还要遵循如下 3 项原则。

第一,变化发展的原则。多数法学研究的专门方法具有静止地对待法律的缺陷,但是马克思主义唯物辩证法告诉我们,事物永远是处于运动之中,静止只是相对和暂时的。因此,在运用上述方法时,法学家必须遵循变化发展的原则,以变化的眼光看待法律及其研究方法。

第二,全面系统的原则。多数法学研究的专门方法具有片面地看待法律的缺陷,例如它们或者将法律看作是一个固定不变的文本,或者是一个内涵无限丰富的概念,或者是一个孤立、自足的事物,或者是一个概念金字塔,或者是一个结构完美、毫无裂隙的系统工程。此种研究取向或姿态固然可以在一定程度上做到"片面的深刻",但是当它面向纷繁复杂的社会生活时,就立刻显现出它难以应付实践需要之不足。因此,法学家在运用上述方法时,需要根据马克思主义唯物辩证法原则,全面系统地考虑各种法律内和法律外的涉法因素,同时将这些方法与其他类型的方法结合起来运用,以实现法律与社会生活的紧密结合。

第三,客观真实原则。虽然法学研究的专门方法大多数都能够自圆其说地解释法律现象,但是任何方法都有其能与不能之处,法学研究的专门方法自然也不例外。因而这就要求法学家在运用这些方法时,必须时刻清醒地认识到它们在方法上的"不能之处",同时积极采取措施弥补其"不能之处",以得出比较客观真实的研究结论。

(二) 法学研究专门方法的使用规则

运用法学研究的专门方法从事法学研究时,除了要遵循在运用法学研究的一般方法的使用规则(例如整体规则、结合规则和适合规则)外,还要遵循如下3条规则。

其一,形式与实质相结合规则。法学研究的专门方法虽然对于法学学科之独立和法学家技能之养成意义重大,但是它毕竟具有"就法论法"的实证主义或形式主义缺陷,因而需要结合那些能够将法律与其他社会因素(比如政治、经济、文化、道德、宗教)联系起来的法学方法,以实现对法律的全面观照。

其二,特殊与一般相结合规则。法学研究的专门方法中有部分方法是法学研究的特殊方法(例如法律技术方法、法律解释方法),后者虽然最能够彰显法学的特殊性,法味极浓,但是在一个急剧变化的时代,借助它们尚无法完全认识变化中的法律之本相,无法完全解决一些前所未有之难题,因而也需要从其他学科(比如社会学、经济学、生物学)中借用一些方法(例如结构—功能分析方法、利益偏好分析方法、基因—行为分析方法),以实现特殊方法与一般方法之间的结合。

其三,与唯物辩证法相结合规则。多数法学研究的专门方法是由历史上的唯心主义法学家发展起来的,具有将法律与社会经济生活条件割裂开来、静止地看待法律等强烈的形而上学色彩,因此需要结合马克思主义唯物辩证法,并以之为指导,唯物地、辩证地、科学地对待法学研究的专门方法。

思考与案例

1. 法学方法论在法学作品的创造中有何功能或作用?
2. 你在法学作品的写作过程中有没有意识到要应用某种特定的法学方法论?
3. 你发现法学学科有哪些专门的研究方法?其各自的功能如何?
4. 张某采用社会学的方法从事法学研究,王某对之不屑一顾,认为法学研究应当采取规范分析的方法加以研究。在某次学术年会上,双方从相互批评发展到相互指责,最后张某对王某进行了语言和人身攻击,学术年会被迫中断。请从法学方法论的功能与作用的角度分析双方的行为是否妥当。如果你是张某,你会怎么做?

第 8 章
法学研究学术规范与知识创新

8.1 规范与创新的关系

对于规范与创新之间的关系,有人认为规范束缚了创新,为了创新,学者必须丢开或摆脱规范;有人则认为规范是创新的必要前提,没有规范,创新就无从开展,甚或就谈不上有什么创新。那么,规范与创新之间的关系到底如何呢?对此,我们试以法学学科为例作一探讨。我们先分别来谈谈法学学科研究规范与法学学科知识创新各自的本体问题,然后在此基础上再来审视两者之间的复杂关系。

8.1.1 法学研究学术规范的含义、特征、性质、功能

任何一门学科的学者们在从事知识生产活动时,必须遵守一定的行为准则,形成一定的知识生产秩序。法学学科自不例外。中西方的法学家在长期的知识生产过程中,也生成了大量甚至大致类似的学科研究学术规范。

(一) 法学学科研究规范的含义

学科研究规范是指特定学科的学者在从事研究时必须遵循的道德关系、道德规范和特殊要求。广义上,学科研究规范属于职业伦理学的研究范围,狭义上则属于科技伦理学的研究范围。[①]

法学学科的研究规范伴随着法学学科和法学家阶层(即职业法学家)的出现而出现,并随之发展而发展。人类社会的法律发展到一定阶段时,随着职业分工的产生和形成,出现了一批专门从事法律及法学研究的人,这些人就是职业法学家阶层。这个阶层的出现导致了法学作为一门专门学问的实际产生,并且在其发展过程中出现了调整其研究活动的职业道德抑或行为规范。法学家或主动或被动地将这些职业道德用以指导自己的

---

① 参见朱贻庭.伦理学大辞典.上海辞书出版社,2002:193-194.

研究行为,并同时评价和监督同行的职业实践。就法学家群体而言,法学学科的研究规范是为了保持学术研究的科学性和纯粹性,从而维护该群体的整体利益和长远利益。因而,法学学科的研究规范反映了法学家群体的意志与要求,反映他们要求从事有序的知识生产的良好愿望。

法学学科研究规范以法学家阶层的职业道德为研究对象,在早期与其他职业道德之间的区别不大,甚至常常混同在一起。随着社会分工的细密化和职业的专门化,法学学科得到了长足的发展。尤其是在近代西方,法学学科作为一门专门的学科从其他学科中独立出来,并在此过程中发展出了自己专门的学科研究规范。

法学学科的研究规范在长期的发展中形成了一些最基本、最核心的价值准则、研究操守和行为规范,例如对同行的智力成果的尊重,对个体的生命和人格的尊重,对法律的忠诚和热爱,对自由和平等的向往。法学学科的研究规范来源于两个方面,一个方面是职业共同体在长期的研究活动和交往实践中自发生成的规范;另一个方面是学术管理机构所颁布的一些规范、指导意见或指南。

(二)法学学科研究规范的特征

法学学科的研究规范既具有一般学科职业伦理学的共性,也拥有法学学科的职业伦理学的个性。它从本质上是为了规范法学家的知识生产秩序,预防和解决法学家群体在职业活动中发生的学术纠纷,从而推动法学学科的发展、进步和完善。从总体上看,它具有如下4大特征。

首先,实践性。法学学科的研究规范是联系法学研究与法学家职业生活的桥梁,是联系法学家个体与群体的纽带。它所要解决的是法学家在职业活动中遇到的各种法律、道德问题,具体地讲是法学研究中的职业问题,因而具有强烈的实践性色彩。

其次,义务性。相比于纯粹的法律规范而言,法学学科的研究规范更多是一些义务性和道义性的规范,它所遵循的是义务逻辑和道义逻辑,其所使用的高频词是"必须""禁止""不得"等概念。例如,"必须忠诚和信仰法律""禁止侮辱他人的人格"。因之,法学学科的研究规范系统主要是由义务规范、道义规范构成的。

再次,价值性。法学学科的研究规范不仅仅是法学家个体从事职业活动的行为准则,而且也是其获得群体认同、提升个人的学术品格和精神境界的重要工具,因而具有显著的价值性特征。对于初入法学门径的人来说,法学学科的研究规范可以让其十分方便地把握职业共同体的价值取向,引导其顺利进入职业共同体,获取相应的职业价值和克服价值困境。

最后,自治性。在当前的国情下,中国法学家群体的学术活动更多地还是靠共同体内部的自治和法学家个体的自律,是群体性与个体性、自治性与自律性的结合。法学家在遵守宪法和法律的前提下,就学术问题而发生的争端也是依靠内部自治规范予以解决,很少或难以诉诸司法手段予以解决。

(三)法学学科研究规范的性质

法学学科的研究规范在一定程度上是法律规范与道德规范、人定规范与自发规范之间的结合,它们共同调整法学家群体的职业活动,以形成和维系有序的法学知识生产状况。例如,法学家在从事研究活动时,要遵守人定规范中的宪法和法律,同时又要遵守在法学家群体中发展起来的、更为严格或严厉的行为规范。但是从总体上看,法学学科的研究规范属于法学家群体内部的自治规范或自发规则,它在相当程度排斥外部社会(尤其是政治国家)对其内部秩序及纠纷的强行干预。

法学是一门实践性科学,它主要着眼于人类社会的现实生活需要,着眼于解决人们在现实生活中遇到的法律问题,解决法律所强调的应为与人们的实为、法律所追求的正义与世俗社会所存在的不正义、法律的理想与社会的现实之间的紧张关系。正因为如此,法学的研究规范才带有强烈的实用或实践色彩,才摒弃一味的空想、妄想和纯粹的思辨。与其他规范(例如哲学学科的研究规范)不同,法学学科的研究规范更强调理论联系实际,更强调对规范的实际遵守和信守,强调对法学家职业活动的指导和规范。

法学学科的研究规范要在实践中得到贯彻实施,不仅需要法学家职业共同体的集体支持和群体压力,而且更需要法学家个体树立崇高的道德信念和理想,坚定对法律、法学及法治的忠诚和信仰,以人道、公正、公平的方式处理与同仁之间的职业关系,自觉接受同仁和社会公众的监督。与其他规范(例如法官的司法规范)不同,法学学科的研究规范更强调法学家个体对该规范的内心认同和自觉遵守,更强调法学家个体对该规范敬重、敬畏和敬仰。

(四)法学学科研究规范的功能

法学学科的研究规范是法学在职业生活中应当遵守的道德关系、职业操守和行为准则,它是法学家从事职业活动的规范前提,是其开展职业活动应当遵守的行为准则。如果一个法学家不遵守这些规范,他就无法为法学家群体所接受,也就难以开展正常的法学研究和学术交流。同时,由于法学是一门规范性极强的学科,所以相比于其他学科,其对法学家提出了更高的规范要求。从总体上看,法学学科的研究规范具有以下5大功能。

其一,规范功能。法学学科的研究规范涉及法学家群体的职业生活中的行为准则,其可以规范法学家共同体内部的研究活动和学术交往,从而维系或形成正常健康的研究秩序。法学家群体对其研究规范的模范遵守,有利形成"讲正气、树先锋"的良好学术氛围,有利于法学学科知识生产秩序的最终形成。

其二,评价功能。法学学科的研究规范规定了法学家个体从事职业活动时的行为准则,并对其学术行为及成果进行评价。例如,某一特定学术行为是否合法、道德和得当,某一特定学术行为是否系抄袭、剽窃行为,是否应当受到谴责或处罚。在一定程度上,法学学科的研究规范是衡量其研究成果知识增量的重要尺度,是法学家在从事知识创新时必须遵守的规范前提。

其三,教育功能。法学学科的研究规范通过规范、评价法学家的学术行为,谴责不当学术行为,褒奖优良的学术行为,以树立正面的学术形象,教育法学家群体、尤其是初入法学门径的学者,正确处理学术活动中的人际、道德和职业关系,正确处理职业活动的功利性与公益性,提高自身的理想高度和道德水准。

其四,解纷功能。法学学科的研究规范所针对的是法学家群体在职业活动中的道德和法律问题,其具体行为规范可以分析、界定和解决群体内部已经或即将发生的学术纠纷,以恢复正常的研究秩序。同时,法学学科的研究规范可以很好地防止外部社会介入法学家群体内部的纠纷,以维护法学家群体解纷的自治能力或权力。

其五,凝聚功能。对于外部社会而言,法学家群体是一个相对自治的职业共同体,有其自身的职业荣誉感、责任感和使命感。法学学科的研究规范可以有效预防、解决内部纠纷,从而维持该共同体内部关系的和谐,树立一种积极向上、团结一致的正面形象。良好的研究规范可以起到凝聚人心、融洽关系和发扬正气等重要作用,可以促进法学家群体的健康有序发展。

8.1.2 法学学科知识创新的含义、特征、性质、功能

只要存在法学家群体,他们就要从事法学知识生产活动,就要极力形成、发展和完善属于自身的、自主的法学学科体系,就要进行本学科的知识创新行为。那么,什么是法学学科的知识创新,它又有哪些特征,属于什么性质,拥有何种功能呢?

(一)法学学科知识创新的含义

知识创新(knowledge innovation)是指人们在认识和改造世界的活动中获得有关自身与外部世界的各种知识的行为。从本质上看,知识创新是人类对未知领域的探索和认知,也是人类对已知领域的扩展和延伸。学科知识创新是指人们在某一特定学科领域内,通过观察、调查、实验等方式获得有关研究对象的各种知识的行为。从狭义上看,学科知识创新属于科学知识创新的范畴。近代以来,学科知识创新是人类获得新的科学知识的主要方式或途径。

法学学科知识创新是法学家通过研究活动获得新的法律及法学知识的行为,是法学学科得以形成、发展和更新的主要途径。从事法学学科知识创新的基本方式有:经验观察的方法、抽象概括的方法、系统化体系化的方法;基本过程有两种:第一种是,在社会实践中观察人们的法律行为→抽象概括法律观察结果→将抽象法律知识系统化体系化→获得法律及法学基础性知识。第二种是,在社会实践中发现各种法律问题→运用法律及法学原理性知识筹划解决方案→将法律方案投入到实践中予以检验→获得法律及法学技术性知识。

(二)法学学科知识创新的特征

法学学科的知识创新是法学家在认识和改造法律现象的过程中获得新知识、新成果

的过程,是法律及法学研究成果的主要表现形式。从总体上看,法学学科的知识创新具有如下 3 大特征。

首先,实践性。法学学科的知识创新是法学家在社会实践中获得新的法律及法学知识和法学成果的过程,对法律及法学现象的观察、实验或体验是法学家获得新知的最基本的途径,也是法学学科知识创新的最基本特征。

其次,理论性。法学学科的知识创新虽然来源于实践,但是又不同于或高于实践,它不是对实践的简单摹写,而是对实践的总结、归纳和提炼。法学家在观察、实验或体验法律现象的基础上,运用从具体到抽象的哲学方法,从中抽象出若干概念、范畴、命题和定理,再运用特定的学术范式,以形成系统的、一般的法学理论(即法学学科的新知)。

最后,规范性。法学学科的知识创新不是对法律现象的简单描述,也不单纯是对法律发生与运行之规律的简单发现,而是在此基础上试图形成、修正和完善一套理想的法律图景,以规范和改造法律现实。

法学学科知识创新的上述诸特征在法学学科基础理论和应用理论的创新中均有显著体现。在法学学科的基础理论创新中,法学家对从观察、调查中收集到的具体法律知识进行抽象、概括和提炼,以形成系统的、一般的法学理论,在此过程中,法学家的理论前见,尤其是其先有的法律理想图景发挥着整合提炼具体法律知识、形成抽象法律概念的重要作用。在法学学科的应用理论创新中,法学家对实践中遇到的诸法律问题,运用前述法学理论以找到解决的法律方案,从而修正、改进甚或形成新的法律制度,其中既要有实践观察或体验,也要有理论运用和规范创生等行为。

(三)法学学科知识创新的性质

法学学科的知识创新是法学家在法律及法学实践中对法律现象的认识和再认识,是法学家对新的法律及法学理论的构思、验证和发展。更重要的是,法学学科的知识创新是法学学科得以发展和更新的主要甚或唯一方式,也是新的法学学科得以产生、形成和完善的重要方式。

法学学科的知识创新是通过法学研究的途径实现的创新,既包括基础理论的创新,也包括应用理论的创新,是理论与应用、原理与技术、理性与经验之间的辩证统一。简言之,法学学科的理论创新是实践与理论、经验与规范之间的双向互动过程。

(四)法学学科知识创新的功能

法学学科的知识创新可以提高人们对法律现象之内在规律和定理的认识,可以改进、完善和指导人们的法律实践活动,也可以指导法学家类似的法律及法学理论活动。从总体上看,法学学科的知识创新具有如下 3 大功能。

第一,认识功能。法学学科知识创新所得到的成果有助于人们更好地认识法律及法学现象,有助于人们认识法律及法学实践的性质、特征和功能,有助于人们认识法学知识生产的过程、性质和特征。

第二，指导功能。法学学科知识创新所得到的成果（包括基础理论和应用理论）可以指导人们的法律及法学实践活动，可以为类似的法学研究活动提供借鉴甚或指导。

第三，经济功能。借助法学学科知识创新的成果，人们可以节约认识法律及法学现象的成本，可以更经济地从事法律及法学实践活动，从而减少社会资源的损耗和人际关系的摩擦，提高法律机器运行、法学知识生产机制的速度和效率。

8.1.3 法学学科研究规范与知识创新之间的关系

法学学科的研究规范是法学家群体和法学学科创造的产物，是法学家从事知识生产时必须遵循的行为准则，是法学家群体进行内部交流的规范背景。因此，法学学科的研究规范与其知识创新之间存在着极其密切的关系，是法学家从事知识生产时不得不正视的问题。

（一）法学学科研究规范是法学学科知识创新的伦理前提

法学学科的研究规范是法学家在从事知识创新时必须遵守的行为准则，是知识创新的道德前提或伦理前提，如果法学学科的知识创新不遵循一定的行为准则，那么该种创新就难以为法学家群体和社会公众所理解，甚或就不能称得上是一种知识创新行为。法学家群体对法学学科研究规范的模范遵守，有利于形成良好的法学知识生产秩序，有利于促进法学学科知识创新的蓬勃开展，有利于形成成熟的、科学的知识创新评价机制。

（二）法学学科研究规范为法学学科知识创新提供了现成的范式

法学学科的研究规范不仅仅是法学家在从事知识创新时应当遵守的行为准则，在一定程度上还是法学家进行知识创新的现成范式。也正是借助此种范式，法学家个体的知识创新行为及其成果才能为同行及社会公众所理解、认同和采纳。

（三）法学学科研究规范为法学学科知识创新提供了公认的判准

法学家的研究成果是否属于法学学科的知识创新，其创新性如何，对法学学科的知识体系有何贡献，等等，这些问题在很大程度上要看法学家在此过程中是否遵守了公认的研究规范，以及遵守的程度。如果法学家在从事知识创新时没有遵守公认的研究规范，那么其知识创新成果也就非常可疑，或至少得不到法学家群体和社会公众的认可。对法学学科研究规范的模范遵守，有利于提高法学家个体知识创新的认同程度甚或学术含量。

（四）法学学科知识创新反过来有利于法学学科研究规范的完善和发展

在一定意义上，法学学科的研究规范属于法学学科知识创新的特殊成果，是法学学科发展到一定阶段的必然产物，因此，反过来，法学学科的知识创新有利于法学学科研究规范的调整、完善和更新。新形势下的法学学科知识创新往往需要新的研究规范与之配套，与之形成相互促进的关系。

总之，法学学科的知识创新要遵守甚或充分利用该学科的研究规范，同时，该学科内部的创新"纠纷"也要以该学科的研究规范为解决的判准。就学科外部言之,法学学科的知识创新至少要遵守国家的方针政策、法律法规和社会的公共道德、公序良俗以及大众的道德感受,更不能一味地为了创新而创新,以至于将法学变成了以创新为目的的"玄学"。

8.2 创新的基本要求

从广义上讲,创新包括技术创新、知识创新和制度创新三种。其中,知识创新是指人们通过各种社会实践获得的有关客观世界的有用信息的活动。现代社会,知识创新主要是指通过科学研究形成的有关基础理论和生产应用方面的知识增量。对于法学学科而言,主要是指"知识创新"。但不管是哪种意义上的创新,都必须有"新"的事物出现。因此,至少对于法学学科而言,创新的基本要求有如下3个方面。

8.2.1 法学学科知识创新的主体要求

法学学科的知识创新离不开对法学家群体的发现、扶植和培养,离不开法学家群体在基础理论和应用理论方面的艰苦工作。对于法学家群体,法学学科的知识创新提出了相对于法学知识的扩散和转移而言更高、更严格的要求。

(一)培养一个具有创新意识与能力的高素质的法学家群体

是否存在一个法学家群体是实现法学学科知识创新的主体前提,否则不仅谈不上有什么法学学科的知识创新,就是连法学学科本身的存在都成问题。因此,一个国家在任何时代都要维持一个与其国家人口数量、经济发展水平、教育文化程度等指标相称的法学家群体,必须使之有充足的时间、精力和自由从事法学学科的知识创新。但是,光有一个拥有大量闲暇的法学家群体,如果他们不具有足够的创新意识或冲动,那么法学学科的知识创新也照样不能得以实现。因此,一个国家必须采取各种积极的管理措施,培养、促使、鞭策法学家群体产生旺盛的法学学科的知识创新意识与冲动。但是,即使法学家群体具有强烈的创新意识或冲动,如果他们不具有一定的创新能力,那么法学学科的知识创新也不能得以实现。因此,一个国家还必须在法学家尚处于青年时期就培养他们的法学学科知识创新能力,使之养成自由思考、写作和发表法律及法学创见的能力。

(二)培养一个具有奉献与牺牲精神的高情商的法学家群体

如果一群有创新意识与能力的法学家群体不愿将其才能奉献给法学学科的知识创新,而是去从事其他方面的活动(例如诉讼、商业),或从事其他方面的知识创新(例如文学、艺术、体育),那么法学学科的知识创新仍旧得不到实现。因此,一个国家还必须从意识形态、法律政策和舆论宣传上着力教育青年法学家群体,提高其职业素质和情商,使之养成忠于、信仰法律的精神和将一生奉献给法学学科的伟大抱负,这样法学学科的知识创新才能得以最终实现。

(三)培养一个具有问题意识和方法论意识的高智商的法学家群体

当前中国正处于社会急剧变化,各种新问题、新矛盾层出不穷的时代,这样的一个时代,正是法学家大显身手的时代。同时,当前中国的政治、经济、文化和教育环境空前宽松与自由,法学家群体的创新意识又非常旺盛,而且还不乏一批乐于终生从事法学事业的青年学者,为什么从改革开放至今近四十年的时间里,中国法学学科的知识创新又是如此艰难和贫乏呢?在法学产品异常丰富的当下中国,问题的症结可能还是在于法学家群体问题意识和方法论意识的缺乏。当前中国的法律及法学问题遍地都是,但是我们的法学家却看不到;即使看到了,也提不出解决的方案。为什么?因为我们的法学家习惯于在给定的问题里发现"问题",在给定的方案里提出"方案",这样自然也就难以有真正的法学知识创新。这是由两千多年以来的封建专制统治和人治模式所造成的,也是知识分子"为君上谋"的制度风气造成的。因此,培养一个具有问题意识和方法论意识的高智商的法学家群体,在当下中国就显得极为重要。

8.2.2 法学学科知识创新的环境要求

实现法学学科的知识创新,光有一个具有创新意识与能力、愿意为法学事业奋斗终生的法学家群体还是不够的,还必须具备一些客观的条件使之可以身心无忧地投入到法学学科的知识创新中去。

(一)营造一个守法、尚法、敬法的社会环境

一个国家的统治者和领导人如果自身不自觉带头守法,那么即使能力如何超群的法学家都难以在该国有所作为,更遑论放手开展法学学科的知识创新活动了。同样,如果一个国家的统治阶级和普通民众不崇尚法律,不尊重法学家群体及其智力劳动,那么该国的法学家群体也不会有什么真正的智识作为。因此,要实现法学学科的知识创新,作为当政者必须带头自觉守法、尚法和敬法,作为普通民众也应当自觉养成守法、尚法和敬法的习惯,这样,法学家群体才能够在该国身心无忧地从事法学学科的知识创新活动。只有一个社会有了这样的一种守法、尚法和敬法的风气,这个社会才有希望在法学学科上实现知识创新的宏伟目标。

(二)营造一个追求自由、平等和正义的文化环境

法律及法学的真谛就是自由、平等和正义,不热爱这三种价值的人也就不配称是法律人抑或法学家。法律人和法学家绝不是机械守法之辈,他们是一群习惯于自由地思考、谨慎地服从和大胆地质疑的人。一个社会如果不形成自由思考的文化氛围,不给法律人和法学家自由思考的时间和空间,那么法学学科的知识创新也难以实现。习惯于自由地思考是法学家从事知识创新的思维前提,也是法学学科实现知识创新的文化前提。

但是,在一个等级森严的社会中,再睿智的头脑、再自由的思想也难以跨越那等级的天梯,发现广袤的、自由的法律王国。因此,营造法律面前人人平等的文化环境,则是法学学科实现知识创新的另一个重要文化前提。不过,在自由与平等的空间里,我们必须给法学家插上正义的翅膀,他们才能到达法学学科知识创新的彼岸。只有在一个充斥着正义的能量的文化氛围中,法学家自由思考抑或苦心孤诣之所得,才是法学学科所需要的真知。法律及法学知识永远是有关正义的知识。

（三）营造一个眼量高远、物质丰裕和精神宽松的制度环境

当代中国的法学主要是舶自近代西方的法学,当代中国法学学科的知识创新也要在学习和超越西方的基础上,结合中国当下的国情和民情,对西方的法学有所继承和扬弃,才能真正有所作为。因此,当下中国一个很重要的目标或任务是,要营造一个看齐西方、看准国情、看对民意的制度环境,要建立与西方法学体制接轨或并行的、眼量高远的中国法学的创新制度。当然,在一个商品经济高度发达的市场社会中,还必须从制度上辅之以丰裕的物质保障,建立倾向、倾斜于法学学科和法学家群体的学科与基金管理制度,给法学学科的知识创新以真正的物质与制度刺激。在有了这种物质保障的制度基础上,还要给法学家一个精神宽松的制度环境,不要让他们为了创新而创新,而是应该能创新就创新,不能创新就继承和发扬传统的制度成果。将传统的知识菁华应用于当代中国实践,实质上也是一种知识创新。

8.2.3　法学学科知识创新的本体要求

知识创新之"新"主要是指那些能够支撑国民经济和社会发展的基础理论之新,其他创新活动都是建立在这个基础之上的。法学学科的知识创新之"新"也主要是指那些关系到国计民生、社会治理方式、政府职能转变等方面的法学基础理论方面的创新活动。

（一）法学家为法学学科做出了创造性贡献

法学家必须为现有的法学知识体系做出了创造性的贡献,可以是修正、改进或调整现有的理论学说,也可以是创立、创造新的理论学说。例如,为现有的法学研究提供了新的学说、方法、技术、命题和理论;为现有的法律的生成与运行发现了新的规律或规范;为现有的法学学科适应新的时代需要（粮食安全、环境安全、卫生防疫、宇宙开发）提供了新的研究范式或方法论。

（二）法学家的创造性贡献源于社会实践

法学家的创造性贡献是源于物质实践、精神实践或制度实践,例如,提出一种新的理论来解释旧的现象,或对新涌现的、异常的现象做出了合乎常理或逻辑的解释,进行了一种新的制度实践并对之做出了理论的总结、概括和提炼;提出一种新的理论来解释国家安全、高新技术应用中涌现出的新问题。

(三) 法学家的创造性贡献超越了现有理论

此种创造性贡献是对既有理论的超越,从而开创一个新的理论视域,例如后现代法学对传统法学的颠覆和超越。创新不是从无开始,更不可能是在空地上建高楼,创新需要在继承前人理论的基础上超越现有理论,需要大胆质疑、挑战甚或推翻现有理论。

(四) 法学家的创造性贡献继承并超越传统

创新不是无中生有,它既源于实践又高于实践,既继承了传统也超越了传统。创新是有规范的,是在遵守公认的学术规范的前提下进行的学术研究活动,是对传统的继承、发挥和突破。如果说规范也是一种传统的话,那么创新既要遵循传统又要不拘泥于传统;既要踩着传统的节拍前行,又要敢于挑战和超越传统。

8.3 学科经典案例分析

在法学学科的形成、发展和演变的过程中,涌现出诸多经典的、例证了在严格遵守法学学科研究规范的前提下获得知识创新的案例。

8.3.1 借用语言学的方法实现法学研究的重大突破

20世纪60年代,语言学对社会科学之影响日益显著甚或深重,许多社科学者纷纷借用语言学的研究方法及规范开展本领域的学术研究,并涌现出了不少成功的学科交叉的经典案例。例如,原本学中文出身的、英国著名的法学家哈特借用语言分析哲学的研究方法及规范,对传统法学的基本范畴与理论体系进行了彻底的重构,在很大程度上更新了近代分析法学的基本假说和理论基础,从而奠定了其在自奥斯丁开始的近代西方分析实证主义法学乃至整个现代西方法学阵营中的地位。

8.3.2 深刻洞察市场本质实现经济法学研究的重大突破

对研究对象进行全方位的分析和洞察是取得理论突破的关键,也是实现知识创新的不二法门。不了解研究对象,或者只是根据二手资料甚或道听途说来把握研究对象,是无法在本领域取得突破性成果的。不了解研究对象所取得的所谓"理论突破"肯定是假的、经不起时间和人际检验的"突破"。可以说,深刻洞察研究对象,是实现理论突破的关键,也是第一步。

经济法作为一门新生的法学学科,有许多的重大理论问题需要解决、澄清和突破,有许多重要概念、方法、关系和体系需要界定、梳理和建构。学者在深刻洞察市场之内在缺陷与调节需要的基础上,提出了市场经济之机制不畅、唯利是图、盲目滞后的"市场三缺陷"和国家介入之反垄断、直接投资、宏观调控的"市场三调节",从而形成了经济法之障

碍排除法、投资经营法、宏观调控法的"市场三法律"的制度体系。① 在此项研究中,学者遵循了以下研究规范:

第一,实事求是的精神。学术研究需要脚踏实地地深入社会实践中去考察研究对象,需要深入研究对象的内部和外部去体认、分析和研究它,并在此基础上运用已有研究范式对之进行理性分析。如果已有的研究范式无法解释或者不能完全解释它,那么就要对已有的范式进行修改甚或重构,在少数情况下可能还要另建新的范式以取代旧的范式。研究对象的存在形态及其发展现状,永远是学者进行知识创新不能回避的首要事实。

第二,遵守逻辑规律的精神。学术研究要遵循最起码的逻辑法则或规律,要对研究对象的内在性质与外在特征进行逻辑分析和回应,以形成结构清晰、逻辑严密的理论体系。如果已有的理论体系在逻辑结构上有问题,那么就要以此为切入点消解或理顺其逻辑疑难,从而实现体系更新甚或体系替代。研究对象的内在逻辑结构或外在发展规律,是学者建构理论体系和实现知识创新的逻辑基础。

第三,不断修正和永续发展的精神。任何一种理论或学说,哪怕是石破天惊之说,都必然存在这样那样的缺陷或不足,如果其创立者或继承者不能秉持不断修正和永续发展的精神,那么无论该理论在其创立之初如何精致完善,也会因为社会实践的发展变化而趋于破败衰腐。

8.3.3 精准把握人的本质实现法理学研究的重大突破

人的本质是什么?这历来就是无数思想家和哲学家冥思苦想的一个问题,但是极少有人能够得出一个毫无争议的答案。其根本原因在于人的本质既具有普适性,又具有特殊性,即它可能随着时代的发展而具有不同的外观甚或内涵。我们说人的本质是能够进行理性思维,其在技术层面的表现是能够制造工具,其在伦理层面的表现是拥有道德判断力,其在法律层面的表现是对规则的偏好。

进入本世纪以来,欧美百余年前即已发生的法律社会化运动在中国深入开展,个体在继续张扬权利之旗帜的同时,也在思考着对社会、国家和集体的责任。正是基于对社会发展现状的新判断,学者提出用以人为本范式取代权利本位范式,以实现法理学对时代潮流的理论呼应。② 在实现该知识创新的过程中,学者遵循了如下研究规范:

首先,在继承的基础上创新的原则。我们不能说以人为本的范式是对权利本位范式甚或更早之前的义务本位范式的颠覆、推翻,而只能说是对二者的继承、创新和超越。后面两种范式有其合理的一面,这是新范式的创立者需要继承的东西,如果无视这一面,那

---

① 参见李运华.经济法的永固基业与拓新图景——漆多俊先生经济法学重大理论创新述评//经济法论丛(总第24卷).中国方正出版社,2013:28-29.

② 参见李龙,陈佑武.中国法理学三十年创新的回顾.政治与法律,2008(12):100.

么它们之间就会出现逻辑上的断裂,新范式就难以解释旧范式原来能够解释的社会现象。

其次,把握社会现象新特质的原则。要实现知识创新,仅在逻辑和理论上下功夫是远远不够的,从根本上讲还必须回到事物的本原去,特别是到事物的最新发展现状中去寻找创新的生长点或突破口。例如以人为本的范式精准地发现本世纪以来个体属性中所出现的新特质——对社会、国家和集体的责任感,从中挖掘出人的德性义务,以为人的全面发展准备了新的实践工具。

最后,回应时代要求的原则。学术研究要回应时代的新特点、新问题和新要求,要对时代发展的敏感问题和敏感区域做出探索。义务本位范式产生的时代,是一个力图实现国家独立自主和富强民主的时代;而权利本位范式产生的时代,则是一个力图实现个体独立自主和自由幸福的时代。到了本世纪,时代的步伐迈进至寻找诸主体(例如个体、集体、国家、国际组织)之间的协作以解决人类共同面临的生存与发展危机的时代了。时代的发展呼唤新的制度体系和理论范式的产生,要求学者对新的时代要求给予正当化与合法化。

8.3.4 严格遵守假说的程序规则实现犯罪学研究的重大突破

众所周知,设立和验证假说是社会科学研究的一般程序,是提出科学发现和创见的不二法门。所谓假说,是指以已知的事实材料和科学原理,通过逻辑推理的方式,获取有关未知事实及其规律之假定性解释的理论工具。理论假说必须能够提高某门特定学科的知识增量,其从已知到未知之间的逻辑程序必须具有可推测性,同时其假定性解释(即结论)也必须具有可验证或可证伪性。在经济学、统计学、法学、社会学、人口学、民族学、考古学等学科中,设立假说的方法被广泛地使用,其研究程序和规范也被严格地遵守。

犯罪学作为一门社会科学,设立假说的方法及其程序、规范也为学者所熟悉。例如,学者以经济发展与社会犯罪同步增长为假说展开研究,澄清了经济与法律之间的若干争论,对于推进犯罪学乃至法学的知识创新做出了重要贡献。在此项研究中,人们必须遵守以下研究规范:

其一,怀疑主义的态度。对假说要采取怀疑主义的态度,要采取验证甚或证伪的方式对待假说,而不要迷信假说,一味地以新事实来证成假说,从而陷入归纳主义的谬误之中。如果一个假说已经完全无法合理地解释、说明新的现象或事实,那么就要勇敢地修正甚或放弃该假说,转而树立新的假说。事实上,发现假说与事实之间的矛盾或问题,往往是引发新的理论、观点的导火索。

其二,客观主义的态度。在对假说的验证或证伪过程中,要客观地对待假说本身的合理性和解释力,更要客观地对待所收集到的事实材料,不能从证成主义的前见和结论先行的心理出发,刻意剪裁事实材料。因此,法学家在设立、验证或证伪、修正假说时,应当努力摒弃成见、先见甚或科学利己主义,实事求是地对待假说、事实及证据。

其三，破立并行的态度。在设立和验证假说的程序中，设立一个假说固然非常重要和关键，但事实上，修改和推翻一个假说也同样重要。不要以为发现新的事实及其规律、定律和提出某个定理才是法学家对于法学学科的理论贡献，实际上，以科学严肃的态度证伪、推翻一个假说，也是法学家对于法学学科做出的理论贡献。

8.3.5　引入功能主义的方法实现行政法学研究范式的更新[①]

在当下行政法学界，研究模式既有价值演绎型，也有问题导向型。从总体上看，两种研究模式各有优劣，前者预先设置了某一理想的行政法治图景，从中推导出若干普适价值，然后将之与现实的行政法制实践予以对照，指出两者之间的差异或距离，最后提出改进的方案或办法；后者则直接指出历史或现实中的行政法制实践中存在的问题，然后采取法律社会学或历史社会学的方法予以研究、分析和解决。周佑勇教授深刻洞悉上述两种研究模式各自的优劣，把握住行政法学之规范与控制的核心要义，引入功能主义的方法，实现了当代行政法学研究范式的更新。在此过程中，周教授遵循了如下学科规范：

第一，牢牢把握住学科的根本要义，始终关未然法治图景的实现。问题的解决固然重要，但若不依据或指向某一可欲的理想图景，此种解决难免陷入片面主义之泥淖。因而，深刻反思学科的根本要义或任务，似乎更加重要。规范与控制正是行政法学学科的根本要义或任务，也只有由此切入，才能找到当下行政法制实践中的真症结、真问题。

第二，深刻洞察当下行政法学学科的理论"软肋"，即在于规范主义的控权模式由于其形式主义之"踵"，已经无法回应实践中个案正义抑或实质正义之需求，亦无法回应行政权的裁量性质与给付新质。[②] 为此，周教授引入了功能主义的方法，以补规范主义之缺失，形成功能主义的建构模式，以提高行政效能和实现个别正义。

最后，在继承、吸收传统研究模式的基础上实现理论创新。功能主义的建构模式也不忽视，相反积极吸收传统规范主义控权模式的优点，从纵向和横向两个维度设计了从规则到原则、从主体到客体、从主观到客观等具体而微的行政法制网络，以最终实现行政法治的美好愿景。

8.3.6　引入实质考察的方法实现刑法学研究范式的更新[③]

在当下中国，所谓主流的刑法学是沿袭了近代西方法学中的教义学抑或释义学传统，即以刑法典为研究范本，以体系化为研究目标，以罪刑法定为研究原则，以形成本土化的刑法解释学。很显然，此种研究范式是形式正义导向的，其在无形中失落了对实质正义的关注。如何拯救刑法规则的适当性、正义性等实质侧面，是摆在当代中国刑法学

---

① 本部分的撰写得到东南大学法学院刘启川讲师的帮助，在此谨致谢忱。
② 参见周佑勇. 行政裁量治理研究. 法律出版社，2008：40.
③ 本部分的撰写得到东南大学法学院杨志琼讲师的帮助，在此谨致谢忱。

者面前的重要课题。正是意识到该问题的严峻性,刘艳红教授引入实质考察的方法,从具体法条进行实证切入,建构起了一个由行为论到刑罚论、从违法性到有责性的刑法学体系,创造性地提出了实质二阶层的犯罪论体系。① 在此过程中,刘教授遵循了如下学科规范:

首先,敏锐洞察到传统刑法学在方法、价值等方面的重大缺陷,精准把握住现代刑法学的根本价值或目的,找准引发理论创新的突破点,引入实质考察的研究方法,实现了理论上的重大突破。

其次,始终清醒地认识到现代刑法学作为实现实质法治之有机构件这一基本学科事实,从中提炼出自己独特的理论思考方式,建构起从刑法观到犯罪论,再到解释论的,层次分明、线索清晰的理论叙述框架。

最后,从方法的创新中提炼出思维、观念和理论的创新,最终实现了学科知识的创新。因此,此种创新就超越了某个单一学科的内部创新,从而具有了整体学科乃至科学意义上的知识创新属性。

8.4 学术质量与创新评价

8.4.1 学术质量的含义、特征、性质及衡量标准

有关学术质量的含义、特征和性质等问题,学界少有探讨,仅有的研究也只是局限在期刊编辑学的领域内。至于学术质量的衡量标准问题,虽有大量探讨,但似乎没有触及其根本或本质之处。

(一)学术质量的含义

学术质量(academic quality)是指某项特定学术成果的科学性、效用性、价值性的高低、大小及有无。学术质量是一个主体与客体相统一的关系性概念,主要是指某项特定学术成果对于人类社会的有用性,是客体本身所具有的、符合主体需要的内在属性。

从外延上看,学术质量包括新事实、新规律、新定律定理、基础理论、应用理论等学术信息。其基本要素有:事实、规律、定律、定理、理论、效用、价值。其中,规律是学术价值的核心要素,是衡量某项特定学术研究是否有质量的根本依据。

(二)学术质量的特征

学术质量是衡量某项特定学术研究是否有价值的内在标准,是学者从事学术研究应当始终坚守的准则,也是某项研究、某种学说得以立身和赢得发言权与尊重之根本。通

---

① 参见刘艳红. 实质刑法观. 中国人民大学出版社,2009.

常而言,一项遵循了公认的学术规范,且揭示了某一(些)未知事实或规律的学术研究,就是有质量的研究,反之就是没有质量的研究。通常而言,某项特定研究成果的学术质量具有如下3大特征。

第一,学术质量具有科学性。某项特定学术成果必须揭示新的事实、规律,提出新的定律、定理和理论观点,才算得上是有质量的。例如某项特定学术成果对特定事实、规律进行了探索,从而提出了有价值的假说或定理。不具有科学性的事物难以称得上是学术的,例如那些纯粹内心信仰的事物只能叫作"宗教"或"意识形态",那些纯粹私人喜好的事物只能叫作品味或趣味。

第二,学术质量具有效用性。某项特定学术成果必须能够给人类社会带来效用和价值,必须能够满足人类社会的某种需要。不具有效用或价值的事物本身就不值得去研究,更遑论称为学术成果。

第三,学术质量具有规范性。只有遵守了公认的学术规范,能够为学术共同体所理解、认可的研究成果才能称得上是学术成果,从而才能进入学术质量评价的范围。那些不遵守学术规范,只能被自己理解和欣赏的研究成果,即便客观上可能具有科学性、探索性和效用性,也无法被称为学术成果,当然也就无法谈论它的学术质量。

（三）学术质量的性质

学术研究从根本上讲是为了促进科学进步和理论发展,从终极意义上看则是为了促进国家、民族和全人类的福祉。前者构成了学术研究的内在价值,后者构成了学术研究的外在价值。学术研究的内在价值构成了其外在价值得以存在的基础和前提,而学术研究的外在价值则是其内在价值的自然延伸,同时反过来也影响甚至制约着学术研究的内在价值。例如,如果某项特定学术研究虽然有利于科学进步和理论发展,但是不利于促进人类福祉,甚或可能对人类社会造成难以预防和补救的灾难,那么该项学术研究就可能被认为是没有质量,不值得开展和资助的。因此,学术质量是一个内在价值与外在价值相互统一的整体,是科学性与功利性之间的辩证统一。

（四）衡量学术质量的标准

如果某种特定学术研究促进了本门科学的进步和理论发展,增加了该门科学的知识含量,那么该项研究就是有质量的;如果没有,则是无质量的。衡量某项特定学术研究是否有质量的核心标准是其"理论创新度"或所谓的"知识增量",理论创新度高的学术研究的质量就高,反之就低甚或没有。例如,该项学术研究揭示了某一(些)不为人知的现象、事实,发现了某一(些)规律、定律,提出了新的理论、定理和观点。

衡量某项特定学术研究有质量的具体技术标准通常有如下4项:其一,某项特定学术研究填补了某个学术研究领域的空白,即属于"填空式研究";其二,某项特定学术研究属于对学术研究前沿领域的摸索、尝试和探讨,即属于"探空式研究";其三,某项特定学术研究从新的角度,或以新的材料、技术和方法研究、修正、补充了现有的学术理论,即属于"刷新式研究";其四,某项特定学术研究引进了新的、国内学界尚未知的理论观点或命题,即属于"引新式研究"。

当前以文摘率、引文率,是否获省、部级以上学术奖项,是否得到国家和省部级基金资助等为标准衡量某项学术研究质量之高低和有无的做法,[①]不能说完全不妥当,而是说这仅仅是一个非常外在或表象的标准,而非衡量某项学术研究质量高低的内在或实质标准。衡量学术研究质量高低的内在标准只能是前述对事实的发现、规律的揭示和新理论新观点的提出。

8.4.2 法学学科学术质量的含义、特征、性质及衡量标准

法学学科学术质量既具有一般学科学术质量的共性,也具有自己的个性或特性,而且,衡量某项法学研究是否有质量,其标准还更加规范和严格。

（一）法学学科学术质量的含义

法学学科的学术质量是指某种特定法学研究科学性、效用性或价值性的高低及有无,是指其是否促进了法学学科的进步和理论发展,增加了法学学科的知识含量,进而在终极意义上促进了国家、民族和全人类的福祉。如果某种特定法学研究成果对促进法学学科的知识增量及人类福祉做出了贡献,那么它就是有质量的,否则就是没有质量的。同样,衡量某种特定法学研究成果是否有质量的核心标准是其"理论创新度",理论创新度高的研究成果的质量也就高,反之就低甚或没有;衡量其学术质量高低的技术标准也是看它是否属于填空式研究、探空式研究、刷新式研究、引新式研究中的一种或多种。

（二）法学学科学术质量的特征

法学学科学术质量是法学研究的价值依托和生存依据,是一种法学理论站住脚跟,站稳脚跟的基石,也是法学学科得以生存、发展和更新的基本条件。从总体上看,法学学科学术质量具有如下3大特征。

首先,法学学科的学术质量具有内在性。虽然法学学科的学术质量具有促进学科进步、理论发展之内在维度和促进人类福祉之外在维度,但是它在本质上仍是内在的,即不能以某种外在标准尺度(例如引用率、是否获奖和得到资助)衡量之。事实上,哪怕一项法学研究没有任何引用率,也没有获奖或被资助,只要它揭示了新的事实、规律、定律和提出了新的理论观点,那么它就是有质量的,反之则是没有质量的。

其次,法学学科的学术质量具有评价性。法学学科的学术质量是评价一项法学研究是否应当被转载、引用、奖励和资助的内在标准或唯一尺度,而不是像现实中人们所做的那样,以转载、引用、奖励和资助之标准来判断一项法学研究是否有质量,是否值得被尊重。在现实当中,影响一项法学研究被转载、引用、奖励和资助的因素(例如名气、地位、

[①] 参见王春林.科技编辑大辞典.第二军医大学出版社,2001:259.

关系、宣传、互惠)有很多,而且在中国特殊的国情下还非常复杂。

最后,法学学科的学术质量具有效用性。法学学科是一门实践科学、应用科学,其研究成果最终要应用于法律实践当中,要对一个社会的价值建设和制度建设产生作用。法学学科的学术质量关系到法学研究成果能否担当起经世致用的功能,能否肩负起描述人类法律实践,规范人类社会生活和追求法律理想图景的重任。

(三)法学学科学术质量的性质

学术质量是法学学科的生命,是法学学科得以生存、发展和壮大之根本与基础,是特定法学研究立于学术之林的根基。法学学科的学术质量也是一个促进法学进步之内在价值与提高人类福祉之外在价值之间的统一整体,也是一个理论性与效用性之间的辩证统一。同时,法学学科的学术质量还关系到一个地区、国家和社会的制度建设问题,还关系到如何减少制度运行当中的摩擦和损耗问题,因而也关系到制度的效用或功能问题。

(四)衡量法学学科学术质量的标准

如果某项特定法学研究促进了法学学科的进步和发展,增加了法学学科的知识含量及人类福祉,那么该项法学研究就是有质量的,反之就是没有质量的。衡量某项特定法学研究是否有质量的核心标准也是其"理论创新度"抑或"知识增量",是其是否揭示了特定的未知事实、规律,是否提出新的定律、定理和理论观点。衡量某项特定法学研究的具体技术标准也是看其是否属于填空式研究、探空式研究、刷新式研究和引新式研究之一种或多种。

但是,法学学科作为一门应用科学、实践科学,对其学术质量之衡量比其他学科要更加严格,更具有实用性或实践性。通常而言,某项特定法学研究要能减少社会发展给个体造成的痛苦与不适,要能减少制度运行带来的摩擦与损耗,才能被认为是有质量或值得资助的。

8.4.3 创新评价的含义、特征和性质

(一)创新评价的含义

创新评价是指特定主体对研究者的学术成果的创新程度或创新性进行评判、估量的活动,是对创新性进行主体际检验的行为。

从外延上看,创新评价包括创新性、创新度、科学性、规律性等评价信息。其基本要素有:创新、科学、规律、效用、价值、评价。其中,创新度是创新评价的核心要素,是衡量某项特定学术成果是否具有创新性和是否值得扶植的根本依据。

(二)创新评价的特征

创新评价是对学术成果的创新度进行估量的行为,是甄别创新等级和价值的活动,是激发、鞭策和促进学者进行创新的外在动力。从总体上看,创新评价具有如下5点

特征。

第一,规范性。创新需要以科学的理论为指导,遵循公认的研究规范而开展。同样,创新评价也需要遵守公认的评价规范,遵循客观公正、公开公平的原则。如果对创新的评价随意主观,那么非但达不到激励创新的目的,反而会抑制、消灭学者的创新冲动。客观地看,创新评价的规范性要求比创新本身的规范性要求更高,更严格。

第二,实践性。创新是学者对社会实践中诸多问题的回应,是在社会实践中取得的研究成果,是遵循"实践出真知"之规律的结果。同样,创新评价也必须从客观实践出发,通过实践来检验研究成果的创新度。同时,也只有遵循实践性原则,创新评价的结果也才能使被评价者心服口服,从而促进高水平的创新成果的不断涌现。

第三,科学性。创新是在遵守科学规律的前提下取得的,同时本身又是对客观规律的揭示或发现。同样,创新评价也必须具有一定的科学性,例如它必须尊重创新本身发展的规律或特点,必须尊重学者心智发展的客观规律,必须看到各种创新之间的连续性和继承性。

第四,价值性。创新的目的在于促进科学的进步和人类福祉之提高,否则就难以称得上是创新而得到支持和扶助。同样,创新评价也应以科学进步和人类福祉为导向和标准,以此引导、规范研究者的创新行为。

第五,效用性。创新除了要满足人类社会的终极价值需要,还要对人们的生产生活发挥实际效用,例如是否产生了良好的经济效益或社会效益。其中,从经济效益的维度对学术成果进行创新评价,主要是考查其定量的方面;而从社会效益对学术成果进行创新评价,则主要是考查其定性的方面。创新评价其实是一个定量分析与定性分析相结合的行为。

（三）创新评价的性质

创新评价是对特定研究成果进行创新性检验的行为,是对其科学性的估量或估算。某项特定研究成果是否具有创新性,要从根本上看其是否具有科学性,是否发现了新的事实、规律,是否提出了新的定律、定理和理论观点。

创新评价特别强调对公认的评价规范的遵循,特别强调对客观公正、公开公平的原则的遵循。从性质上看,创新评价不同于创新本身,前者不对人类社会认识世界和改造世界增加新的知识、手段或工具,但是它能够甄别什么是真创新,什么是假创新,以及真创新的科学程度。也就是说,它能够评判研究者所发展出来的认识和改造世界的手段或工具哪些是有用的,哪些是无用的,因此也能够在间接意义上增进人类对客观世界的认识。

创新的目的在于促进科学进步和人类福祉之提高,在于有益于国家、民族和社会。某项特定研究成果可能具有创新性,但是无益于甚至有害于人类社会,那么对于这样的创新也就应当做否定的评价。因此,创新评价是科学性评价与价值性评价之间的辩证统一,是内在价值评价与外在价值评价之间的和谐统一。

8.4.4 法学学科创新评价的含义、特征和性质

法学学科的创新评价既具有一般学科创新评价的共性,也具有自身的特性,即法学学科的创新评价更强调对法律及法学传统的继承与发扬,更强调法学研究的外在价值评价之侧面。

(一)法学学科创新评价的含义

法学学科的创新评价是指特定主体对法学家的研究成果进行创新程度或创新性进行评估、判断的活动,是对法学研究成果进行主体间检验的行为。

从外延上看,法学学科的创新评价包括创新性、创新度、科学性、规范性等评价信息。其基本要素有:创新、科学、规范、效用、价值、评价。其中,创新度是法学学科创新评价的核心要素,是衡量某项特定法学研究成果是否具有创新性和是否值得扶植的根本依据。

(二)法学学科创新评价的特征

法学学科的创新评价既具有一般学科创新评价的特征,也具有自己的个性或特性。因为法学学科是一门实践科学、应用科学、规范科学,特别强调其创新成果的实践性、经验性和规范性,特别强调法学家对研究规范的遵循。从总体上看,法学学科的创新评价具有如下3大特征。

首先,实践性。法学学科的创新评价必须从实践出发,遵循实事求是的原则评判、估量法学研究成果对法律实践问题的回应,估算其实践成分或含量。要将法学研究成果放到实践当中去检验、考查,以评判、估量其实际效用。

其次,规范性。在检验法学研究成果时,首先要看该成果之获得是否遵循了公认的法学研究规范,是否遵循了科学的法学研究程序,其他人采取同样的程序是否能够得到相同或类似的结论。当然,在评价法学研究成果时,也要遵循客观公正、公开公平的原则,以科学性为唯一尺度检验其创新性。

再次,价值性。对法学研究成果之评价,尤其要以是否符合国家、民族和全人类之利益为标准,估量其创新性和价值性含量。法学作为一门实践和应用科学,其目的在于减少文明跃进给个体带来的痛苦,减少制度在生成和运行中的摩擦与损耗,从而提高人类之福祉。

(三)法学学科创新评价的性质

法学学科的创新评价是对法学研究成果的考核、监督和促进,是激励法学家创造出能够回应社会、支持社会和发展社会的优质成果,是规范法学知识生产和知识市场的必行之举。

如果说是否揭示了新的事实、规律,是否提出了新的定律和理论观点是法学学科创新评价的实质标准的话,那么是否遵循了公认的研究规范与程序则是法学学科创新评价的形式标准。前者是为了保证法学研究成果的科学性,后者则是为了保证法学研究成果

的主体间性。某项特定法学研究成果如果不遵循公认的研究规范与程序,即便其真的具有科学性,那么此种科学性也无法为法学家群体和社会公众所理解,从而不被认为是科学的、严谨的。

8.4.5　法学学科学术质量与创新评价的关系

法学学科学术质量的核心就是其创新性,因而它自然成为创新评价的客体或对象。从形式上看,法学学科的创新评价似乎是对法学家研究成果的评价,是对法学家研究行为是否具有质量或价值的评判,但是实质上,它其实是对法学研究成果本身的学术含量或理论创新度的估算。

(一) 法学学科学术质量是创新评价的前提和基础

客观上看,如果法学学科之研究没有什么质量,那么创新评价也就无从谈起。只有法学学科之研究可以有质量并且可能存在质高、质低和无质等问题,才谈得上法学学科的创新评价问题。因此,法学学科的学术质量既是法学学科存在的前提和基础,也是法学学科创新评价的前提和基础。

(二) 法学学科学术质量的特点决定了创新评价的方法

法学学科学术质量的内在性特点决定了其创新评价不能是外在的、形式和表面的,而应当是内在的、实质的,不能仅看某项特定法学研究是否遵守了研究规范与程序,是否具备创新点甚或转载率、引用率、获奖或被资助,而是应当看其是否揭示了新的事实、规律,是否提出了新的定律定理和理论观点。又如,法学学科学术质量的效用性特点决定了其创新评价应当在坚守科学性的同时兼顾法学研究的功利性或价值性的一面,兼顾其对价值和制度建设带来的客观影响。

(三) 法学学科创新评价促进了法学学科学术质量的提高

如果不对法学家的学术质量进行评价,那么我们虽然不怀疑仍有部分法学家会创造出优质的研究成果,但是无疑,有相当一部分法学家会因为没有外在的鞭策和激励而敷衍了事甚或消极怠工。可以说,创新评价是悬在法学家头上的那把达摩克利斯之剑,是法学家"心中律法"之外的"身上律法"。

当然,要真正提高法学学科的学术质量,仅仅对法学家群体施以"身上律法"可能还远远不够。全面地看,要真正提高法学学科的学术质量,还必须改革当下的职称评定、科研积分等体制,改革那种只注重作品数量、刊物级别、经费数量和获奖级别的制度,为法学家潜心科研提供良好的外部环境。①

(四) 处理好法学学科学术的经济效益与社会效益之间的关系

不过,在法学研究中,经常存在学术的经济效益与社会效益之间的紧张关系,存在前

---

① 例如:冯象.使耻辱更加耻辱——致〈北大法律评论〉编辑部.北大法律评论,2016(17)1.

者对后者的替代现象。无疑,从经济学的角度看,一种学术要存在、维持和发展,必须追求一定限度的经济效益,否则研究此种学术的人就会因为得不偿失而放弃研究。但是过度追求经济效益又会损害学术的社会效益,会挫伤人们和社会对学术的价值期望,也会泯灭研究的精神气质。因此,如何在两种效益之间取得一种微妙的平衡,历来就是令法学家和学术管理者十分头疼的事。但是,法学研究成果作为一种公共产品,毕竟不同于市场经济中的商品,前者在具有经济或物质价值的同时,更具有文化或精神价值,即它具有满足人们精神生活需要的特质,是不能用普通商品的价值尺度加以衡量的。一种学术如果不具有精神价值,就会因为思想贫弱、精神委顿失去指导人们前进方向、提升社会活力的资格,就会变得躯体强大,灵魂渺小而不堪一击。

思考与案例

1. 如何看待法学学科研究规范与知识创新之间的辩证关系?
2. 法学学科创新评价在提高法学学科学术质量中有何作用?
3. 刘某为了实现法学学科的知识创新,将旧的概念、范畴、判断、陈述和命题等改换成新的,但内容上仍是旧的。被人指出后,刘某说"新瓶装旧酒"也是知识创新。请从法学学科研究规范与知识创新之间的关系的基本原理分析刘某的行为是否妥当?如果你是刘某,你该如何面对批评?

附录

附录 8-1　教育部关于进一步改进高等学校哲学社会科学研究评价的意见

教社科〔2011〕4号

各省、自治区、直辖市教育厅(教委),新疆生产建设兵团教育局,有关部门(单位)教育司(局),部属各高等学校:

为贯彻落实党的十七届六中全会精神,贯彻落实《中共中央办公厅　国务院办公厅转发〈教育部关于深入推进高等学校哲学社会科学繁荣发展的意见〉的通知》(中办发〔2011〕31号)精神,进一步改进哲学社会科学研究评价,促进高等学校哲学社会科学健康发展,提出如下意见。

一、充分认识改进哲学社会科学研究评价的重要意义

1. 开展科学有效的科研评价,是推动科研管理创新、优化研究资源配置、构建现代科研管理制度的重要内容。新时期新阶段,以求真务实的科学精神改进科研评价,对树立良好学术风气,提升研究质量和创新能力,促进哲学社会科学繁荣发展,建设高等教育强国具有特别重要的意义。

2. 近年来,高等学校哲学社会科学研究评价工作在探索中前进,在改进中发展,有效调动了广大哲学社会科学工作者的积极性、主动性和创造性,有力推动了高等学校哲学社会科学的繁荣发展。但与时代和事业迅速发展的要求相比,仍然存在一些亟待解决的问题。主要表现在:注重理论创新和实际应用价值的质量评价导向有待进一步强化;符合哲学社会科学特点和发展规律的分类评价标准有待进一步完善;科学合理、诚信公正的评价制度有待进一步健全;重数量轻质量、重形式轻内容的评价方法亟待根本扭转;重人情拉关系、本位主义、门户之见等不良现象亟待有效遏制。因此,必须把改进科研评价工作作为一项紧迫任务,采取切实有效的措施抓紧抓好,推进高等学校哲学社会科学健康发展。

3. 改进哲学社会科学研究评价必须坚持以马克思列宁主义、毛泽东思想、邓小平理论和"三个代表"重要思想为指导,深入贯彻落实科学发展观,以激发研究活力为根本,以提升研究质量为导向,以推进学科体系、学术观点、科研方法创新为重点,以改革体制机制为动力,完善评价标准,健全评价制度,规范评价办法,构建评价体系,为推动哲学社会科学的科学发展提供强有力的制度保障。

4. 改进哲学社会科学研究评价必须坚持以人为本、质量为先,尊重劳动、尊重知识、尊重人才、尊重创造;坚持公平、公正、公开,确保评价活动在阳光下运行;坚持价值性与

科学性、民族性与国际性、继承积累和探索创新的统一,更好地发挥科研评价对繁荣发展哲学社会科学的导向、激励与诊断作用。

二、确立质量第一的评价导向

5. 切实强化评价的质量意识。要牢固树立科学的质量观,正确把握数量和质量的辩证关系,将创新和质量导向贯穿于科研评价的各个环节、各个层面,从根本上改变简单以成果数量评价人才、评价业绩的做法,促进哲学社会科学创新能力和研究水平不断提升,推动优秀人才和精品力作不断涌现。

6. 严格遵循评价的质量标准。要以遵循社会主义先进文化前进方向为最终标准,以服务国家需求、引领学术发展的实质性贡献为取向,严格坚持政治标准与学术标准的统一,更加注重研究成果的学术原创性和实际应用价值,切实推进理论与实际结合。把是否发现新问题、运用新方法、使用新资料、提出新观点、构建新理论、形成新对策等作为衡量研究成果质量高低的主要内容。

7. 大力推进优秀成果和代表作评价。研究成果是研究水平的集中体现,是判断研究人员、项目、团队、机构绩效和水平的根本依据。哲学社会科学研究评价要坚持以研究成果为主要评价对象,大力推行优秀成果和代表作评价等各种有益做法。要科学设置考核周期,引导研究人员潜心钻研、铸造精品,力戒过多过繁的评价;合理确定评价时限,使研究成果经得起时间的检验,杜绝急功近利的短期行为;充分尊重研究成果所有参与者的实际贡献,破除学术合作的制度壁垒。

8. 正确认识《科学引文索引》(SCI)、《社会科学引文索引》(SSCI)、《艺术与人文引文索引》(A&HCI)、《中文社会科学引文索引》(CSSCI)等引文数据在科研评价中的作用,避免绝对化。摒弃简单以出版社和刊物的不同判断研究成果质量的做法。对研究成果的具体贡献和不足之处作出恰如其分的评价,力戒虚假浮夸。

三、实施科学合理的分类评价

9. 建立健全分类评价标准体系。要针对人员、项目、机构、成果等不同评价对象,人文学科和社会科学等不同学科领域,基础研究和应用对策研究等不同研究类型,论文、著作、教材、研究报告、普及读物、非纸质出版物等不同研究成果形式,建立健全符合哲学社会科学特点的分类评价标准体系。

10. 区别对待不同类型的研究成果。基础研究应坚持服务国家目标与鼓励自由探索相结合,研究成果要在思想理论上有所创新,传承文明上有所贡献,学科建设上有所推动。应用对策研究应以重大现实问题为主攻方向,研究成果要在提升国民素质上有所作为,解决经济社会发展重大问题上有所突破,为党和政府提供决策服务上有所建树。

11. 合理运用恰当的评价方式。要深刻认识哲学社会科学研究和评价的复杂性,准确把握评价对象的不同特点,坚持同行评价和社会评价相协调、定性评价与定量评价相结合、过程评价与结果评价相衔接、当前评价和长远评价相补充,增强评价结果的科学性和公信力。

四、完善诚信公正的评价制度

12. 加强评价制度建设。完善评价答辩制度、回避制度、公示制度、反馈制度、申诉制度、举报制度和回溯评价制度,确保评价活动规范有序。健全以随机、回避、轮换为基本原则的专家遴选制度,大力推行匿名评审、署名评价,建立健全评价专家信誉制度、问责制度。建立评价结果的公布和共享制度。积极探索"非共识"研究项目和成果的评价制度。

13. 完善以同行专家评价为主的评价机制。突出专家与同行在科研评价中的主导地位,注重发挥"小同行"的重要作用。健全同行会议评价与通讯评价工作机制,加强对同行评价的社会监督。根据不同学科的发展实际,积极稳妥地引入海外同行专家评价。通过多学科同行联合评价、相关学科分别评价等方式开展跨学科、交叉学科、新兴学科领域的研究评价。积极探索政府、社会组织、公众等相应研究成果受益者参与的评价机制。

14. 推动评价活动更加简约高效。优化评价过程,改进评价方法,注重评价实效,减轻被评机构和人员的负担。切实增强各类评价的相互协调,增强评价结果的共享性,避免围绕同一评价对象、相关评价主题,在相近时间范围内多头开展评价的现象。

五、采取有力措施将改进科研评价工作落到实处

15. 提高认识,加强领导。各地教育行政部门和高等学校要自觉贯彻落实科学发展观,尊重哲学社会科学的特点和规律,充分认识以创新和质量为导向的科研评价对繁荣发展哲学社会科学的重要意义,将改进评价工作纳入重要议事日程,常抓不懈。要统筹协调评价制度与人事制度、分配制度、科研体制的改革,积极开展评价改革试点。要充分发挥学术委员会在科研评价中的重要作用,动员各方力量,为提高高等学校哲学社会科学研究质量和创新能力提供保证。

16. 深化研究,强化支撑。充分发挥教育部社会科学委员会、高等学校学术委员会以及有关学会、协会等学术组织的作用,加强评价理论和政策研究,提高评价工作的科学化水平。加强同行专家和评价结果等数据库建设,提高评价工作的信息化水平。探索建立哲学社会科学研究中介评价机构的资格认证和监督管理制度,引导评价机构规范运行、相互协作、健康发展。

17. 端正学风,优化环境。反对各种简单化的科研排名,维护哲学社会科学研究评价的严肃性。规范高等学校出版社和学术期刊管理,切实把好研究成果出版与发表的关口。鼓励开展健康的学术批评,营造尊重创新、宽容失败、尊重差异、包容多样的学术环

境,有效防止学风不正、学术不端行为的发生,以优良的学风促进哲学社会科学研究评价的健康发展,以科学的评价促进哲学社会科学研究优良学风的形成。

中华人民共和国教育部
二〇一一年十一月七日

附录8-2 教育部关于严肃处理高等学校学术不端行为的通知

教社科〔2009〕3号

各省、自治区、直辖市教育厅(教委),新疆生产建设兵团教育局,计划单列市教育局,有关部门(单位)教育司(局),部属各高等学校:

长期以来,高等学校广大教学科研人员坚持理论联系实际,为人师表、严谨治学、潜心研究、献身科学、积极进取、锐意创新,体现了崇高师德,树立了良好学术风气,为教学科研事业做出了重要贡献。但发生在少数人身上的学术不端行为,败坏了学术风气,损害了学校和教师队伍形象,必须采取切实措施加以解决,绝不姑息。为进一步加强高等学校学风建设,惩治学术不端行为,特提出如下要求:

一、高等学校对下列学术不端行为,必须进行严肃处理:(一)抄袭、剽窃、侵吞他人学术成果;(二)篡改他人学术成果;(三)伪造或者篡改数据、文献,捏造事实;(四)伪造注释;(五)未参加创作,在他人学术成果上署名;(六)未经他人许可,不当使用他人署名;(七)其他学术不端行为。

二、高等学校对本校有关机构或者个人的学术不端行为的查处负有直接责任。要遵循客观、公正、合法的原则,坚持标本兼治、综合治理、惩防并举、注重预防的方针,依照国家法律法规和有关规定,建立健全对学术不端行为的惩处机制,制定切实可行的处理办法,做到有法可依、有章可循。

三、高等学校要建立健全处理学术不端行为的工作机构,充分发挥专家的作用,加强惩处行为的权威性、科学性。学术委员会是学校处理学术不端行为的最高学术调查评判机构。学术委员会要设立执行机构,负责推进学校学风建设,调查评判学术不端行为等工作。

四、高等学校党委和行政部门要根据学术不端行为的性质和情节轻重,依照法律法规及有关规定对学术不端行为人给予警告直至开除等行政处分;触犯国家法律的,移送司法机关处理;对于其所从事的学术工作,可采取暂停、终止科研项目并追缴已拨付的项目经费、取消其获得的学术奖励和学术荣誉,以及在一定期限内取消其申请科研项目和学术奖励资格等处理措施。查处结果要在一定范围内公开,接受群众监督。

五、高等学校在调查和处理学术不端行为过程中,要查清事实,掌握证据,明辨是非,规范程序,正确把握政策界限。对举报人要提供必要的保护;对被调查人要维护其人格尊严和正当合法权益;对举报不实、受到不当指控的单位和个人要及时澄清并予以保护。

六、高等学校要将学术道德和学风建设作为深入贯彻落实科学发展观活动的重要内容,广泛开展学风建设的专题讨论,切实提高广大师生的学术自律意识。要把学术道德和学术规范作为教师培训尤其是新教师岗前培训的必修内容,并纳入本专科学生和研究生教育教学之中,把学风表现作为教师考评的重要内容,把学风建设绩效作为高校各级领导干部考核的重要方面,形成学术道德和学术规范教育的长效机制。

七、高等学校要通过校内报刊、电台、电视台、网络、宣传橱窗等各种有效途径和形式,广泛深入地开展学术道德宣传教育活动,发挥学术楷模的示范表率作用和学术不端行为典型案例的教育警示作用,努力营造以遵守学术道德为荣、以违反学术道德为耻的良好氛围。

八、各高校主管部门要认真履行职责,切实加强对所属高校学术不端行为处理工作的领导,制定必要的规章制度,推进高校学风建设工作。各省级教育行政部门对本行政区域内所有高校(含民办高校)学风建设工作进行指导和协调。

九、各地各部门、各部属高校关于严肃处理学术不端行为、加强学风建设的有关落实情况请及时报送我部。年底前,我部将对本《通知》的执行情况进行专项检查。

教育部
二〇〇九年三月十九日

附录8-3　教育部关于印发《关于加强学术道德建设的若干意见》的通知

(2002年2月27日)

教人〔2002〕4号

现将《关于加强学术道德建设的若干意见》(以下简称《意见》)印发给你们,请遵照执行。各省、自治区、直辖市教育行政部门和部属高校要认真贯彻落实《意见》精神,制定切实有效的措施,抓好学术风气和学术道德建设。请将贯彻落实的有关情况报告我部。

关于加强学术道德建设的若干意见

为了贯彻"三个代表"重要思想和《公民道德建设实施纲要》精神,在高等学校建设一支热爱祖国、具有强烈使命感、学术作风严谨、理论功底扎实、富有创新精神的高素质学术队伍,营造良好的学术氛围和制度环境,促进学术进步和科技创新,现就端正学术风气,加强学术道德建设的有关问题提出如下意见:

一、充分认识端正学术风气,加强学术道德建设的必要性和紧迫性

随着科教兴国战略的实施和我国社会主义现代化建设事业的推进,教育的改革发展进入了一个新的阶段。教育战线教学科研队伍不断壮大,高等学校学术气氛空前活跃,学术研究成果丰硕,一个百花齐放、百家争鸣、新人辈出、学术繁荣的良好局面正在形成。

高等学校为培养人才和发展科学技术作出了重要贡献。在促进学术进步的事业中,广大教育工作者献身科学、殚精竭虑、无私奉献,付出了艰辛的劳动,同时也为维护和发扬教育界良好的学风和学术道德传统作出了不懈努力,取得了可喜成绩,体现了良好的师德风范。

但是,我们也必须清醒地看到,当前在学术研究工作中存在着不容忽视、某些方面还比较严重的学术风气不正、学术道德失范的问题,主要表现为:研究工作中少数人违背基本学术道德,侵占他人劳动成果,或抄袭剽窃,或请他人代写文章,或署名不实;粗制滥造论文,个别人甚至篡改、伪造研究数据;受不良风气的影响,在研究成果鉴定、项目评审以及学校评估、学位授权审核等工作中也出现了一些弄虚作假,或试图以不正当手段影响评审结果的现象;有的人还利用权力为自己谋取学位、文凭,有些学校在利益驱动下降低标准乱发文凭。这些行为和现象严重损害了教育工作者和学校的形象,给教育事业带来了不良影响。如果听任其发展下去,将会严重污染学术环境,影响学术声誉,阻碍学术进步,进而影响社会发展和民族创新能力,应当引起我们的高度重视。

高等学校是人才培养和科技创新的重要基地。在高等学校倡导并形成崇尚诚实劳动、鼓励科研创新、遵循学术道德、保护知识产权的良好氛围,对于保护教学科研人员的积极性、主动性、创造性,保持高等学校的创新能力和科技竞争力,应对加入世界贸易组织之后国际竞争的挑战,具有重要意义。为此,端正学术风气,加强学术道德建设成为当前我国高等学校一项刻不容缓的重要任务。各级教育行政部门和高等学校要站在依法治国、以德治国,贯彻落实"三个代表"重要思想,实现中华民族伟大复兴的战略高度,充分认识当前端正学术风气,加强学术道德建设的必要性和紧迫性,提高工作的主动性、针对性和实效性,采取切实措施,规范学术行为,树立良好学术风气,促进和保障学术事业的健康发展。

二、端正学术风气,加强学术道德建设的基本要求

加强学术道德建设要以邓小平理论和党的十五届六中全会精神为指导,以国家有关法律法规为依据,针对学术工作中存在的不良现象和行为,建立和完善学术规范,形成有效的学术管理体制和工作机制,端正学术风气,营造良好的学术环境。当前要通过扎实有效的工作,加强对广大教师、教育工作者和学生的学术道德教育,培养求真务实、勇于创新、坚忍不拔、严谨自律的治学态度和学术精神,努力使他们成为良好学术风气的维护者,严谨治学的力行者,优良学术道德的传承者。

——增强献身科教、服务社会的历史使命感和社会责任感。

广大教师和教育工作者要置身于科教兴国和中华民族伟大复兴的宏图伟业之中,以培养人才、繁荣学术、发展先进文化、推进社会进步为己任,努力攀登科学高峰。要增强事业心、责任感,正确对待学术研究中的名和利,将个人的事业发展与国家、民族的发展需要结合起来,反对沽名钓誉、急功近利、自私自利、损人利己等不良风气。

——坚持实事求是的科学精神和严谨的治学态度。

要忠于真理、探求真知，自觉维护学术尊严和学者的声誉。要模范遵守学术研究的基本规范，以知识创新和技术创新，作为科学研究的直接目标和动力，把学术价值和创新性作为衡量学术水平的标准。在学术研究工作中要坚持严肃认真、严谨细致、一丝不苟的科学态度，不得虚报教育教学和科研成果，反对投机取巧、粗制滥造、盲目追求数量不顾质量的浮躁作风和行为。

——树立法制观念，保护知识产权、尊重他人劳动和权益。

要严于律己，依照学术规范，按照有关规定引用和应用他人的研究成果，不得剽窃、抄袭他人成果，不得在未参与工作的研究成果中署名，反对以任何不正当手段谋取利益的行为。

——认真履行职责，维护学术评价的客观公正。

认真负责地参与学术评价，正确运用学术权力，公正地发表评审意见是评审专家的职责。在参与各种推荐、评审、鉴定、答辩和评奖等活动中，要坚持客观公正的评价标准，坚持按章办事，不徇私情，自觉抵制不良社会风气的影响和干扰。

——为人师表、言传身教，加强对青年学生进行学术道德教育。

要向青年学生积极倡导求真务实的学术作风，传播科学方法。要以德修身、率先垂范，用自己高尚的品德和人格力量教育和感染学生，引导学生树立良好的学术道德，帮助学生养成恪守学术规范的习惯。

三、采取切实措施端正学术风气，加强学术道德建设

（一）各级教育行政部门、高等学校和有关单位要高度重视学术道德建设工作

高等学校校长要亲自抓学术道德建设，形成全面动员、齐抓共管、标本兼治的工作格局。要将端正学术风气，加强学术道德建设纳入学校校风建设的整体工作之中，进行统筹规划和实施，使这项工作真正落到实处。要充分发挥学校学术委员会、学位评定委员会等学术管理机构在端正学术风气、加强学术道德建设中的作用，明确其在学术管理和监督方面的职责，完善工作机制，保证学术管理机构的权威性、公正性。

（二）广泛深入地开展端正学术风气、加强学术道德建设教育

严守学术规范是师德的基本要求。必须加强对青年教师和青年教育工作者的自律和道德养成教育。当前，各级教育行政部门和高等学校要认真组织广大教师和教育工作者学习领会《公民道德建设实施纲要》提出的"爱国守法、明礼诚信、团结友善、勤俭自强、敬业奉献"的道德规范要求以及《著作权法》《专利法》等相关法律法规，广泛深入地开展学术道德宣传教育活动。要将教师职业道德、学术规范和知识产权等方面的法律法规及相关知识作为青年教师岗前培训的重要内容，并纳入学生思想品德课教学内容。要大力宣传严谨治学的典型事例和学术道德建设成绩卓著的单位。鼓励开展健康的学术批评，努力营造良好的学术风气。

(三)加大人事制度改革力度,完善人事考核制度

积极推行教育职员制度,建立强化高校党政管理人员管理职责的考核评价体系。改革职称评审,全面推进教师职务聘任制度,强化岗位、强化聘任。在实施教师职务聘任制和岗位责任制的改革中,积极探索研究制定科学合理的人才评价方法和指标体系,形成有利于端正学术风气、加强学术道德建设的制度环境和良好氛围。将教师职业道德作为一项重要内容纳入教师年度考核。考核结果作为其职务聘任、晋级晋职和评比先进的重要依据。学校领导对学术道德建设工作的重视程度和实际效果,应作为年度述职报告和群众民主测评的重要内容。

(四)建立和完善科学的学术发展与评价机制,鼓励学术创新

高等学校要根据国家有关法律法规,结合实际,认真研究制定规范学术研究行为的规章制度。同时要遵循学术发展的特点和规律,采取有效措施,鼓励创新,多出精品成果。在学位论文答辩、学术论文发表、学术著作出版、科研项目立项与评审、学术奖项评定等方面要体现正确的政策导向,防止重数量轻质量、形式主义,甚至弄虚作假等不良倾向,建立健全公开、公平、公正的学术评价制度。为促进学术研究水准的提高和学术的长远发展,高校出版社、学术期刊要积极探索建立一套专业的、稿件作者和审稿人双向匿名的外部人审稿制度。

(五)建立学术惩戒处罚制度

对违反学术道德的行为,各级教育行政部门和相关机构一经查实要视具体情况给予批评教育,撤销项目,行政处分,取消资格、学位、称号,直至解聘等相应的处理和处罚。根据需要,可聘请相关学科的校内外专家组成学术规范专家界定小组,具体负责对违反学术规范的不道德现象和行为进行界定。对严重违反学术道德、影响极其恶劣的行为,在充分了解事实真相的基础上,通过媒体进行客观公正的批评。触犯法律的,依法追究有关当事人的法律责任。

对学术活动中各种不良行为的调查处理要严格掌握政策尺度,既要坚持原则、严肃认真,又要科学公正、实事求是。要以防微杜渐、教育帮助为主,处罚为辅。要注意分清政策界限,弄清事实真相,保护科研探索的积极性,保护有发展潜力的青年学者。对经查证核实,没有不良行为、受到不正当指控的单位和个人要及时予以保护,采取适当措施加以澄清、正名,使有关调查处理工作真正起到扶正压邪的作用。

(六)加强学历文凭、学位证书的管理工作

高等教育学历文凭、学位证书是受教育者的学业凭证。学历文凭、学位证书的颁发是一项极为严肃的工作。各高等教育管理部门、高等学校要本着对国家和人民负责的态度,进一步完备管理措施,严格按照教育教学要求,规范文凭、证书的颁发工作。各级教育行政部门要采取有力措施,对乱办班、降低标准滥发学历文凭和学位证书,甚至用文凭和证书换取"赞助"、"捐资"等败坏学风和校风的行为,要严肃查处、决不姑息。对那些违

反有关规定滥发学历、学位证书的学校、单位,要进行整顿,对有关责任人要严肃处理。对不具有学历教育资格的教育、培训单位举办的所谓学历班等,要坚决予以取缔。

附录8-4 高等学校学术委员会规程

第一章 总 则

第一条 为促进高等学校规范和加强学术委员会建设,完善内部治理结构,保障学术委员会在教学、科研等学术事务中有效发挥作用,根据《中华人民共和国高等教育法》及相关规定,制定本规程。

第二条 高等学校应当依法设立学术委员会,健全以学术委员会为核心的学术管理体系与组织架构;并以学术委员会作为校内最高学术机构,统筹行使学术事务的决策、审议、评定和咨询等职权。

实施本科以上教育的普通高等学校学术委员会的组成、职责与运行等,适用本规程。

第三条 高等学校应当充分发挥学术委员会在学科建设、学术评价、学术发展和学风建设等事项上的重要作用,完善学术管理的体制、制度和规范,积极探索教授治学的有效途径,尊重并支持学术委员会独立行使职权,并为学术委员会正常开展工作提供必要的条件保障。

第四条 高等学校学术委员会应当遵循学术规律,尊重学术自由、学术平等,鼓励学术创新,促进学术发展和人才培养,提高学术质量;应当公平、公正、公开地履行职责,保障教师、科研人员和学生在教学、科研和学术事务管理中充分发挥主体作用,促进学校科学发展。

第五条 高等学校应当结合实际,依据本规程,制定学术委员会章程或者通过学校章程,具体明确学术委员会组成、职责,以及委员的产生程序、增补办法,会议制度和议事规则及其他本规程未尽事宜。

第二章 组成规则

第六条 学术委员会一般应当由学校不同学科、专业的教授及具有正高级以上专业技术职务的人员组成,并应当有一定比例的青年教师。

学术委员会人数应当与学校的学科、专业设置相匹配,并为不低于15人的单数。其中,担任学校及职能部门党政领导职务的委员,不超过委员总人数的1/4;不担任党政领导职务及院系主要负责人的专任教授,不少于委员总人数的1/2。

学校可以根据需要聘请校外专家及有关方面代表,担任专门学术事项的特邀委员。

第七条 学术委员会委员应当具备以下条件:

(一)遵守宪法法律,学风端正、治学严谨、公道正派;

(二)学术造诣高,在本学科或者专业领域具有良好的学术声誉和公认的学术成果;

（三）关心学校建设和发展，有参与学术议事的意愿和能力，能够正常履行职责；

（四）学校规定的其他条件。

第八条 学校应当根据学科、专业构成情况，合理确定院系（学部）的委员名额，保证学术委员会的组成具有广泛的学科代表性和公平性。

学术委员会委员的产生，应当经自下而上的民主推荐、公开公正的遴选等方式产生候选人，由民主选举等程序确定，充分反映基层学术组织和广大教师的意见。

特邀委员由校长、学术委员会主任委员或者 1/3 以上学术委员会委员提名，经学术委员会同意后确定。

第九条 学术委员会委员由校长聘任。

学术委员会委员实行任期制，任期一般可为 4 年，可连选连任，但连任最长不超过 2 届。

学术委员会每次换届，连任的委员人数应不高于委员总数的 2/3。

第十条 学术委员会设主任委员 1 名，可根据需要设若干名副主任委员。主任委员可由校长提名，全体委员选举产生；也可以采取直接由全体委员选举等方式产生，具体办法由学校规定。

第十一条 学术委员会可以就学科建设、教师聘任、教学指导、科学研究、学术道德等事项设立若干专门委员会，具体承担相关职责和学术事务；应当根据需要，在院系（学部）设置或者按照学科领域设置学术分委员会，也可以委托基层学术组织承担相应职责。

各专门委员会和学术分委员会根据法律规定、学术委员会的授权及各自章程开展工作，向学术委员会报告工作，接受学术委员会的指导和监督。

学术委员会设立秘书处，处理学术委员会的日常事务；学术委员会的运行经费，应当纳入学校预算安排。

第十二条 学术委员会委员在任期内有下列情形，经学术委员会全体会议讨论决定，可免除或同意其辞去委员职务：

（一）主动申请辞去委员职务的；

（二）因身体、年龄及职务变动等原因不能履行职责的；

（三）怠于履行职责或者违反委员义务的；

（四）有违法、违反教师职业道德或者学术不端行为的；

（五）因其他原因不能或不宜担任委员职务的。

第三章　职责权限

第十三条 学术委员会委员享有以下权利：

（一）知悉与学术事务相关的学校各项管理制度、信息等；

（二）就学术事务向学校相关职能部门提出咨询或质询；

（三）在学术委员会会议中自由、独立地发表意见，讨论、审议和表决各项决议；

（四）对学校学术事务及学术委员会工作提出建议、实施监督；

（五）学校章程或者学术委员会章程规定的其他权利。

特邀委员根据学校的规定，享有相应权利。

第十四条 学术委员会委员须履行以下义务：

（一）遵守国家宪法、法律和法规，遵守学术规范，恪守学术道德；

（二）遵守学术委员会章程，坚守学术专业判断，公正履行职责；

（三）勤勉尽职，积极参加学术委员会会议及有关活动；

（四）学校章程或者学术委员会章程规定的其他义务。

第十五条 学校下列事务决策前，应当提交学术委员会审议，或者交由学术委员会审议并直接做出决定：

（一）学科、专业及教师队伍建设规划，以及科学研究、对外学术交流合作等重大学术规划；

（二）自主设置或者申请设置学科专业；

（三）学术机构设置方案，交叉学科、跨学科协同创新机制的建设方案、学科资源的配置方案；

（四）教学科研成果、人才培养质量的评价标准及考核办法；

（五）学位授予标准及细则，学历教育的培养标准、教学计划方案、招生的标准与办法；

（六）学校教师职务聘任的学术标准与办法；

（七）学术评价、争议处理规则，学术道德规范；

（八）学术委员会专门委员会组织规程，学术分委员会章程；

（九）学校认为需要提交审议的其他学术事务。

第十六条 学校实施以下事项，涉及对学术水平做出评价的，应当由学术委员会或者其授权的学术组织进行评定：

（一）学校教学、科学研究成果和奖励，对外推荐教学、科学研究成果奖；

（二）高层次人才引进岗位人选、名誉（客座）教授聘任人选，推荐国内外重要学术组织的任职人选、人才选拔培养计划人选；

（三）自主设立各类学术、科研基金、科研项目以及教学、科研奖项等；

（四）需要评价学术水平的其他事项。

第十七条 学校做出下列决策前，应当通报学术委员会，由学术委员会提出咨询意见：

（一）制订与学术事务相关的全局性、重大发展规划和发展战略；

（二）学校预算决算中教学、科研经费的安排和分配及使用；

（三）教学、科研重大项目的申报及资金的分配使用；

（四）开展中外合作办学、赴境外办学，对外开展重大项目合作；

（五）学校认为需要听取学术委员会意见的其他事项。

学术委员会对上述事项提出明确不同意见的，学校应当做出说明、重新协商研究或者暂缓执行。

第十八条 学术委员会按照有关规定及学校委托，受理有关学术不端行为的举报并进行调查，裁决学术纠纷。

学术委员会调查学术不端行为、裁决学术纠纷，应当组织具有权威性和中立性的专家组，从学术角度独立调查取证，客观公正地进行调查认定。专家组的认定结论，当事人有异议的，学术委员会应当组织复议，必要的可以举行听证。

对违反学术道德的行为，学术委员会可以依职权直接撤销或者建议相关部门撤销当事人相应的学术称号、学术待遇，并可以同时向学校、相关部门提出处理建议。

第四章 运行制度

第十九条 学术委员会实行例会制度，每学期至少召开1次全体会议。根据工作需要，经学术委员会主任委员或者校长提议，或者1/3以上委员联名提议，可以临时召开学术委员会全体会议，商讨、决定相关事项。

学术委员会可以授权专门委员会处理专项学术事务，履行相应职责。

第二十条 学术委员会主任委员负责召集和主持学术委员会会议，必要时，可以委托副主任委员召集和主持会议。学术委员会委员全体会议应有2/3以上委员出席方可举行。

学术委员会全体会议应当提前确定议题并通知与会委员。经与会1/3以上委员同意，可以临时增加议题。

第二十一条 学术委员会议事决策实行少数服从多数的原则，重大事项应当以与会委员的2/3以上同意，方可通过。

学术委员会会议审议决定或者评定的事项，一般应当以无记名投票方式做出决定；也可以根据事项性质，采取实名投票方式。

学术委员会审议或者评定的事项与委员本人及其配偶和直系亲属有关，或者具有利益关联的，相关委员应当回避。

第二十二条 学术委员会会议可以根据议题，设立旁听席，允许相关学校职能部门、教师及学生代表列席旁听。

学术委员会做出的决定应当予以公示，并设置异议期。在异议期内如有异议，经1/3以上委员同意，可召开全体会议复议。经复议的决定为终局结论。

第二十三条 学术委员会应当建立年度报告制度，每年度对学校整体的学术水平、学科发展、人才培养质量等进行全面评价，提出意见、建议；对学术委员会的运行及履行职责的情况进行总结。

学术委员会年度报告应提交教职工代表大会审议，有关意见、建议的采纳情况，校长应当做出说明。

第五章 附 则

第二十四条 高等职业学校、成人高等学校可以参照本规程,结合自身特点,确定学术委员会的组成及职责,制定学术委员会章程。

第二十五条 高等学校现有学术委员会的组成、职责等与本规程不一致的,学校通过经核准的章程已予以规范的,可以按照学校章程的规定实施;学校章程未规定的,应当按照本规程进行调整、规范。

第二十六条 本规程自 2014 年 3 月 1 日起施行。

教育部此前发布的有关规章、文件中的相关规定与本规程不一致的,以本规程为准。

索　引

索引选取文中关键词编制，以汉语拼音音序排列，外文索引集中排在末尾。附录内容不编索引，只索引所附全文文献篇名。索引由王雅戈等编制。

A

埃利希,47
暗引,93
奥地利,47
奥地利社会法学,47
奥古斯丁,47,54
奥斯丁,54,156,176

B

跋,204
百花齐放,百家争鸣,129,131
百科全书式的学者,49
柏拉图,47,49,54
帮助,76
《北大法律评论》,53
北京大学,52
北京大学法学院,52
北京民国大学法学研究会,51
北京市法学会,53
北平法律知识社,51
北平中大法律研究社,51
被引率,10
被引证文献,94
本土法学,7,9,52
《比较法研究》,9,53
比较法研究会,53
必要规则,97
必要性论证,66
避苦求乐,54
边沁,54
边注,95
编后记,204
《标点符号用法》,4
标签,126
标题,70
表达学术观点的原则,82
博客,126
博客互动,126
补充注,94

C

参考书目,94,98
参考文献,93,98
参考文献标注,99
参考文献排序,99
参考资料,94
操守,56
超星电子图书,125
朝阳法学院,50
成果规范,2
程宏副,205,207
程序规范,61
《出版管理条例》,3,21
出版社投稿,123
《出版物上数字用法》,4
出处,95
出处规则,96
出处性注释,95
出处注,94
出新,94
初因,63
窗口,70
创新,173
创新评价,183
创新评价的含义,183
创新评价的特征,183
创新评价的性质,184
春秋决狱,50
存天理,灭人欲,50
存在决定意识,48

D

大法学,46
大人物,132
大学法律学会编辑委员会,51
代跋,204
戴着镣铐跳舞,1
单边主义,130
《当代法学》,51,53
当页注,95
道法自然,50
道家法学,50
德国,48
德国社会法学,47
德沃金,54
德主刑辅,50
邓析,50
邓小平,127
地下法学期刊市场,7
第一推动力,63
电子报刊,98
电子图书,98
掉书袋,94
定律,48
东南大学法学院,52
东吴大学,50
东吴大学法律科学法学杂志社,51
东吴法学院,50
董仲舒,50
段尾注,95
段中注,95
对话,126
多产作家,11
多数主义,130

E

厄恩斯特·富克斯,48
厄思本奇,47
恶法亦法,47

恩格斯,156
二级标题,70

F

发表规范,2,5
法的法学,54
法官立法,54
法国,47
法家法学,50
法理学家,50
法论,148
法律出版社,10
《法律的目的》,47
法律方法论,154
法律方法研究会,53
法律工程学,52
法律佳话,8
法律科学,46
《法律科学》,9,53
法律取经,8
《法律社会学基本原理》,48
法律学,46
《法律学报》,51
法律引文,96
《法律月刊》,51
《法律知识》,51
《法律周刊》,51
法律周刊总事务所,51
《法商研究》,53
法学,46
《法学》,53
《法学丛刊》,51,53
法学方法论,154
法学方法论的功能,157
法学方法论的含义,154
法学方法论的特征,154
法学方法论的性质,155
法学方法论的选择,157
法学方法论的意义,155

法学方法论的种类,156
法学方法论的作用,157
《法学汇刊》,51
《法学季刊》,51
《法学家》,53
法学家的法学方法论,156
法学家群体,2,7,173
《法学论丛》,51
《法学论坛》,53
《法学评论》,53
法学期刊,2,9,50
《法学新报》,51
法学新报社,51
法学学科,46
法学学科创新评价的含义,185
法学学科创新评价的特征,185
法学学科创新评价的性质,185
法学学科的创新评价,186
法学学科基本概念,46
法学学科基本建制,50
法学学科写作规范,70
法学学科学术规范与方法论,204
法学学科学术交流,120
法学学科学术质量,182
法学学科学术质量,186
法学学科学术质量的标准,183
法学学科学术质量的含义,182
法学学科学术质量的特征,182
法学学科学术质量的性质,183
法学学科研究方法论,146
法学学科研究规范,172
法学学科研究规范的功能,169
法学学科研究规范的含义,167
法学学科研究规范的特征,168
法学学科研究规范的性质,169
法学学科知识创新,170,172-175
法学学科知识创新的功能,171

法学学科知识创新的含义,170
法学学科知识创新的特征,170
法学学科知识创新的性质,171
法学学术规范,11
法学学术评价,6,8
《法学研究》,9,53
法学研究的一般方法,158
法学研究学术规范,1,9,167
法学研究学术规范
法学研究一般方法的功能,159
法学研究一般方法的含义,158
法学研究一般方法的使用规则,163
法学研究一般方法的使用原则,162
法学研究一般方法的特征,158
法学研究一般方法的性质,159
法学研究一般方法的种类,159
法学研究者,55
法学研究者的操守,56
法学研究者的精神,55
法学研究专门方法,163
法学研究专门方法的功能,164
法学研究专门方法的含义,163
法学研究专门方法的使用规则,166
法学研究专门方法的使用原则,165
法学研究专门方法的特征,163
法学研究专门方法的性质,164
法学研究专门方法的种类,164
《法学月报》,51
《法学月刊》,50,53
《法学杂志》,53
法学知识生产,6
法学作品标题,71
法学作品关键词,74
法学作品摘要,73

法与人互用,50
法院内部管理,206
《法制与社会发展》,53
《法制杂志》,51
翻译权,3
反引,93
犯罪学,178
方法,146
方法的功能,147
方法的含义,146
方法的特征,146
方法的性质,147
方法的选择,149
方法的种类,148
方法论,146,148,150
方法论的功能,151
方法论的含义,150
方法论的特征,150
方法论的性质,150
方法论的选择,152
方法论的种类,151
方法与方法论的关系,152
方法与方法论的联系,153
方法与方法论的区别,154
方法之方法,148
非引用性参考文献,94
菲利普·赫克,47
分标题,70
分清敌友,132
分析实证主义法学,176
辅助性帮助,76
附记,204
复旦大学法学院,52
副标题,70
富勒,54

G

改编权,3
高产,11

高产作者,10
高等学校学术委员会章程,196
高等学校哲学社会科学研究学术规范》(试行),2-6,19
格劳秀斯,54
格式,85
格式要求,85
个人,76
根据真理行使权利权,132
公法学家,50
功能主义,179
古代法学,50
古典自然法理论,54
古罗马,54
古希腊,54,127
古希腊罗马,47
关键词,73
《关于出版自由和公布等级会议记录的辩论》,48
《关于进一步加强学术著作出版规范的通知》,137
《关于科学和教育工作的几点意见》,127
观点出处性参考文献,94
观点大杂烩,205
管欧,50
管仲,50
广州律师公会法制杂志社,51
规范法学家,47
郭沫若,132
郭卫,51
国际刑事法庭,47
《国家标准 GB/T7714—2005 文后参考文献著录规则》,97
《国家标准 GB/T7714—2005 文后参考文献著录规则》,97
《国家标准 GBT15835—2011 出版物上数字用法》,97

《国家标准 GBT15835—2011 出版物上数字用法》,97
《国家通用语言文字法》,3
国立湖南大学法律学系,51
《国务院办公厅关于优化学术环境的指导意见》,141
《GB/T6447—1986 文摘编写规则》,72
《GB7713—1987 科学技术报告、学位论文和学术论文的编写格式》,70
《GB7713—1987 科学技术报告、学位论文和学术论文的编写格式》,72
《GB7713—1987 科学技术报告、学位论文和学术论文的编写格式》,74

H

哈特,47,176
海因里希·斯托尔,47
行中注,95
何休,50
核心期刊,10
赫尔曼·坎托罗维奇,48
黑龙江大学法学院,52
后记,204
后期资助项目的申请,65
后序,204
后语,204
呼应注,95
胡风,129
胡适,129
湖南大学法学院,52
湖南师范大学法学院,52
华东政法大学,52
华东政法大学,53
华心祝,207
化引,93

《环球法律评论》,53
毁灭主义,130
汇编权,3
霍布斯,54
霍姆斯,48

J

基本定律,48
基本对策,63
基本规范,2
基本价值,55
基本建制,50
基本命题,46
基本要求,63
及时规则,97
吉林大学,52
吉林大学法学院,52
技术创新,173
夹注,95
假说,178
价值检验,135
间接引用,93
兼爱,128
建设原则,132
建制,50
交流,127
脚注,95
《教育部关于进一步改进高等学校哲学社会科学研究评价的意见》,188
《教育部关于树立社会主义荣辱观进一步加强学术道德建设的意见》,58
《教育部关于严肃处理高等学校学术不端行为的通知》,191
《教育部关于印发<关于加强学术道德建设的若干意见>的通知》,192
《教育部科技发展中心关于执行<在线发表科技论文的学术道德和行为规范>的通知》,139
节约规则,97
结语,84,86
结语的写法要点,84
结语与展望,84
解释性注释,95,98
金鑫荣,207
近代法学,50
经济法学,176
经济学法学,52
精神,55
就法论法,47
句内夹注,95
句外夹注,95
具体科学方法,148
据经解律,50

K

开题,66
凯尔森,47,54
可行性论证,66
客观规则,96
孔子,49
宽容原则,132
宽刑,50

L

来源期刊,10
老子,49
礼法结合,50
礼治,50
李龙,52
理性法,47
利益法学,47
连续出版物,98
联机出版物,125
辽宁大学法学院,52
林纪东,50

刘艳红,180
卢梭,54,206
鲁道夫·米勒,47
陆贽,50
论证,83
论证的基本要求,83
罗尔斯,54
罗马法学家,47
逻辑检验,135
洛克,54

M

马克思,156
马克思主义,156
马克思主义法学,48,52
马里旦,54
马融,50
毛泽东,129,132
美国,48
美国社会法学,47
美国实用主义法学,48
美籍华人,125
孟德斯鸠,54,206
孟子,50,128
密网严刑,50
面对面,127
苗成林,207
民国律师协会法学丛刊社,51
民间法研究会,53
名誉权,3
明辨是非,132
明德慎罚,50
明引,93
鸣谢,76
墨家法学,50
墨子,50,128

N

南东吴·北朝阳,50
南京大学法学院,52
南京师范大学法学院,52
南开大学法学院,52
内容规范,2
内容注释,95
匿名,74

O—P

欧洲神学法学家,47
庞德,47,54
跑奖项,11
跑课题,11
跑路,11
批评,128
批评规范,2
批评与自我批评相结合,133
篇尾注,95
篇文注,94
平等原则,131
评价规范,2
评语,84

Q

期刊编辑,120
期刊投稿,120,122
前提规范,2
前言,204
清华人学法学院,52
《清华法学》,53
情法交申,50
丘濬,50
区别规则,96
去生民之梗,50
权利本位,177
权利本位论,52
权利之学,49
权威规则,96
权义兼重论,52
全程电子媒体,125

R

惹尼,47

人的本质,177
人际检验,135
人民大学法学院,52
榕树下,125
儒家法学,50

S

萨维尼,54
三国两晋,127
三级标题,70
山东大学法学院,52
山东省法学会,53
汕头大学,52
商榷,127
上海交通大学法学院,52
上海市社会科学院法学所,53
社会学法学,52
神学法学家,54
沈家本,50
沈钧儒,50
施霖,50
十分之见,84
实质考察,179
实质性帮助,76
史建农,205
适当原则,97
书后,204
书后注,95
书尾注,95
书信,126
署名,74
署名权,74
刷新式研究,181
"双百"方针,129,131
顺序编码制,99
《顺序编码制文后参考文献表著录格式示例》,116
四川大学法律学会法学月报社,51

苏格拉底,47,49,54
苏州大学法学院,52
速断精察,50
随文注,95
孙国华,52
孙建军,207
孙平,207
梭伦,54

T

台湾大学法学院,52
探空式研究,181
探讨,127
汤景槎,51
天讨,50
填空式研究,181
团体,74,76
托马斯·阿奎那,54

W

外文摘要,71
王宠惠,50
王建民,207
王阳明,50
网络出版物,125
网络发表,125
尾注,95
文革,129
《文后参考文献著录规则》
　（GB/T7714—2005）,97
文末注,95
文内注,95
《文献类型和电子文献载体标
　志代码》,118
文献调研,63
文献综述,79
文献综述的基本技术,80
文献综述的基本要求,79
文献综述的写法要点,79
《文摘编写规则》（GB/
　T64471986）,89
文摘率,182
文中注,95
文字表达,87
问题意识,62
乌尔比安,47
无父无子,128
无为而治,50
吴贵生,207
吴经熊,50
吴世宦,52
武昌中华法学会湖北分会,51
武汉大学,52
武汉大学法学院,52

X

西北政法大学,52
西方法学,54
西方法学的基本命题,46
西南政法大学,52
西塞罗,54
习惯法的观念史,206
厦门大学当代法学出刊委员
　会,51
厦门大学法学院,52
先教后刑,50
现代法学,52
《现代法学》,51,53
湘潭大学法学院,52
详审刑狱,50
项目开题,66
项目申请书,64
项目验收,67
肖像权,3
小标题,70
小抄,98
小法学,46
小结,84
小人物,132

写作规范,2,70
《谢泼德引文》,96
新分析法学派,47
新自然法学派,47
信、达、雅,87
《信息与文献 参考文献著录规
　则》（GB/T7714—2015）,119
刑法学,179
刑名法术之学,50
刑名之学,49
形式规范,2,4
姓名权,3
行法以振威,50
行政法学,179
许慎,50
序,204
序言,86
绪论,86
选题,61
选题的基本要求,61
选题的主要问题,62
学科边界,49
学科基本定律,48
学科经典案例,176
学科体系,49
学科性质,49
学痞习气,11
学术GDP,7,10
学术不端,10
学术创新,56
学术个体户,205
学术共同体,1
学术观点,81
学术管理体制,11
学术规范,1
《学术规范导论》,2
学术规范和学科方法论研究,204
学术合作,126

学术积累,56
学术交流,126
学术民主与学术自由,136
学术批评,128
学术批评的本质,129
学术批评的方式,133
学术批评的功能,136
学术批评的积极方式,135
学术批评的积极原则,131
学术批评的消极方式,133
学术批评的消极原则,130
学术批评的原则,130
学术批评规范,2,120
学术批评与学术运动,137
学术批评与意识形态,136
学术批评与政治批斗,137
学术评价机制,8
学术评审规范,2
学术强盗,75
学术质量,180
学术质量的标准,181
学术质量的含义,180
学术质量的特征,180
学术质量的性质,181
学位论文设计,66
《学位论文作假行为处理办法》,68

Y

雅典学园派,127
亚里士多德,49,54
言之有物,132
研究操守,55
研究设计的基本要求,64
眼睛,70
耶林,47
叶继元,204,206
页末注,95
页下注,95
一般科学方法,148
一般项目的申请,64
一棍子打死一个人,132
一级标题,70
移植法学,7
以求真为荣,11
以人为本,177
以造假为耻,11
义务本位论,52
意义,84
因果关系,146
音义注释,95
引事,94,96
引文标注,99
引文出处性参考文献,94

引文规范,2,5
引文率,182
引文使用规则,95
引文书目,97
引文书目格式,98
引文书目著录,98
引文索引,95
引新式研究,181
引言,86,94
引用,93
引用规范,2
引用性参考文献,94
引语,93
引证,93
隐性失范,10
英国分析法学派,47
应飞虎,52
用具,146
有关文献,94
余论,86
俞平伯,129
与人为善,132
语言学,176
袁曦临,205
原创程度,8
原情定罪,50
原因分析

参考文献

[1] 阿里·什库达. 体部成像的正常变异与误判[M]. 程敬亮,李树新,译. 郑州:河南科学技术出版社,2004.

[2] 《安徽文化史》编纂工作委员会,《安徽文化史》编委会. 安徽文化史·中[M]. 南京:南京大学出版社,2000.

[3] Charles B Higgins,Albert De Roos. 心血管 MRI 和 MRA[M]. 程敬亮,张兆琪,张勇,译. 郑州:河南科学技术出版社,2008.

[4] 陈会昌. 中国学前教育百科全书·心理发展卷[M]. 沈阳:沈阳出版社,1995.

[5] 陈兴良. 主观恶性论[J]. 中国社会科学,1992(2):165-176.

[6] 陈远,于首奎,梅良模,等. 世界百科名著大辞典·社会和人文科学[M]. 济南:山东教育出版社,1992.

[7] 丁国锋. 学术批评的法律底线在哪里?[N]. 法制日报,2007-12-16(3).

[8] 杜飞进. 试论法律责任的若干问题[J]. 中国法学,1990(6):45-51.

[9] 段兴利,叶进. 网络社会学词典[M]. 兰州:甘肃人民出版社,2010.

[10] 恩格斯. 路德维希·费尔巴哈和德国古典哲学的终结[M]//马克思恩格斯选集第4卷. 北京:人民出版社,1972.

[11] 卡尔·马克思. 第六届莱茵省议会的辩论(第三篇论文):关于林木盗窃法的辩论[M]//马克思恩格斯全集:第一卷. 北京:人民出版社,1995.

[12] 方啸虎,邓福铭,郑日升. 现代超硬材料与制品[M]. 杭州:浙江大学出版社,2011.

[13] 侯先荣,曹建新. MBA 学位论文写作指南[M]. 广州:华南理工大学出版社,2006.

[14] 黄卓越,桑思奋. 中国大书典[M]. 北京:中国书店,1994.

[15] 李超杰,边立新. 20 世纪中国哲学著作大辞典[M]. 北京:警官教育出版社,1994.

[16] 李淮春. 马克思主义哲学全书[M]. 北京:中国人民大学出版社,1996.

[17] 李可. 法学方法论[M]. 贵阳:贵州人民出版社,2003.

[18] 李可. 法学方法论原理[M]. 北京:法律出版社,2011.

[19] 李可. 法学方法与现代司法[M]. 北京:知识产权出版社,2014.

[20] 李龙,陈佑武.中国法理学三十年创新的回顾[J].政治与法律,2008(12):95-104.

[21] 李运华.经济法的永固基业与拓新图景——漆多俊先生经济法学重大理论创新述评[M]//经济法论丛总第24卷.北京:中国方正出版社,2013.

[22] 林崇德,姜璐,王德胜.中国成人教育百科全书·政治·法律[M].海口:南海出版公司,1992.

[23] 刘海藩.历史的丰碑:中华人民共和国国史全鉴·十 科技卷[M].北京:中共中央文献出版社,2004.

[24] 刘海藩.历史的丰碑:中华人民共和国国史全鉴·十三 文化卷[M].北京:中共中央文献出版社,2004.

[25] 刘海藩.历史的丰碑:中华人民共和国国史全鉴·一 政治卷[M].北京:中共中央文献出版社,2004.

[26] 刘建明.宣传舆论学大辞典[M].北京:经济日报出版社,1993.

[27] 刘水林.法学方法论研究[J].法学研究,2001(3):42-54.

[28] 马国泉,张品兴,高聚成.新时期新名词大辞典[M].北京:中国广播电视出版社,1992.

[29] 马文熙,等.古汉语知识辞典[M].北京:中华书局,2004.

[30] 门岿.遗憾与教训总成·下[M].北京:人民日报出版社,1993.

[31] 孟宪鹏.现代学科大辞典[M].北京:海洋出版社,1990.

[32] 彭漪涟,马钦荣.逻辑学大辞典[M].上海:上海辞书出版社,2010.

[33] 秦大树,杜正贤.南宋官窑与哥窑[M].杭州:浙江大学出版社,2004.

[34] 饶鑫贤.北京大学法学百科全书·外国法律思想史[M].北京:北京大学出版社,2000.

[35] 任超奇.新华汉语词典[M].北京:崇文书局,2006.

[36] 孙国华.中华法学大辞典·法理学卷[M].北京:中国检察出版社,1997.

[37] 孙慕天,杨庆旺,王智忠.实用方法辞典[M].沈阳:黑龙江人民出版社,1990.

[38] 孙树松,林人.中国现代编辑学辞典[M].哈尔滨:黑龙江人民出版社,1991.

[39] 孙义燧.研究生教育辞典[M].南京:南京大学出版社,1995.

[40] 汪馥郁,朗好成.实用逻辑学词典[M].北京:冶金工业出版社,1990.

[41] 王春林.科技编辑大辞典[M].北京:第二军医大学出版社,2001.

[42] 王海山,王续琨.科学方法辞典[M].杭州:浙江教育出版社,1992.

[43] 陆行素,王绍平,陈兆山,等.图书情报词典[M].北京:汉语大词典出版社,1990.

[44] 魏宏运.国史纪事本末·第二卷 社会主义过渡时期[M].沈阳:辽宁人民出版社,2003.

[45] 魏文彪.学者是否剽窃 学术委员会不能失语[N].检察日报,2005-10-19(6).

［46］天津市地方志编修委员会办公室，天津市图书馆，编；郭凤岐，陆行素，主编.《益世报》天津资料点校汇编·三[M].天津：天津社会科学院出版社，2001.

［47］萧浩辉.决策科学辞典[M].北京：人民出版社，1995.

［48］肖永平.中国法学研究的学术规范与注释规则[J].法学评论，2002(4).

［49］谢晖.论规范分析方法.中国法学，2009(02).

［50］杨凤城.共和国领袖大辞典·邓小平卷[M].成都：成都出版社，1993.

［51］杨岗，栾建民.图书报纸期刊编印发业务辞典[M].北京：中国经济出版社，1990.

［52］杨玉圣，张保生.学术规范导论[M].北京：高等教育出版社，2004.

［53］约翰·奥斯丁.法理学范围[M].刘星，译.北京：中国法制出版社，2002.

［54］阎景翰.写作艺术大辞典[M].西安：陕西人民出版社，1990.

［55］许征帆.社会主义论库·中卷[M].北京：北京出版社，中国人民大学出版社，1998.

［56］张晋藩.中华法学大辞典·法律史学卷[M].北京：中国检察出版社，1999.

［57］张万兴，黄皖毅，樊慧颖.领导全书·第十四册 实务与操作卷[M].北京：九州出版社，2001.

［58］邹瑜，顾明.法学大辞典[M].北京：中国政法大学出版社，1991.

［59］朱贻庭.伦理学大辞典[M].上海：上海辞书出版社，2002.

［60］朱正.序跋中鸣谢的"广告术"[M]//季羡林.中国当代文学大系·上.北京：大众文艺出版社，2001.

后 记

"后记"又叫作"后序""后语""跋""代跋""书后""附记",是写在书、文章后面交代"前言"或"序"里不适合交代的事情,例如一些有关该书或文章撰写之来龙去脉或作者在书或文章中意犹未尽之思想或感想。"后记"是书的常规性附件,而不是文章的常规性附件,而且文章通常没有"后记",除非编辑认为需要附以"后记"以说明一些文章中不适合说明的事情。一本书写完之后,作者大都要撰写"后记";如果有"前言"的话,那么"后记"就是必需的,否则就有有始无终之憾,如果没有也不能说是违反出版规范;如果没有"前言",那么则可以"鸣谢"之类的附件代替"后记"。从作者撰写的后记来看,"后记"其实有两种类型:一种是著作者撰写的"作者后记",另一种是编辑者撰写的"编后记"。对于主编或编著的书,主编或编著者撰写的"后记"有时也被叫作"编后记",其与编辑者所撰写的"编后记"其实不是一回事。本书的"后记"属于前一种类型。从撰写的内容来看,"后记"侧重于记叙作者在该书或文章定稿后的感想、感慨和辛酸,其中包括写作和出版或发表的经过、与课题组或编辑的往来交涉、资料来源、编写体例和有待继续研究的地方,以与"前言"或"序"中的写作目的、动机和方法形成呼应。一些工具书认为"后记"可以叙述作者的写作或出版之目的的观点,是不恰当的。① 从版次来看,"后记"可以分为"第一版后记""第二版后记"或"重版后记""修订版后记",如此等等。当然,这得以书被重版或修订为前提,如果书没有被重版或修订,也就谈不上有这种类型的"后记"。下面笔者就将本书写作和出版的经过、其中的感想和辛酸以及有待继续研究的问题等,向读者做一个比较详尽的交代。

我很早就参与了南京大学信息管理学院叶继元教授主持的教育部人文社会科学基金重大项目"学术规范和学科方法论研究"的科研团队,也一直在构思其子课题"法学学科学术规范与方法论",但是真正开始写作,则是在 2013 年秋学期开学不久,学院人事秘

---

① 参见任超奇.新华汉语词典.崇文书局,2006:352;王绍平,陈兆山,陈钟鸣,等.图书情报词典.汉语大词典出版社,1990:327.

书以群发的方式催促我抓紧完成该子课题,于是我不得不正式"开工"投入到本书的写作当中。恰好笔者一直在做法学方法论方面的研究,凡遇"方法论"一词则喜,因此动笔写来也还算顺利。不过,书中毕竟有我不大熟悉的"学术规范"领域,因而笔下常生"梗阻",乃至懈怠。当时我晋升高级职称不久,正在思考"升高"之后的科研与教学规划,而这个任务刚好可以为自己下一步的工作打开一个新的局面。于是每遇困顿之时,我就以此激励自己,同时也经常向程宏副馆员请教学术规范方面的写作问题。程宏副馆员原是我的同事,是那种极平和、极爽快的人,她告诉我她的同事也正在从事这方面的研究,非常愿意帮助我,见我仍在坚持,肯定非常高兴。程宏副馆员深知我是一个说一不二、雷厉风行的人,于是她将我介绍给她的同事——袁曦临教授。袁教授是搞图书馆学出身的,对于信息检索自然非常在行,她答应在我需要的时候随时帮助我。

过了两三天,袁老师给我来电,叮嘱我好好完成这个子课题,并给我提供了一些力所能及的帮助。其后,袁老师又给我介绍了出版社的史建农编辑。稍一接触,我就发现史编辑是那种对工作极热情、待人极真诚的人,他一直跟我保持联系,不断给我打电话,勉励我完成写作任务。虽然当时我承担着繁重的教学任务,但有了上述同事们的支持、鼓励,也就咬着牙努力坚持着写下去。

写作就这么一直进行着,转眼就到了第二年的春学期。一天,史编辑打电话给我,说他在九龙湖校区图书馆袁老师的办公室,请我过去谈谈写书的事。见面之后,我更发现史编辑是那种很传统、很敬业、很热情的人。记得那时我已经从九龙湖校区北门外的亲情公寓搬到了西门外的人才公寓,谈完事后,他主动提出开车送我回去。史编辑的真情感动了我,于是我更下定了克服千难万阻,坚决完成写作任务的决心。

于是从 2014 年 4 月份开始,我就抛开所有的写作任务,专心致志地撰写本书。在写作过程中,我所遇到的困难是始料未及的。首先,本书的学术规范部分,我不大熟悉,得一边学习一边撰写,因而进展非常缓慢,中途甚至有"撂挑子"的想法。其次,即便是那些涉及法学学科的学术规范部分,也因为它们在法学界没有前期研究成果而举步维艰。例如法学界不大重视法学学科的基本命题与定律、基本与核心内容、基本价值与研究操守等问题,因为这些问题已经超出了纯粹的法理学研究范围,实际上属于法律图书馆学的研究领域了。再次,我是在法学界出了名的"学术个体户",在写作的事情上一向是单打独斗,不喜欢找人一起合写论著,因为那样的作品很容易变成多人的"观点大杂烩",甚或专业术语的简单拼凑,其内在的思想观点极难统一。这样,我就不得不一个人艰难地撰写本书。这样做的缺点是进展缓慢,优点是观点前后一致,内容整洁精致。

照理,图书馆学已经有大量的成果可以借鉴,要推进本书学术规范部分的写作速度不是难事。但我是那种不愿蹈袭前人一字一句,凡事都力求创新的人,因此我只能根据平时的所观所感,结合专业上的基本原理撰写该部分的内容。这种原创性的工作只有尝试了才知道它的艰难甚或痛苦,因为没有可资借鉴的成果,作者只能像挤牙膏一样一点

后　记

一点地挤,想到一句加一句,想到半句加半句,进展之缓慢实在令人揪心。而史编辑等同事对我写作进展友善的关心则使我倍感窘迫和内疚,只能以"抱歉"待之。

写作过程中,我还遇到比写作更让我揪心的事:我原来一直在从事"习惯法的观念史"的自选课题和"法院内部管理"的教育部规划项目的研究,以前已经扎根的写作思绪不时地缠绕着我,思想的种子在萌芽,它要拱出我心灵里为当下写作任务所遮蔽的土壤,努力表达它要继续成长的诉求。

在这苦苦挣扎的两年里,我还遭遇着生活上的一些烦恼和不便:从亲情公寓搬到人才公寓后,我要一个人跑这跑那去做纱窗、窗帘,买床、桌子、椅子、沙发,要购置洗衣机、空调。在将那空空荡荡的屋子塞满后,踢脚线脱落、门吸坏了、马桶坏了、洗手间漏水等事又潮水般涌来,跟物业打交道又每遇搪塞、推托和白眼。这时我真切地感到,为什么自古以来那些学问大家大都出自名门大户,而升斗小户难出学问大家,即使出,也是学问小家?为什么卢梭的著作大都是薄薄的一小本,而孟德斯鸠的著作则都是大部头?知识无产者每天要将大部分时间忙于生计,哪有时间和精力做所谓的"学问"呢?在将学问当作"饭碗"的今日之中国,作为草根的我与其他知识无产者无异。

好在有母亲的照顾,我免去了一日三餐奔波于食堂的辛劳,免去了洗衣扫地的烦扰,免去了那些鸡零狗碎的家庭杂务。同时,我的学生和朋友也帮我分担了一些生活上的杂务,让我有更多的时间和精力从事本书的撰写。虽然本书的撰写大体完成了,接下来是再版时的修订,但是我对生活之隐忧仍挥之不去:母亲已经年过古稀,她还能陪伴我多少时光?旧的"生活顾问"一年一年地衰老,在可以预计的时间里将老去,而新的"生活顾问"则未见"到岗"。上帝啊,我是不是很快又将陷入一个人在这繁华都市的边缘苦苦挣扎的困境?我硕士时期的一位导师曾经预言我将是一位学问的"苦行僧",斯言是否就已言中?

但这么多年的经历告诉我,这个世界确实没有救世主,我们能靠的只是自己!同时这世界也确实没有所谓的宿命,只有努力的奋斗才能改变自己出生时的命运!没有神鬼,没有命运,只有执着地奋斗,大胆地进取!努力吧,冥冥之中只有苍天才能给你启示:困难从来就有,只有努力去克服它,它才能从有变为无,才能从困难变为胜利。在这种信念的支撑下,我坚持每天早晚到教研室撰写本书,希望奇迹能够出现,幸运女神能够降临。

2014年秋季,在我写作最困难的时候课题组负责人叶继元教授给我发来鼓励信。看完来信后,我精神为之一振,创作的动力稍稍有所增长。但这丝喜悦很快就为创作过程中遇到的种种困难所冲散,我重又陷入脑力劳动的苦恼之中。过了两个星期,当时在中间牵线搭桥的袁羲临教授在回信中提及邀请我们参加11月中旬在南京大学举办的中期检查会。我毫不犹豫地答应参会。

当月中旬我到湖南一所著名高校去做了一次有关民间习惯法方面的讲座,并与对方商讨一起进行民主法制和习惯法调研的合作,回来后的当晚左额严重受伤。当时的心情沮丧到了极点,但我还是忍着头疼,坚持每天到教研室撰写本书。到了月底,热心的史编辑又给我来电话,说上次提到的那个中期检查会过两天就召开,希望我到时一定要参加。我见史编辑如此认真,非常感动。开会那天,开始还是小雨,当会议快结束时,竟然罕见地下起暴雨来。在此次会议上,我发现与会专家在对待丛书的撰写及出版等问题上非常认真,讨论非常热烈和有收获。很显然,课题组尤其是叶继元教授的热情接待和与会专家的真诚批评与建议使我重新燃起完成本书的决心。

终于在金陵大地飘雪的那天迎来创作上的转折期:我终于写到了"法学学科研究方法论"一章(即第7章),这是我最擅长的内容,我以行云流水般的轻快感把它完成了。为了使之与其他章节保持平衡,我还努力压抑心中那意犹未尽的续写冲动,将字数控制在读者和编辑可以接受的范围之内。虽然接下来的第8章("法学学科研究规范与知识创新")让我刚刚舒展的眉头又皱起,但是借前一章的冲劲,我又很快地将之攻克了。现在,胜利女神终于向我伸出了友善的双手,我要拥抱这来之不易的幸福感。

感谢的话已经在序言中说过,但在这里再说说也是应该的。我发现在这其中,最需要感谢的是叶继元教授的信托和史建农编辑的催促,同时,程宏副馆员、袁羲临教授等人的引荐和协助也非常重要,张岂之教授、孙建军教授、吴贵生教授、王建民教授、张宝辉教授、孙平研究员、苗成林同志、华心祝教授、金鑫荣编审、张新建编审等人的批评与建议亦不可或缺。

在本书中,遗憾的地方还有很多:例如对于法学研究规范的内容、当代中国法学学科的学术史、主要学派、代表学者等交代得还是不够全面和深入,对于法学学科在研究规范与知识创新之间的经典案例分析也还有继续展开的空间。同时,由于笔者除了本书的撰写任务外,还承担了其他繁重的科研任务,时间精力非常有限,因此这些遗憾只能在以后本书的修订中予以弥补。其他我们没有发现的缺陷,希望读者能够指出,到时一并修正弥补。

李 可
东南大学法学院
2015年11月